如何推进乡村振兴：先行者不可不分享的行动策略　　如何实施文旅富民：奋斗者不可不研读的实战案例

世界只有一个墨脱

——乡村振兴的示范样本与实施方案

董观志　李广明　李舟　著

華中科技大學出版社
http://www.hustp.com
中国·武汉

图书在版编目 (CIP) 数据

世界只有一个墨脱：乡村振兴的示范样本与实施方案 / 董观志，李广明，李舟著．— 武汉：华中科技大学出版社，2022.4

（乡村振兴与生态文明丛书）

ISBN 978-7-5680-8135-1

Ⅰ．①世…　Ⅱ．①董…　②李…　③李…　Ⅲ．①乡村旅游－旅游业发展－研究－墨脱　Ⅳ．① F592.754

中国版本图书馆CIP数据核字(2022)第056745号

世界只有一个墨脱——乡村振兴的示范样本与实施方案　　董观志　李广明　李舟　著

Shi jie Zhiyou Yige Motuo——Xiangcun Zhenxing de Shifan Yangben yu Shishi Fang'an

策划编辑：李　欢　　责任编辑：刘　烨　王梦嫣　　封面设计：廖亚萍　　责任校对：李　琴　　责任监印：周治超

出版发行：华中科技大学出版社（中国·武汉）　电话：(027)81321913

武汉市东湖新技术开发区华工科技园　邮编：430223

录　排：华中科技大学惠友文印中心

印　刷：湖北恒泰印务有限公司

开　本：710mm×1000mm　1/16

印　张：18

字　数：281 千字

版　次：2022 年 4 月第 1 版第 1 次印刷

定　价：98.00 元

爱不是相互凝望，而是一起凝望同一个方向：莲花圣地，秘境墨脱。

每一位旅游者的心中都有一个梦：转山转水转墨脱，不负韶华不负卿。

董观志

2021 年 4 月 1 日 卓玛拉山上的仁钦崩寺

内容简介

乡村振兴是国家战略，事关中华民族伟大复兴的千秋大业。如何推进乡村振兴？目前，这是全国各地都在积极探索和创新实践的现实问题。乡村振兴的基础在县域，活力在经济，难点在实干。

本书以西藏自治区林芝市墨脱县旅游引领乡村振兴为实证案例，系统探索了县域旅游的总体战略、发展模式和功能布局，重点阐述了县域旅游的实施方案、行动计划和推进策略，在理念上具有逻辑规律的聚焦性，在内容上具有实施举措的借鉴性，在方法上具有技术路径的操作性，为县域实施乡村振兴战略提供了高质量发展的示范样本和为旅游业赋能的实现路径。

本书对乡村振兴、文化旅游、生态保护和县域治理等领域的学术研究和实践操作具有基础性的参考价值，对县域在实施乡村振兴战略进程中高质量发展战略性支柱产业具有实践性的指导意义。

作者简介

董观志　男，湖北省仙桃市人，理学博士。暨南大学教授，博士生导师。美国杨百翰大学访问学者，国内多个省市的智库专家，中国新产业经济研究院院长，国家社科基金项目评审专家，国务院学位委员会博士论文评审专家。长期从事高等教育和产业规划实践，公开发表 100 多篇论文，出版 20 多部著作。访问过亚洲、非洲、欧洲、美洲的许多国家和地区，主持完成 20 多个省份的规划设计项目，为几十家企业集团提供系列管理咨询服务。文化和旅游部所属中国旅游研究院首次发布的“旅游论文学术影响力 TOP100”和“旅游论文作者学术影响力 TOP100”的双入选者。被主流媒体报道为著名旅游学者、中国哲学社会科学最有影响力学者和中青年人文地理学家。

李广明　男，广东省梅州市人，工学博士。暨南大学经济学院教授，深圳旅游学院原执行院长，资源工程高级工程师。此前，曾就职于中国北方工业有限公司、赣州市文化广电新闻出版旅游局、Firth Industries 等。从东北大学、Massey University 等院校获得学士、硕士和博士学位。中国旅游协会旅游教育分会常务理事、旅游学科建设专家委员会委员、中国生态学学会旅游生态专业委员会委员、广东创意经济研究会理事、广东省环境经济与政策研究会常务理事兼副秘书长、深圳市人居环境委专家库成员。主要从事环境经济、旅游经济、产业生态、国际商务等领域的研究和实践，主持完成各类项目 20 余项，公开发表学术论文 50 余篇、专著 4 部，国内外多家学术期刊审稿人，国家和省级社科、自科基金项目评审专家。

李舟　女，陕西省西安市人，应用经济学博士，暨南大学教授，高等健康旅游研究院副院长，MTA 和 MBA 导师，国家二级心理咨询师。主要从事旅游经济、旅游企业管理和服务管理等领域的研究和实践，主持完成各类项目 30 多项，发表学术论文 30 多篇，出版专著 2 部，参编教材 6 部。教育部论文评审专家，深圳市对外经贸服务中心、工信局等部门评审专家，深圳市旅游协会特邀智库专家，广东创意经济研究会委员，广东省文旅厅和工信厅专家库成员。

Development Strategy 2050　　喜闻乐见，心旅之路

Ecotourism 2030　　徒步天堂，自驾胜地

MOTUO 2020　　人间净土，莲花秘境

发展模式：生态 + 文化 + 旅游 + 互联网

墨脱旅游为什么走在前列？

运营策略：品牌优势 + 产业集群 + 集成创新

醉美林芝，秘境墨脱，不负如来不负卿

前　言

乡村是具有自然、社会、经济特征的地域综合体，兼具生产、生活、生态、文化等多重功能，与城镇互促互进、共生共存，共同构成人类活动的主要空间。我国全面建设社会主义现代化强国，最艰巨、最繁重的任务在农村，最广泛、最深厚的基础在农村，最大的潜力和最强的后劲也在农村。实施乡村振兴战略，是解决新时代我国社会主要矛盾、实现"两个一百年"奋斗目标的必然要求，具有重大现实意义和深远历史意义。

实施乡村振兴战略，坚持农业农村优先发展，按照"产业兴旺、生态宜居、乡风文明、治理有效、生活富裕"的总要求，建立健全城乡融合发展体制机制和政策体系，加快推进农业农村现代化。乡村振兴的根本目标是实现人民"生活富裕"，而"产业兴旺"则是乡村振兴的经济基础。"产业兴旺"不是简单的农业兴旺，也不是第一、第二、第三产业的各自发展，而是农村产业的融合发展与兴旺。农村产业融合发展是指将传统的农业生产经营向现代农产品生产加工、电商销售物流、田园综合体、休闲观光农业、乡村旅游度假、特色民宿体验、乡村文化创客、科教研学旅游、山地运动康养、森林生态旅游等延伸，使农业与第二、第三产业相互渗透和有机结合，创新商业模式和产业载体，逐步形成新产业、新业态的动态过程。"产业兴旺"既可为"生活富裕"提供经济基础，也能与"生态宜居"的美丽乡村相辅相成。

墨脱地处我国西藏东南边陲的山地区域，具有多民族特色。墨脱当借川藏铁路和高速公路建成通车的历史机遇，在总结县域农业农村发展成就的基础上，准确研判自身的经济社会发展趋势和消费市场演变态势，从全域发展实际和旅游市场需求出发，精准实施乡村振兴战略，强化规划引领，完善基础设施建设，优化旅游环境，丰富旅游产品，促进墨脱旅游向市场化、产业化方向发展，全面提升墨脱旅游的发展质量和综合效益，为实现墨脱乡村全面振兴作出贡献。

2020 年 8 月 28 日至 29 日，中央第七次西藏工作座谈会在北京召开。中共中央总书记、国家主席、中央军委主席习近平出席会议并发表重要讲话。习近平强调，面对新形势新任务，必须全面贯彻新时代党的治藏方略，坚持统筹推进“五位一体”总体布局、协调推进“四个全面”战略布局，坚持稳中求进工作总基调，铸牢中华民族共同体意识，提升发展质量，保障和改善民生，推进生态文明建设，加强党的组织和政权建设，确保国家安全和长治久安，确保人民生活水平不断提高，确保生态环境良好，确保边防巩固和边境安全，努力建设团结富裕文明和谐美丽的社会主义现代化新西藏。

2015 年 10 月，党的十八届五中全会明确提出推进健康中国建设。从“五位一体”总体布局和“四个全面”战略布局出发，对更好保障人民健康作出了制度性安排。习近平总书记在全国各地调研中多次提出：没有全民健康，就没有全面小康。要把人民健康放在优先发展的战略地位，重点普及健康生活、优化健康服务、完善健康保障、建设健康环境、发展健康产业，加快推进健康中国建设。

拥有得天独厚的自然与人文资源禀赋的墨脱在“健康中国行动”中，顺应城乡居民消费拓展升级、健康旅游不断兴起的趋势，结合本地稀缺性资源禀赋，深入发掘农业农村的生态涵养、运动探险、健康养生、老年康养、中医中药、民族医疗、休闲观光、文化体验等多种功能和价值。发挥健康旅游业的产业边界交叉、产业前后相关联紧密的优势，通过大力发展全域旅游，将旅游资源要素配置不断向“三农”倾斜，通过城乡融合、农旅融合，补短板、强弱项，强化拉动县域国民经济增长发展，可为墨脱城乡统筹协调发展作出新贡献。

1. 产业兴旺是乡村振兴的经济基础

深化墨脱农村产业供给侧结构性改革，构建现代农村产业体系，实现农村第一、第二、第三产业深度融合发展，有利于推动农村产业从增产导向转为提质导向，增强墨脱农村产业创新力和竞争力，为建设现代化经济体系奠定坚实基础。

目前，墨脱国民经济体系构成中主要的产业类别为农（林、牧）业、加工制造业、服务业等。其中，农（林、牧）业包括水稻种植、茶叶种植、水果种植、中草药栽培、林木栽培等，加工制造业包括服饰制作、竹编、藤编、石锅制作、首饰加工、工艺品加工等，服务业包括餐饮、零售、接待、运输、电信、信息服务等。各产业除了服务于针对本地居民的市场外，还可以借助于产业融合平台与载体，延伸和融合到旅游产业，服务于针对外来游客的市场。围绕墨脱旅游产业发展目标，通过第一、第二、第三产业之间的深度融合，激励供给侧的深度改革，提高生产的高加工度，实现本区域整体产业结构的转型升级，创新供给结构，提升供给品质，形成新的产品和服务业态，探索新的商业模式，提升服务水平与价值增值，从而推动乡村产业体系优化。

实施墨脱的休闲农（林）业和农业（森林）旅游度假精品工程，推动科技、人文等元素融入农（林）业，发展乡村共享经济新产业新业态。以智慧旅游信息化平台建设推动墨脱数字经济的发展，深入实施墨脱旅游网上预约服务系统作为电子商务进农村综合示范，建设具有广泛性的农村电子商务发展基础设施，从而加强农商互联，密切产销衔接，发展农超、农社、农企、农校等产销对接的新型流通业态。

进一步丰富墨脱旅游产品类型。对接旅游者观光、休闲、度假、康养、科普、文化体验等多样化需求，促进传统乡村旅游产品升级，加快开发新型乡村旅游产品。结合墨脱丰富的山地、森林、植物、水域、冰雪资源等，发展森林探秘、极限运动、山地度假、水域休闲、冰雪娱乐、生态科教、温泉养生等类型的旅游产品。依托墨脱自然和文化资源禀赋发展特色民宿，在文化传承和创意设计上实现提升。开发具有地方特色的服饰、手工艺品、农副土特产品、旅游纪念品等。

2. 生态宜居是乡村振兴的自然基础

统筹考虑主客共享的全域旅游发展模式，必将有助于打造墨脱集约高效生产空间，有助于营造宜居适度生活空间，有助于保护山清水秀的生态空间，延续人和自然有机融合的乡村空间关系。

墨脱以德兴村为代表的门珞文化传统历史村落或村寨，其自然历史文化特色资源丰富，是彰显和传承中华优秀传统文化的重要载体。墨脱旅游规划和项目实施应注重统筹保护、利用与发展的关系，努力保持村庄的完整性、真实性和延续性。切实保护村庄的传统选址、格局、风貌以及自然和田园景观等整体空间形态与环境，全面保护文物古迹、历史建筑、传统民居等传统建筑。尊重原住居民生活形态和传统习惯，加快改善村庄基础设施和公共环境，合理利用村庄特色资源，发展乡村旅游和特色产业，形成特色资源保护与村庄发展的良性互促机制。

墨脱独特的森林植物垂直带谱、生物多样性、雪域高原、雅鲁藏布大峡谷及低海拔的宜居环境等都是旅游发展的重要生态资源，是旅游业发展的核心要素。墨脱旅游发展首先要处理好保护与开发的关系，必须坚持“保护优先，适度开发”的原则，鼓励各类社会主体参与生态保护修复，严格限制在自然保护区的试验区内从事旅游、康养、体育、设施、农业等产业开发。旅游产业空间布局要结合所建设土地的地理特征适度集聚，体现资源的高效利用和规模经济，集中处理污染物，降低对环境的负面影响。

按照墨脱旅游业发展对生态环境保护的要求，以绿色发展理念为指导，针对全域旅游和全产业链的运营管理，推行清洁能源替代、资源循环利用、污染物闭环管理及消费者环境教育，主动参与绿色酒店、绿色环球等环节质量认证制度，协同推进农村产业清洁生产和循环经济，努力建构资源节约、环境友好的农村产业体系。加快推进种养循环一体化，建立农村有机废弃物收集、转化、利用网络体系，推进农林产品加工剩余物资源化利用，严格实施秸秆禁烧制度，以及开展秸秆的综合利用，开展整县推进畜禽粪污资源化利用试点，推进废旧地膜和包装废弃物等回收处理。

墨脱旅游的可持续发展必然要求保护和恢复乡村河湖、湿地生态系统，统筹山水林田湖草系统治理，优化生态安全屏障体系。完善天然林和公益林保护制度，进一步细化各类森林和林地的管控措施和经营制度。严格落实自然保护区、地质遗迹、国家公园等各类保护地的保护制度。试行雅鲁藏布江自然保护区和国家公园生态保护补偿机制，因地制宜，探索通过赎买、租赁、置换、协议、混合所有制等方式加强重点区位森林保护。

发展墨脱旅游有利于保护生态环境，有利于人与自然和谐共处，通过科学规划和有效治理，让农村环境更优美、空气更新鲜、水源更洁净、吃得更放心。只有留下一个天蓝、地绿、山清水秀的墨脱，才能把绿水青山变成金山银山，才能“看得见山、望得见水、记得住乡愁”，才能践行健康旅游、全民健康、全面小康。

3. 乡风文明是乡村振兴的前提保障

墨脱旅游发展中对相关节点进行规划和策划，有助于明晰乡村建设的历史文化保护红线，保护文物古迹、传统村落、民族村寨、传统建筑、农业遗迹等，有助于传承传统建筑文化，使历史记忆、地域特色、民族特点融入乡村建设与维护，有助于支持墨脱的优秀戏曲曲艺、少数民族文化、民俗风情等的传承和发展。

以旅游发展为抓手，加强墨脱全域风貌整体管控，注重农房单体个性设计，建设立足乡土社会、富有地域特色、承载田园乡愁、体现现代文明的升级版乡村，避免“千村一面”，防止乡村景观城市化。在墨脱县城标志性建筑物、旅游相关设施、德兴民俗村、80K 珞巴民族乡等项目的修建提升中，借拉贡台、博物馆、好日子游客服务中心、52K 旅游区入口、文化娱乐广场、特色民宿、果果塘大拐弯观景栈道，以及全域一体化景观设计、道路等项目建设，以形神兼备为导向，保护乡村原有建筑风貌和村落格局，把民族民间文化元素融入乡村建设，深挖历史古韵，弘扬人文之美，重塑诗意闲适的人文环境和田绿草青的居住环境，重现原生林木、雪域风光和乡情乡愁。

按照旅游发展规律，建设一批特色鲜明、优势突出的旅游景区、民俗酒店、特色餐饮、民俗文化展示与表演、旅游演艺等节点项目，打造若干特色文化产业项目，发展墨脱旅游特色文化产业链。

借助墨脱旅游发展契机，提升县级图书馆、文化馆、博物馆的内涵展示和服务水平，发挥县级公共文化机构辐射作用，加强旅游节点的基层综合性游客文化服务中心建设，实现乡村两级公共文化服务全覆盖，提升服务效能。鼓励开展群众性旅游节庆民俗活动，彰显全域丰富、主客共享的乡风文明。

大力发展墨脱旅游，可有效治理农村脏乱差的环境，实现村容整洁，并让农村的“千镇一面”“千村一面”“空心化”等问题得到有效缓解。

4. 治理有效是乡村振兴的必经路径

借墨脱发展智慧旅游之机，夯实乡村信息化基础，改善农村交通物流基础设施条件。深化电信普遍服务，实施新一代信息基础设施建设工程。实施数字乡村发展战略，加快物联网、地理信息、智能设备等现代信息技术与墨脱生产生活的全面深度融合，深化农业农村大数据创新应用。

墨脱全域旅游的发展以环境生态宜游和乡村美丽宜居为依托，科学规划村庄建筑布局，以农村垃圾、污水治理和村容村貌提升为主攻方向，开展农村人居环境整治行动，全面提升农村人居环境质量。推进农村生活垃圾治理，建立健全符合农村实际、方式多样的生活垃圾收运分类和资源化处置体系。开展非正规垃圾堆放点排查整治。实施“厕所革命”。

墨脱乡村旅游发展，将有助于促进就地就近就业和勤劳致富，有助于形成井然有序的良好的社会秩序，有助于解决村庄“空心化”的深层次社会问题，提升可持续的获得感、幸福感、安全感。

5. 生活富裕是乡村振兴的最终目的

墨脱旅游发展派生出来的各种企业和经营组织是旅游市场主体。旅游产业生产活动中劳动要素的市场化有效配置，有利于鼓励农民以土地、林权、资金、劳动、技术、产品为纽带，开展多种形式的合作与联合，依法组建农民专业合作社联合社，强化农民作为市场主体的平等地位，提升农民在乡村振兴中的参与程度。

在墨脱旅游企业组织设计中提出的“公司＋农户”“合作社＋农户”等形式，有利于保障农民的收益。探索“订单收购＋分红”“土地流转＋优先雇用＋社会保障”“农民入股＋保底收益＋按股分红”等多种利益联结方式，让农户分享加工、销售环节的收益。

墨脱发展乡村旅游将增加农民收入，为农村居民生活富裕、富足打下坚实基础，从而进一步提升农村居民生活水平和质量，更好地满足人民群众日益增长的美好生活的需求。

墨脱旅游的融合发展，更好地体现了“生态优先，绿色发展”“因地制宜，特色发展”“以农为本，多元发展”“丰富内涵，品质发展”“健康旅游，全面小康”“共建共享，融合发展”等原则，是农村产业融合和城乡融合的新模式、新载体，是我国乡村振兴的独特样本。

李广明

2021 年 8 月 10 日 广州

目 录

第一章

墨脱县旅游发展的资源分析

从全域旅游发展的大视野出发，对墨脱县全域资源进行系统、科学的梳理，确定墨脱县旅游资源的利用方向和开发模式。对墨脱县的资源进行分析，包括自然资源、文化资源和社会资源，确定资源的利用方向。对与墨脱县相关联的区域统筹资源进行分析，明确区域竞争力和区域资源统筹整合，形成区域统筹协调的发展利用。

1. 基于国家标准的分析
2. 基于 PEST 的分析
3. 基于钻石模型的分析
4. 基于 SWOT 的分析
5. 基于逻辑圈的分析

一、基于国家标准的分析

国家标准《旅游资源分类、调查与评价》（GB/T 18972—2017）于 2018 年 7 月 1 日正式实施。该国家标准文本包括旅游资源分类、旅游资源调查和旅游资源评价三个核心内容。颁布实施以来，在指导旅游资源普查、旅游区建设和旅游发展等方面发挥了重要作用。

根据《林芝市全域旅游发展规划（2018—2025 年）》和《西藏林芝市墨脱县旅游中长期发展规划（2016—2030 年）》，在国家标准所界定的 8 主类、23 亚类和 110 基本类型中，墨脱县拥有 8 主类、23 亚类和 105 基本类型。

墨脱县被评价为“世界上最深最长最险峻的峡谷——雅鲁藏布大峡谷深处”的“世界屋脊的藏地江南，动植物的多谱家园”和“汉藏文化交融之地，藏民心中的莲花宝地”。

墨脱县有旅游资源单体 153 处，其中，特品级的有 3 处，优良级的有 82 处，普通级的有 68 处。

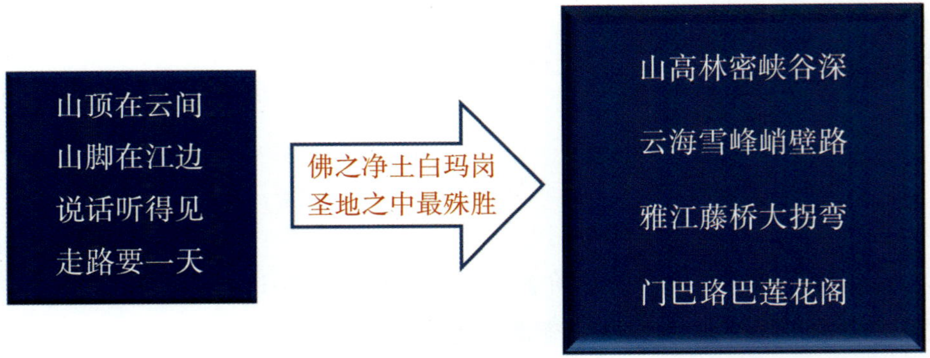

墨脱县是中华人民共和国西藏自治区林芝市下辖的一个县，位于西藏东南部，雅鲁藏布江下游，平均海拔 1200 米，全县总面积3.4万平方公里，耕地面积37660.5亩[①]，林地面积41137236.4亩。截至2021年年底，墨脱县辖1个镇7个乡（含1个民族乡），45个行政村。境内的居民主要为门巴族和珞巴族。雅鲁藏布大峡谷主体段位于该县境内。

墨脱县属喜马拉雅山东侧的亚热带湿润气候区。这里是西藏高原海拔最低、环境最好的地方，也是西藏气候最温和、雨量最充沛、生态保存最完好的地方。与西藏其他地区相比，墨脱县境内四季如春，气候条件良好。境内已记录有高等植物 2278 种，竹类植物 10 多种，野生兰科植物 180 多种。

墨脱在藏族人民心目中是宗教信徒朝圣的“莲花宝地”，又名白玛岗。在某种意义上，墨脱作为一种象征而存在，这里是全国最后一个通公路的县，地处世界第一的雅鲁藏布大峡谷的深处，有人称，在到过墨脱的人面前不要言路，意思是说这世上再没有比到墨脱更难走的路了。但游墨脱的妙处，也就在前往这里的险途中。

---

① 1 亩 ≈ 666.7 平方米。

墨脱代表性旅游资源单体分类表

类型	等级	代表性旅游资源单体
优良级资源	五级（特品级）	雅鲁藏布江、南迦巴瓦峰、雅鲁藏布大峡谷
	四级	果果塘大拐弯
	三级	加拉白垒峰、仁钦崩寺、莲花阁、茶马古道、冬虫夏草、松茸、墨脱石锅、珞巴族始祖传说
普通级资源	二级	嘎隆拉山、嘎瓦龙天池、老虎嘴瀑布、汗密瀑布、莲花广场、德兴藤网桥、门巴服饰
	一级	加隆瀑布、乌当瀑布、地东瀑布、背崩瀑布、拉格瀑布、布裙湖、嘎隆曲、德兴大桥

分析小结

（1）以自然生态为主体的旅游资源类型丰富多样。

（2）自然生态旅游资源单体的点多、线长、承载量大。

（3）自然生态旅游资源单体的分布呈大分散、小集聚的状态。

这是一种真实的客观存在

二、基于 PEST 的分析

党的十八大总体布局了经济建设、政治建设、社会建设、生态文明、文化建设建设“五位一体”建设中国特色社会主义。党的十九大确立了习近平新时代中国特色社会主义思想，确定了全面建成社会主义现代化国家的奋斗目标，进一步明确了新时代中国共产党的历史使命，全面部署了新时代伟大事业和伟大工程，科学规划了中华民族伟大复兴的时间表、路线图、任务书，为我们党在新时代开启新征程、创造新辉煌提供了行动纲领。

党中央和国务院高度重视旅游业发展和西藏工作，近年来，对旅游业发展和西藏工作作出了一系列的战略部署。

PEST 分析方法是对旅游景区进行宏观环境分析的工具，主要是从政治、经济、社会和技术的角度分析环境变化对企业经营管理的影响。

旅游业发展相关政策法规

成文时间	发布单位	文件编号	政策文件
2009 年 12 月 1 日	国务院	国发〔2009〕41 号	《国务院关于加快发展旅游业的意见》
2013 年 2 月 2 日	国务院办公厅	国办发〔2013〕10 号	《国民旅游休闲纲要（2013—2020 年）》
2013 年 4 月 25 日	全国人大常委会	中华人民共和国主席令第 3 号	《中华人民共和国旅游法》
2014 年 8 月 9 日	国务院	国发〔2014〕31 号	《国务院关于促进旅游业改革发展的若干意见》
2014 年 12 月 31 日	国务院办公厅	国办函〔2014〕121 号	《〈国务院关于促进旅游业改革发展的若干意见〉任务分解表》
2015 年 11 月 25 日	国土资源部	国土资发〔2015〕10 号	《关于支持旅游业发展用地政策的意见》
2018 年 3 月 9 日	国务院办公厅	国办发〔2018〕15 号	《国务院办公厅关于促进全域旅游发展的指导意见》
2018 年 12 月 30 日	国务院办公厅	国办发〔2018〕129 号	《国务院办公厅深入开展消费扶贫助力打赢脱贫攻坚战的指导意见》
2019 年 5 月 7 日	文化和旅游部	文旅政法发〔2019〕60 号	《文化和旅游规划管理办法》
2019 年 5 月 10 日	中共中央 国务院	中发〔2019〕18 号	《中共中央 国务院关于建立国土空间规划体系并监督实施的若干意见》
2019 年 8 月 12 日	国务院办公厅	国办发〔2019〕41 号	《国务院办公厅关于进一步激发文化和旅游消费潜力的意见》

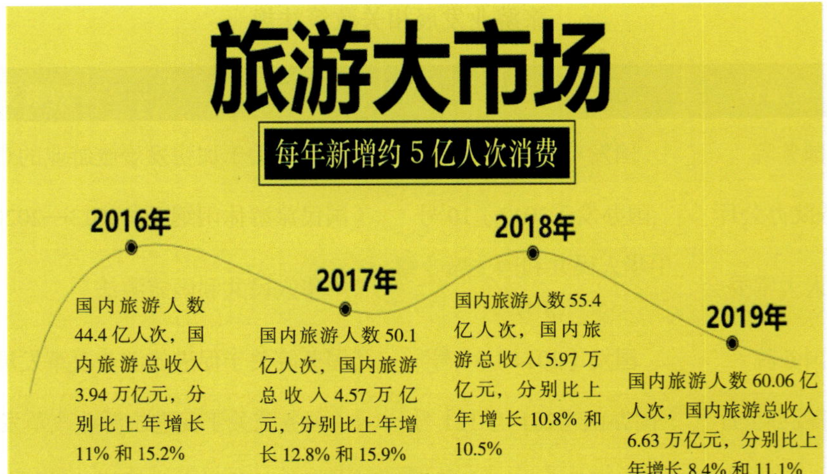

旅游市场发展趋势

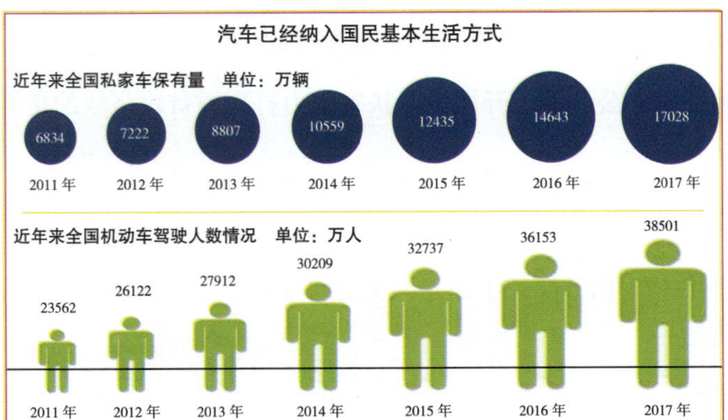

自驾游发展趋势

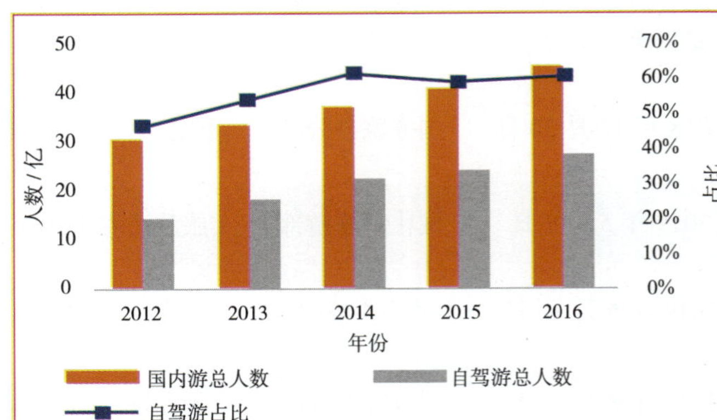

自驾游发展相关数据

党中央历来高度重视西藏工作、亲切关怀西藏人民，在每个重要和关键的历史节点都会对西藏工作进行研究和谋划，从顶层设计和战略选择上为西藏提出明确要求，西藏工作座谈会就是中央专门研究和谋划西藏工作的一种有效形式。从1980年到2020年，中央先后召开七次西藏工作座谈会，从西藏实际出发，制定和实施了一系列特殊扶持政策，为西藏的长足发展和长治久安注入了强大动力，这是做好新时期西藏工作的重要法宝，具有里程碑的重要意义。

十八大以后党中央提出的西藏工作重要原则：

依法治藏、富民兴藏、长期建藏、凝聚人心、夯实基础

维护宪法法律权威，坚持法律面前人人平等

把增进各族群众福祉作为兴藏的基本出发点和落脚点，紧紧围绕民族团结和民生改善推动经济发展、促进社会全面进步，让各族群众更好地共享改革发展成果

坚持慎重稳进方针，一切工作从长计议，一切措施具可持续性

把物质力量和精神力量结合起来，把人心和力量凝聚到实现“两个一百年”奋斗目标、实现中华民族伟大复兴的中国梦上

标本兼治、重在治本，多做打基础、利长远的工作，把基层组织搞强，把基础工作做实

《西藏自治区“十三五”旅游业发展规划》

旅游业是西藏国民经济发展的龙头产业，是带动西藏第三产业发展的先导产业，是促进西藏对外开放的先锋产业，也是推进西藏城镇化进程的动力产业和实现农牧民安居乐业的富民产业。

西藏自治区人民政府文件

西藏自治区人民政府
关于印发西藏自治区
招商引资若干规定的通知

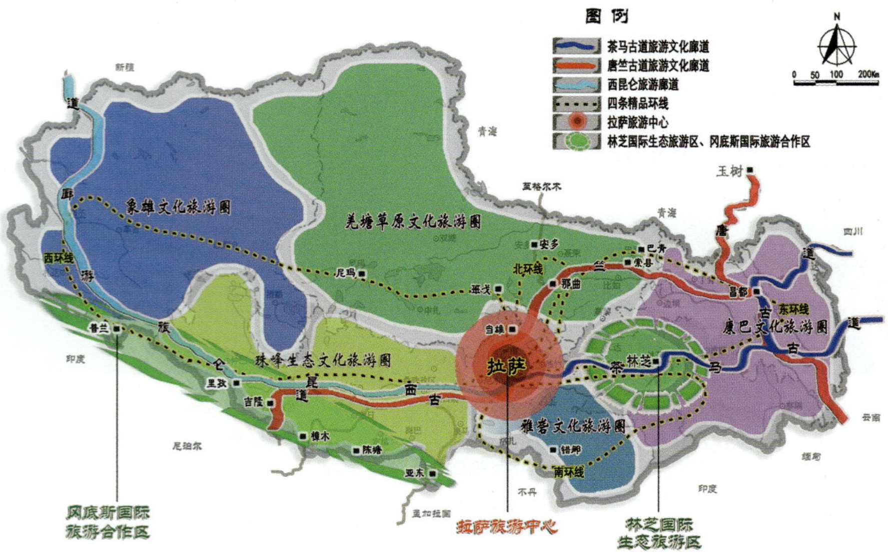

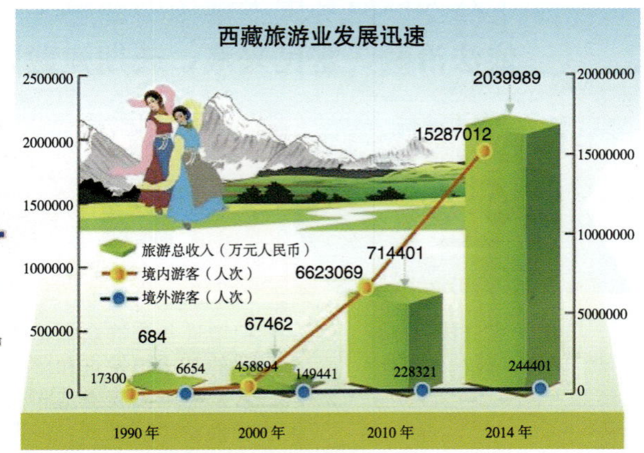

（资料来源：新华社记者孟丽静编制。）

《林芝市全域旅游发展规划（2018—2025 年）》

不断巩固和提升旅游业战略性支柱产业地位，全面推进国际生态旅游区和全域旅游示范区建设，坚持走高端、精品、生态旅游发展道路，围绕打造“地球第三极”世界品牌，做好“进藏第一站”文章，建立现代旅游治理体系，构建旅游目的地服务体系，逐步实现“世界级高原生态旅游度假目的地”和“世界级公路旅游目的地”的战略目标。

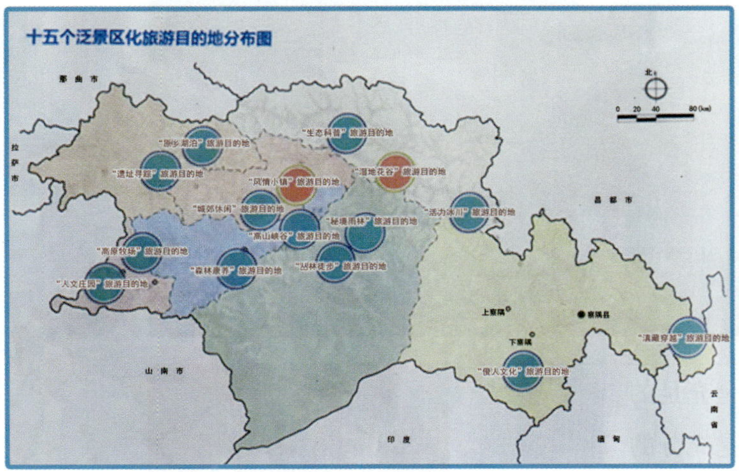

徒步墨脱路线图

历尽艰辛到达中国最后一个通公路的县

自驾中国最危险、最难走的扎墨公路，到达墨脱，挑战美景同在，十分刺激而有意义

雅鲁藏布江随意转了一个弯，就丢下行者们不绝的慨叹

分析小结

（1）发展旅游业的政策法规是充足的。

（2）发展旅游业的规划体系是充分的。

（3）发展旅游业的消费市场是充裕的。

这是一种普惠的动态条件

三、基于钻石模型的分析

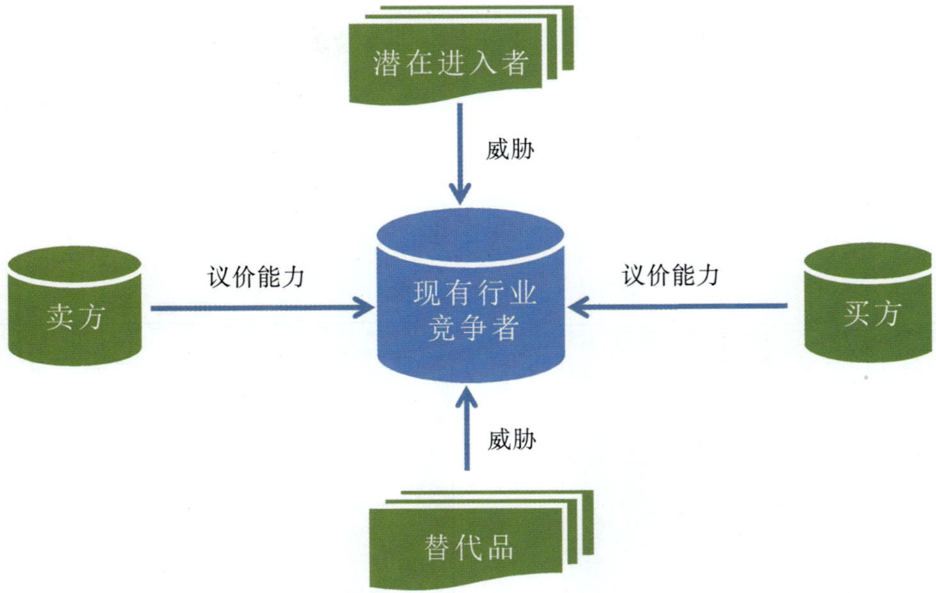

钻石模型是一种结构化的环境分析方法，也被称为“波特菱形理论”。这个模型可以有效地分析行业发展的竞争环境，有利于分析行业获利的最终潜力。

西藏自治区的旅游业发展存在与位于青藏高原上的云南、四川、青海乃至新疆等周边地区的竞争。

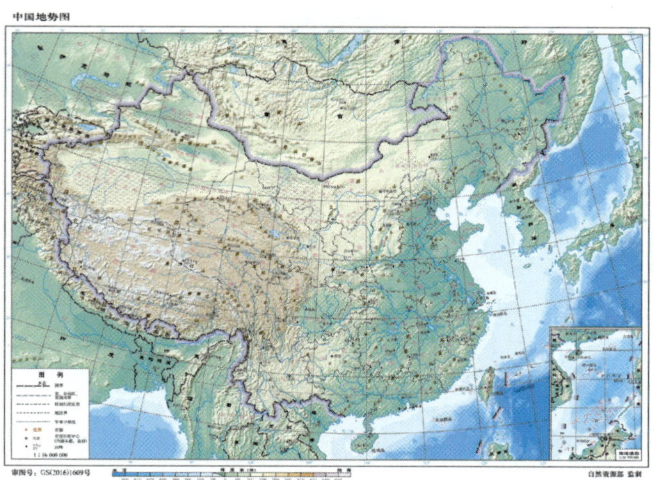

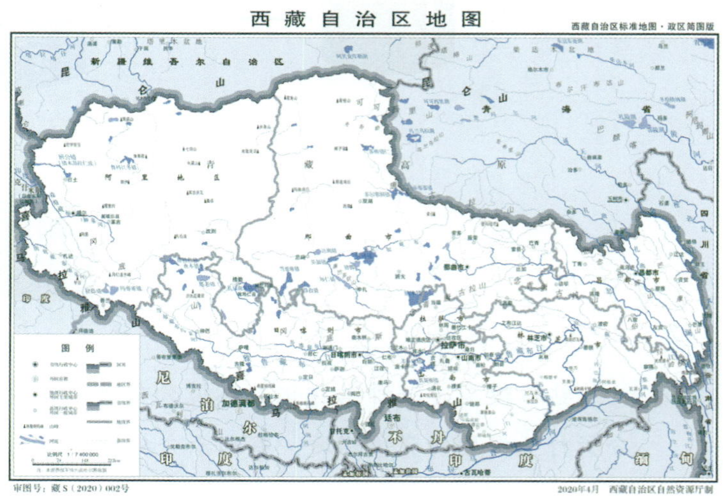

“两区”“三廊”“四环”和“五圈”的旅游空间规划布局，从市场营销的逻辑上讲，客观上就是竞争性的。

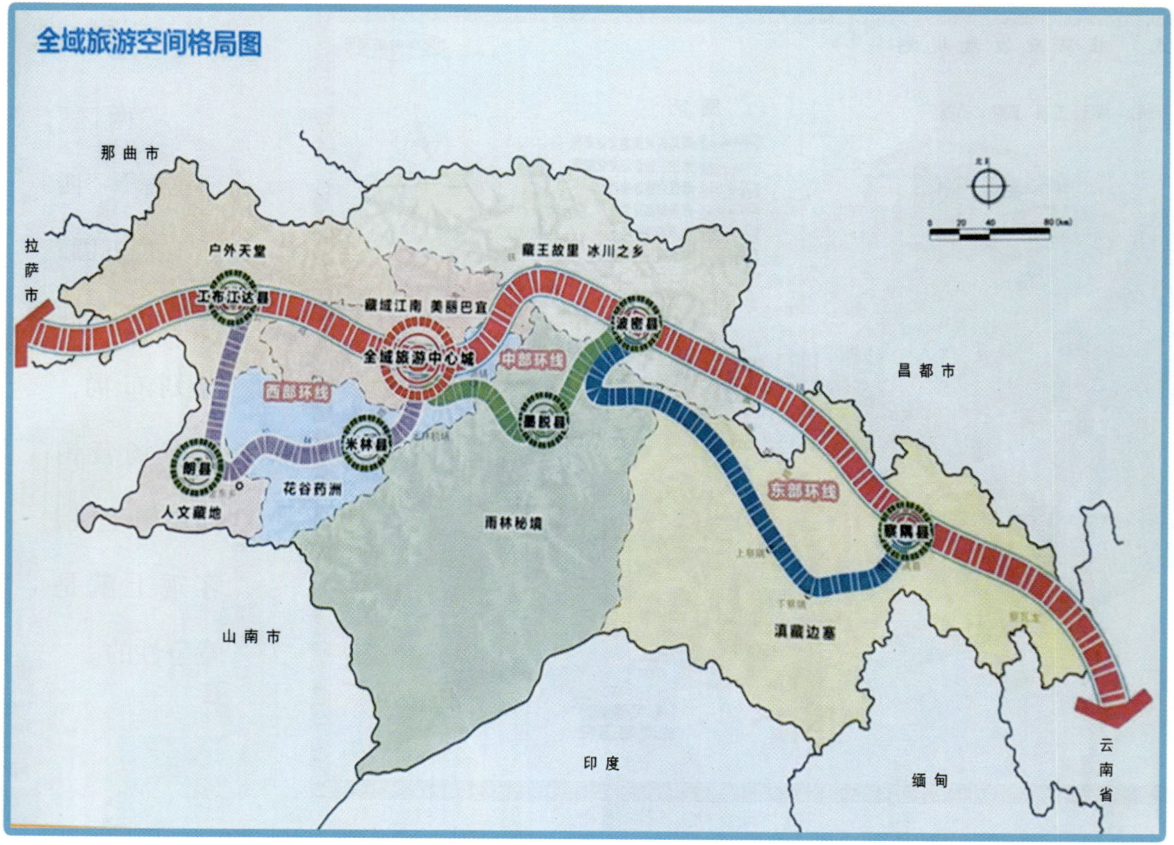

林芝市的旅游业主要存在与位于G31主轴线上的察隅县、波密县、巴宜区和工布江达县等周边区县的竞争。

中部环线的旅游业存在与位于轴线与环线节点上的波密县、巴宜区的竞争。

川藏线，是指连通四川成都与西藏拉萨的第一条公路，同时又被称为川藏公路，是中国最长的国道。其前身是有着千年历史的茶马古道。川藏线实际上分为川藏南线和川藏北线两条线路。两条线路都从四川成都出发，最后到达拉萨。南北两线间经邦达相连。北线属317国道，全长2412公里；南线属自驾和骑行圈鼎鼎大名的318国道，全长2146公里。

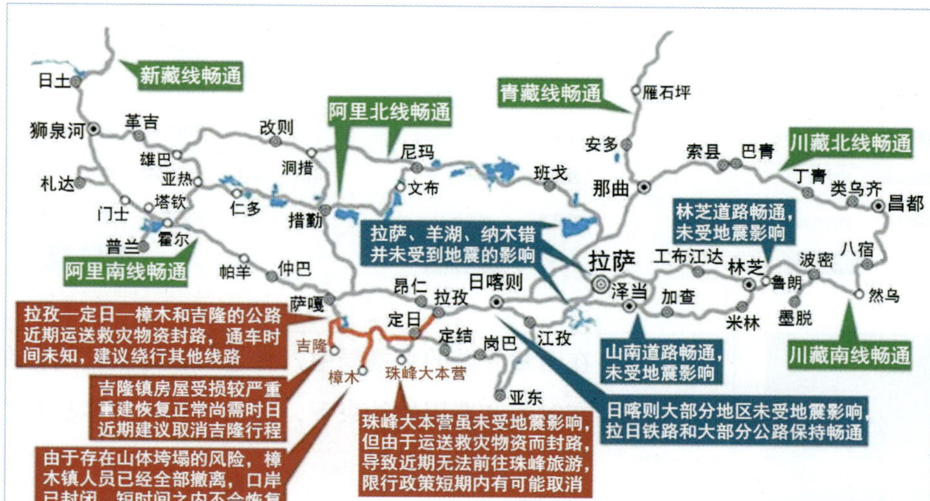

“4·25”地震后西藏旅游交通形势图

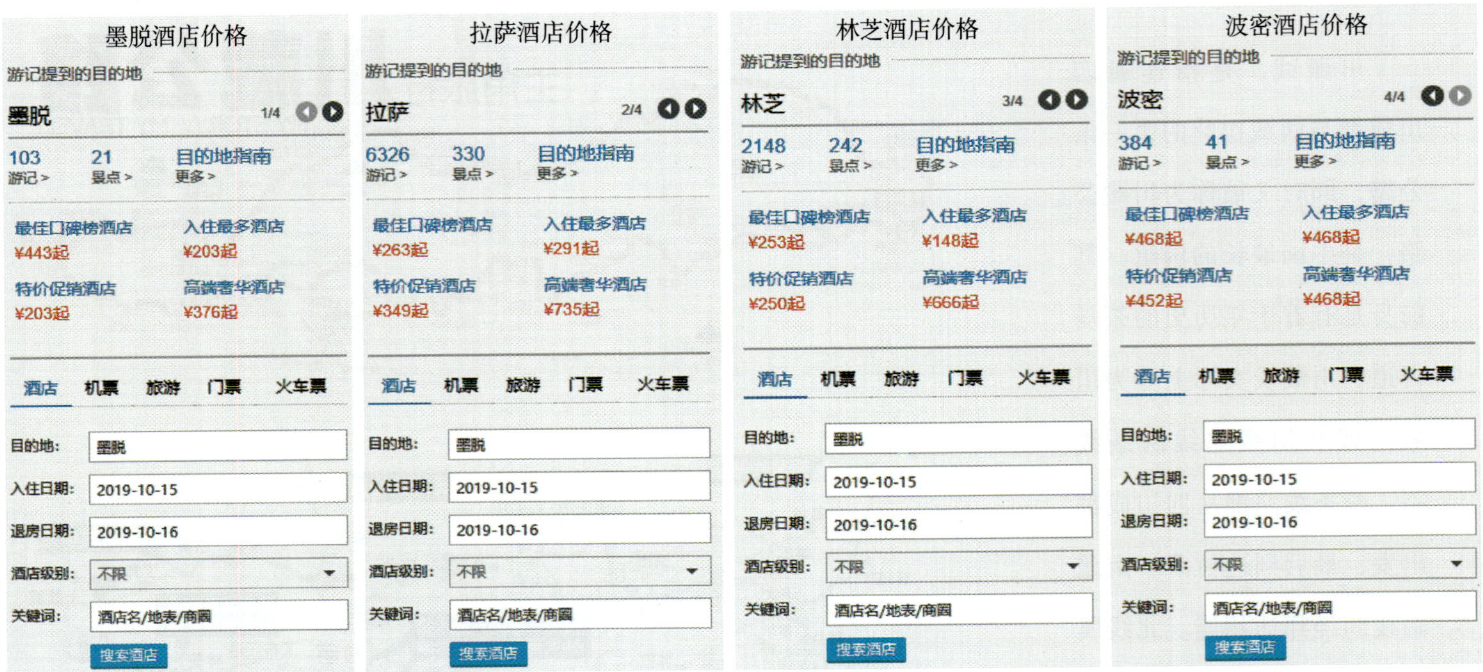

分析小结

（1）在西藏旅游的大格局中，林芝的各区县之间存在竞合关系。

（2）在时间和费用的约束下，到访林芝的游客具有旅游线路的选择权优势。

（3）墨脱县与云南、四川等地的生态旅游地属于同质竞争的关系。

这是一种敏感的竞合关系

四、基于 SWOT 的分析

SWOT 方法代表分析优势（S）、劣势（W）、机会（O）和威胁（T），是市场营销管理中经常使用的分析工具，主要用于市场竞争环境分析。

九寨天堂，童话世界

香格里拉，世外桃源

尼泊尔，心灵家园

林芝墨脱，莲花秘境

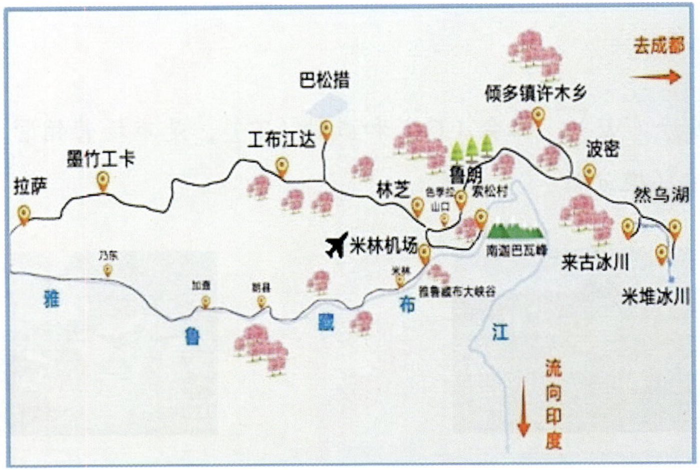
去成都
巴松措
倾多镇许木乡
工布江达
墨竹工卡
拉萨
波密
鲁朗
林芝
色季拉山口
索松村
然乌湖
米林机场
南迦巴瓦峰
来古冰川
乃东
米林
加查
朗县
雅鲁藏布大峡谷
米堆冰川
雅
鲁
藏
布
江
流向印度

墨脱徒步纪念| 那一年我闯入的莲花秘境
只看文字
天数：5天
时间：10月
人均：3000元
和谁：一个人
玩法：自由行，徒步
发表于 2015-06-08 14:00
我第一次听说墨脱，是有人说，这是中国最后一个没有公路的县城。
我第二次听说墨脱，是有人说，这是某小说《莲花》里的藏地秘境。
我第三次听说墨脱，是有人说，墨脱终于通公路了。
想想出发之前，如果要列举不去墨脱的理由，可以有一大堆。比如已经通公路了，再徒步就是纯粹找自虐，比如不做脑残的文艺小青年，看过一本破书就不把命当一回事。再比如，没有钱、没体力、怕蚂蟥……诸如此类。
墨脱
2019-10-15
2019-10-16

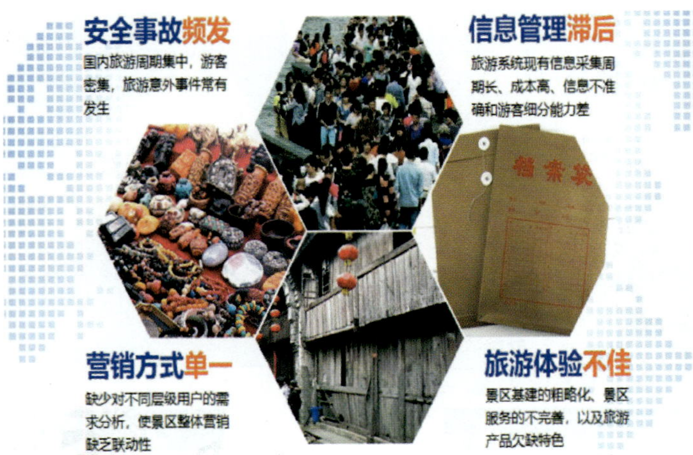
安全事故频发
国内旅游周期集中，游客密集，旅游意外事件常有发生
信息管理滞后
旅游系统现有信息采集周期长、成本高、信息不准确和游客细分能力差
营销方式单一
缺少对不同层级用户的需求分析，使景区整体营销缺乏联动性
旅游体验不佳
景区基建的粗略化、景区服务的不完善，以及旅游产品欠缺特色
档案袋

墨脱
第1名
4.7分 (41条点评)
墨脱县是藏东南最偏远的地带之一，也是中国最后通公路的…
嘎隆拉雪山
第2名
4.6分 (11条点评)
嘎隆拉山，平均海拔4800米，是驾车进入墨脱的必经高山…
仁钦崩寺
第3名
4.6分 (15条点评)
仁钦崩寺是墨脱最大的寺院，据传是由甘布寺中的活佛甘布…
果果塘大拐弯
第4名
4.6分 (15条点评)
雅鲁藏布江在果果塘这里盘了一个大弯，当地也叫蛇形弯…
仰桑河
第5名
4.3分 (8条点评)
仰桑河位于墨脱南部，是一条从东流向西注入雅鲁藏布江的…
汗密瀑布
第6名
4.1分 (7条点评)
汗密瀑布位于墨脱县背崩乡汗密站。瀑布三层相叠，落差高…

内部能力 对策 外部因素	优势（Strengths）	劣势（Weaknesses）
	（1）区位：西藏旅游的东南门户，温暖湿润的富氧区，是从川藏线和滇藏线进藏游客的目的地。 （2）政策：国家政策、西藏政策、林芝政策的优势叠加。 （3）资源：雪峰冰川、云海草地、峡谷雨林和门巴族、珞巴族、藏族文化相得益彰，“莲花秘境”声名远扬。 （4）举措：墨脱县委县政府统筹规划能力不断增强，企业行动力和居民参与的积极性不断提高	（1）管理：旅游发展体制受限，产业体系有待构建。 （2）产品：缺乏聚焦性的产品，体验场景有待提升。 （3）服务：旅游公共服务薄弱，基础设施有待配套。 （4）营销：到访游客规模太小，客源市场有待拓展
机遇（Opportunities）	SO 策略（发展型策略）	WO 策略（扭转型策略）
（1）政策：一系列支持旅游业发展的政策措施，在多层利好政策的驱动下，旅游业发展进入了政策叠加期。 （2）交通：川藏铁路、拉林高等级公路、派墨公路、波密机场等建设，从根本上提升了墨脱的跨区域交通的通达性。 （3）市场：迎来了大众旅游的第三次发展浪潮。 （4）经济：“一带一路”倡议、“孟中印缅经济走廊”倡议和“南亚大通道建设”，“收入全留、补助递增、专项扶持”的财税优惠政策，广东对口支援	（1）紧抓国家政策，充分发挥对口援藏作用，促进旅游业改革发展，促进产业融合与转型。 （2）以市场为导向，旅游与文化、宗教、体育、商贸、农业、基础设施建设等融合发展，主推体验性度假产品。 （3）针对到达林芝的客源市场，做好专项客群的市场营销。 （4）整合旅游资源，构建高效的体制机制和运行平台	（1）借助政策优势，理顺机制，完善配套，优化标志性的景区景点，凝气聚神打造产品结构和业态体系。 （2）引导市场，塑造品牌形象，基于徒步和自驾车客源市场进行节事活动营销，培育休闲度假市场。 （3）政府主导，企业担纲，全民参与，发展质量型旅游业
挑战（Threats）	ST 策略（多元型策略）	WT 策略（防御型策略）
（1）新政策：数量型向质量型旅游业转型升级带来挑战。 （2）新形势：消费群体迭代的亚文化发展格局带来挑战。 （3）新媒体：新媒体对传统旅游市场营销方式带来挑战。 （4）新竞争：同类资源旅游地带来激烈竞争和严峻挑战	（1）依托“两峰一江”和“一镇三乡”，发展“生态+文化”的复合型产品，有效集聚客流。（南迦巴瓦峰、加拉白垒峰和雅鲁藏布江，墨脱镇、达木珞巴民族乡、背崩乡、德兴乡） （2）挖掘门巴族和珞巴族的文化内涵，增强非物质文化遗产的独特性和体验性。 （3）提升仁钦崩寺的氛围，开发以庙会文化为核心的旅游业态和体验产品	（1）紧抓政策，理顺机制，以生态保护和非物质文化遗产保护为前提适度开发。 （2）发展满足休闲度假需求的多样化旅游产品。 （3）健全旅游资源的保护监管机制

存在短板

弱　散　小　缺

1

体验场景有待提升

旅游品牌知名度聚焦于徒步线路，体验场景的感染力不明显，旅游市场竞争力不强，必须加强旅游景点的体验感

2

产业体系有待构建

居民少而且分散，业态少而且规模小，没有整合运营平台，旅游资源配置机制有待改善，必须整合并提升旅游接待服务能力

3

基础设施有待配套

旅游集散中心、停车场、智慧旅游等公益性配套设施建设滞后，交通制约旅游发展的瓶颈问题需要得到根本解决

4

客源市场有待拓展

明显存在“规模小，进出快”的基础性特点、“夏季多、冬季少”的波动性现象与“散客为主，团队稀少”的结构性缺陷，应开发沉浸式产品和体验性业态，主攻基于徒步、自驾的康养市场和研学市场

全域旅游交通规划图

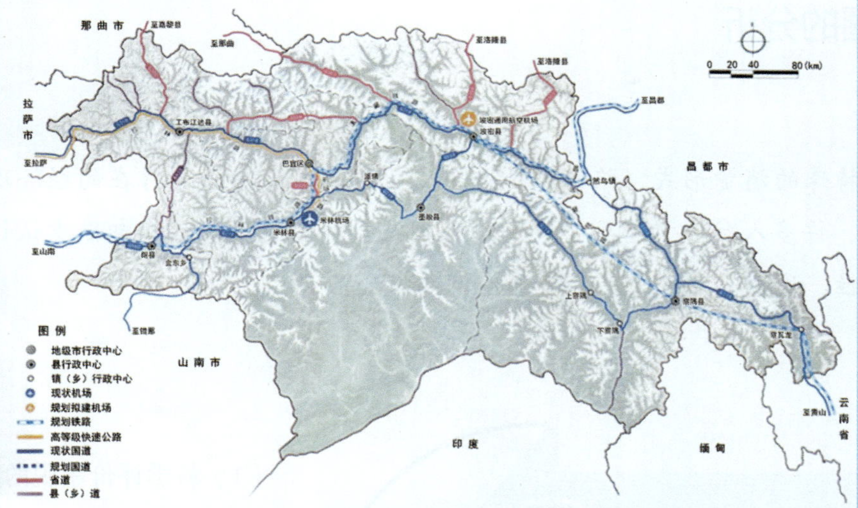

分析小结

（1）川藏铁路的通车提升了到访游客量，在 G318 自驾游和林芝机场访客的基础上形成叠加效应，打造林芝、波密、墨脱三足鼎立的格局。

（2）派镇至墨脱的公路通车之后，到访墨脱的游客量有新量级的跨越。

（3）旅游资源沿江沿路的空间特征，决定了墨脱旅游业的线性分布态势：难聚焦，难滞留。

这是一种刚性的业态组合

五、基于逻辑圈的分析

旅游是一种特殊的消费形式，旅游业是社会文化发展过程中必然存在的经济现象。在旅游业高速发展的今天，许多人往往只看到了它的社会有益性和客观现实性，却很少认识到它的主观虚幻性和价值逻辑性，这严重影响着旅游实体经济的发展。

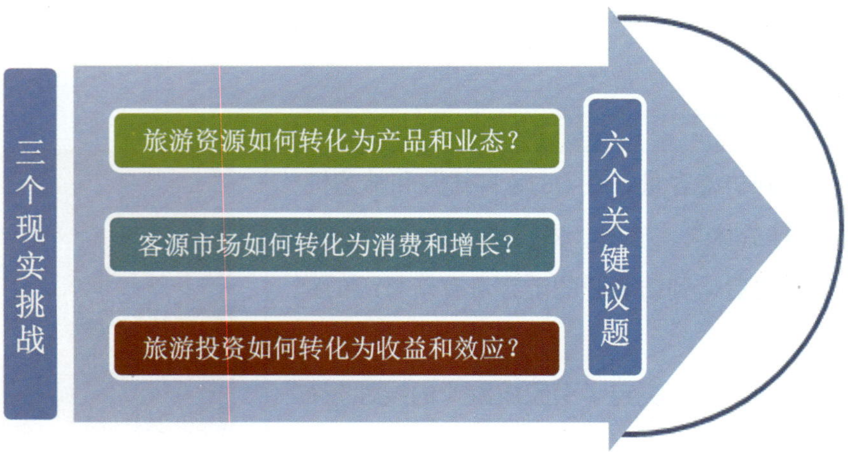

（1）科学评价墨脱的旅游资源与生态环境。

（2）理性梳理墨脱的开发模式与发展路径。

（3）系统构建墨脱的空间结构与功能布局。

（4）着力激活墨脱的文化特色与核心价值。

（5）精准掌控墨脱的市场体系与产品组合。

（6）综合统筹墨脱的管理体制与运作策略。

地方政府的思维逻辑

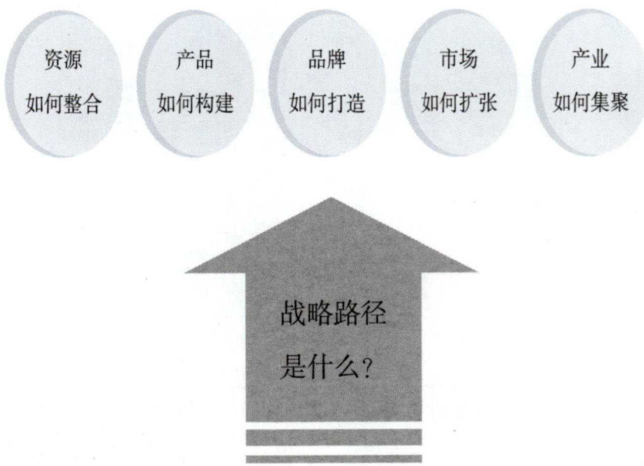

关键在行动：理念、模式、布局、路径、举措、效益

运作企业的思维逻辑

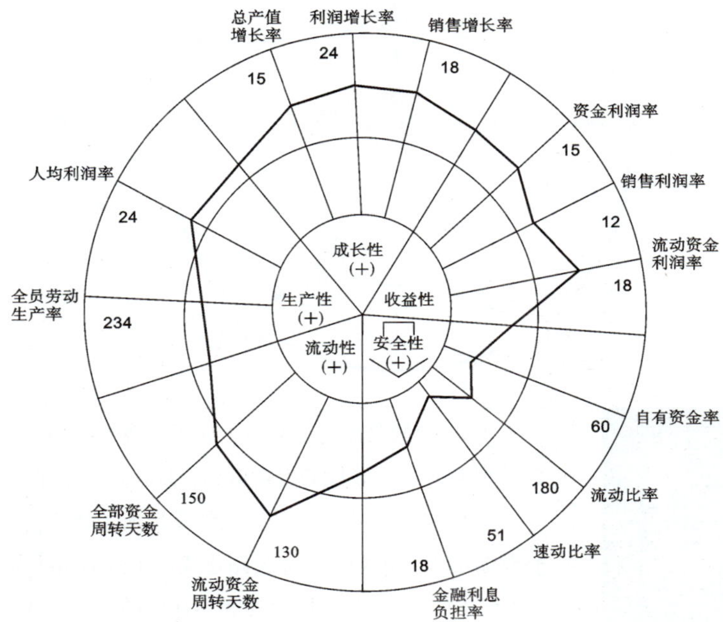

旅游业的逻辑圈分析模型

旅游业的可持续发展

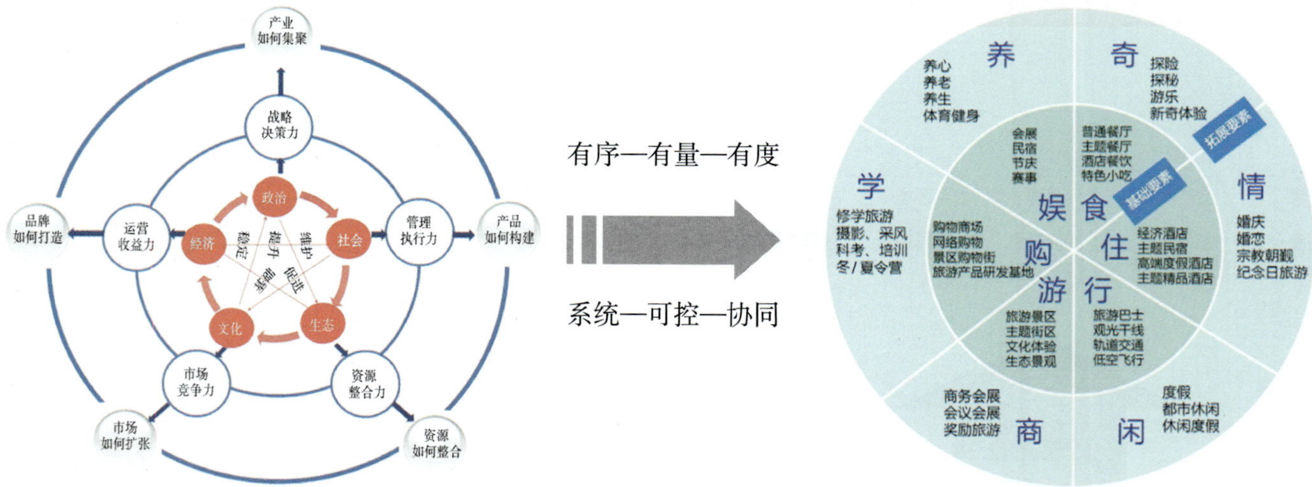

分析小结

（1）墨脱县旅游业总体上属于资源导向型模式，第一阶段是客源自发性的小众市场，第二阶段是政府主导性的聚众市场，现在启动了第三阶段——企业运营性的大众市场。

（2）墨脱县在道路约束条件下形成了徒步线路的小众市场，嘎隆拉隧道开通以来形成了自驾游的聚众市场，派墨公路建成通车撬动团队游的大众市场。

（3）小众市场的随机性和聚众市场的流动性导致墨脱县旅游业难以规模化，因此，没有形成旅游业的逻辑圈。

这是一种转型的重构机遇

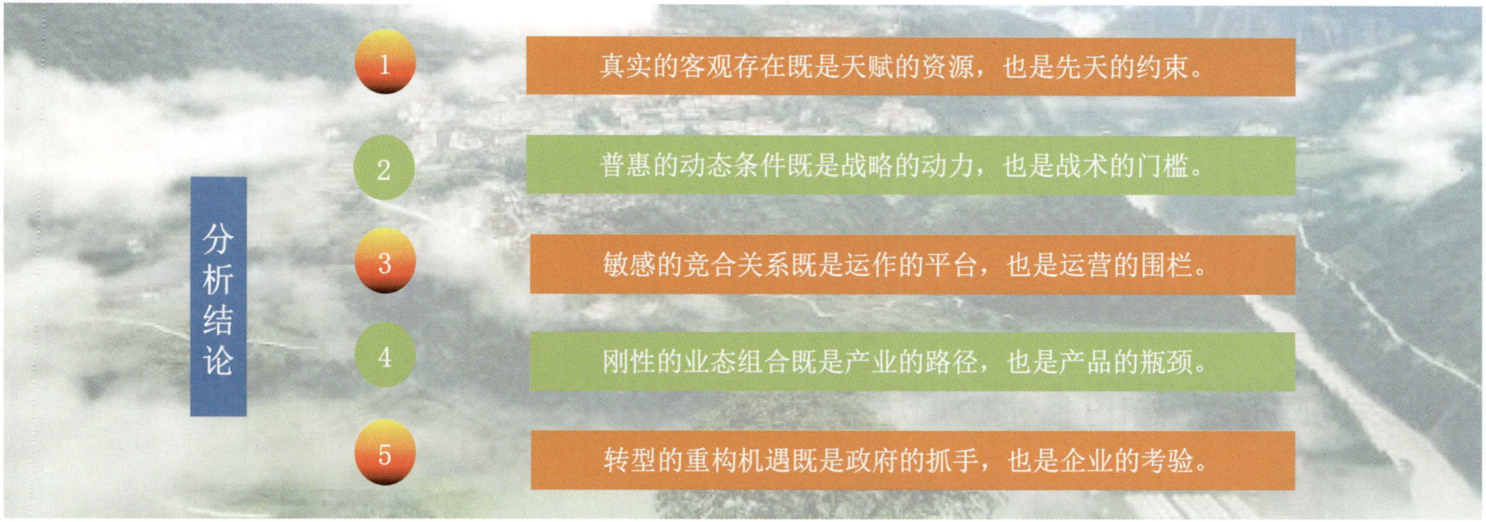
分析结论
1
真实的客观存在既是天赋的资源，也是先天的约束。
2
普惠的动态条件既是战略的动力，也是战术的门槛。
3
敏感的竞合关系既是运作的平台，也是运营的围栏。
4
刚性的业态组合既是产业的路径，也是产品的瓶颈。
5
转型的重构机遇既是政府的抓手，也是企业的考验。

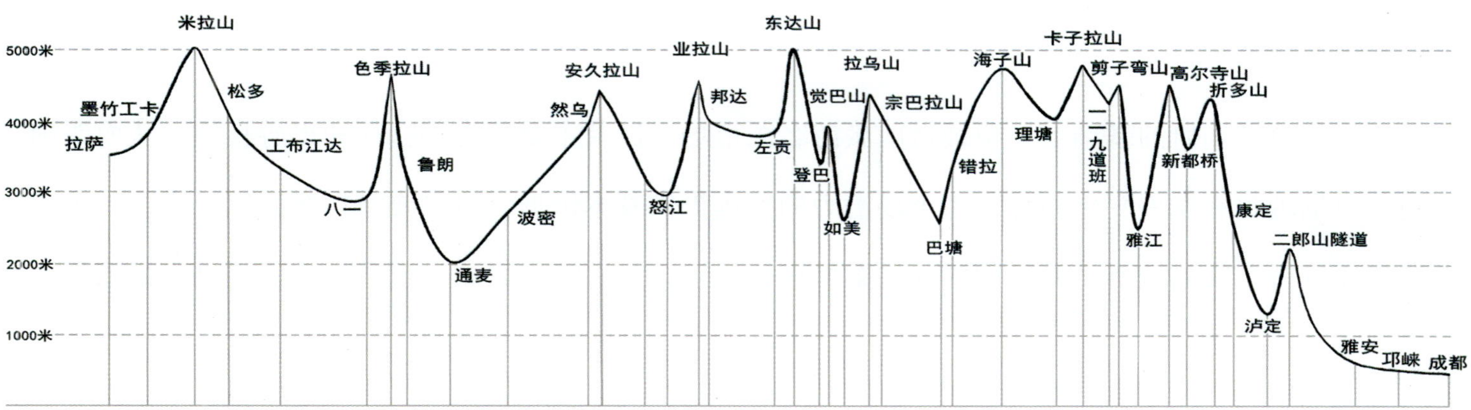
5000米
4000米
3000米
2000米
1000米
拉萨
墨竹工卡
米拉山
松多
工布江达
八一
色季拉山
鲁朗
通麦
波密
然乌
安久拉山
怒江
业拉山
邦达
左贡
东达山
登巴
觉巴山
如美
拉乌山
宗巴拉山
巴塘
错拉
海子山
理塘
卡子拉山
一二九道班
剪子弯山
雅江
高尔寺山
新都桥
折多山
康定
泸定
二郎山隧道
雅安
邛崃
成都

第二章

墨脱县旅游发展的客源分析

在充分市场调研的基础上，明确目前旅游客源市场，以及主要的出游特征和出游喜好，从而明确当前的市场现状和发展变化趋势，为市场潜力的判读提供基本依据。对主要潜在客源以及潜在的重大专项市场进行系统的分析，并对国内外的案例进行比较，为后续重点项目投资和运营提供市场依据。

1. 持续走高的宏观形势
2. 快速上扬的中观态势
3. 迭代演变的微观局势
4. 转型升级的客观趋势

一、持续走高的宏观形势

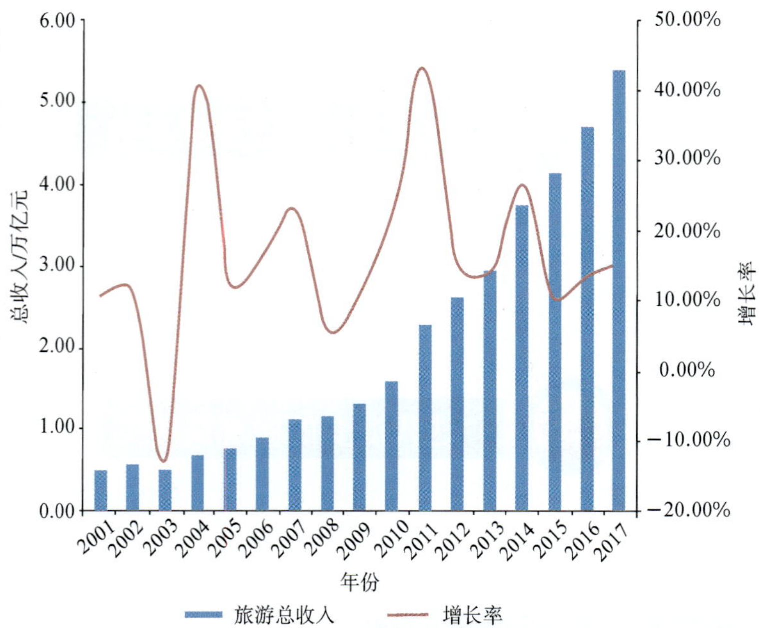

2001—2017年国内旅游总收入及其增长率

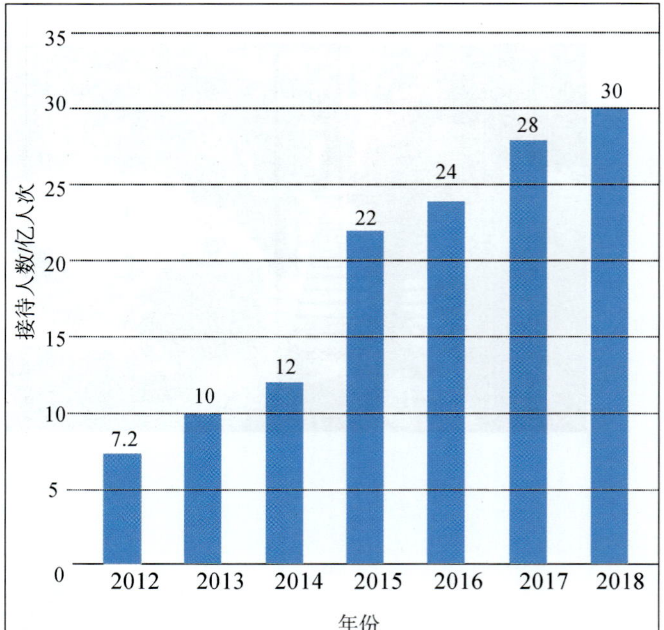

● 2012—2018年全国乡村旅游接待人数统计

2010—2018 年旅游业主要发展指标

年份	国内旅游人数 / 亿人次	国内旅游收入 / 亿元	入境数旅游人数 / 亿人次	入境旅游收入 / 亿美元	出境旅游人数 / 亿人次	旅游总收入 / 万亿元
2010	21.03	12579.77	1.34	458.14	0.57	1.57
2011	26.41	19305.39	1.35	484.64	0.70	2.25
2012	29.57	22706.22	1.32	500.28	0.83	2.59
2013	32.62	26276.12	1.29	516.64	0.98	2.95
2014	36.11	30311.86	1.28	1053.80	1.07	3.73
2015	40.00	34195.05	1.34	1136.50	1.17	4.13
2016	44.40	39390.00	1.38	1200.00	1.22	4.69
2017	50.01	45660.77	1.39	1234.17	1.31	5.40
2018	55.39	51278.29	1.41	1271.03	1.50	5.97

（注：数据来源于历年中国旅游业统计公报，数值保留小数点后两位。）

2018 年国内旅游市场持续平稳增长，入境旅游市场稳步进入缓慢回升通道，出境旅游市场快速发展。2018 年全年国内旅游人数 55.39 亿人次，比上年同期增长约 10.8%；入境旅游人数约 1.41 亿人次，比上年同期增长约 1.4%；出境旅游人数约 1.50 亿人次，比上年同期增长约 14.5%；全年实现旅游总收入 5.97 万亿元，同比增长约 10.6%。

截至 2018 年年末，全国共有 A 级景区 11924 个，全年接待总人数 60.24 亿人次，比上年末增长约 10.5%，实现旅游收入 4707.54 亿元，比上年末增长约 7.8%。

二、快速上扬的中观态势

2018年西藏民航吞吐量突破530万人次

信息来源:中国西藏网　作者:王媛媛　发布日期：2019-01-03　阅读 182 次

中国西藏网讯 1月2日，记者从民航西藏区局获悉，继2018年12月4日民航西藏区局迎来今年保障的第500万名旅客后，西藏民航事业迎来新的里程碑。2018年全年民航西藏区局旅客吞吐量保障首次突破530万人次，较2017年增长17%，最高日吞吐量达19914人次，最高小时吞吐量达3488人次。

图为西藏阿里昆莎机场，一架航班降落。摄影：赵耀

2018年，西藏民航旅客吞吐量达5319968人次，运输架次达到46693架次，货邮吞吐量达39945.8吨。其中，拉萨贡嘎机场年旅客吞吐量达4353.948人次，货邮吞吐量达36173吨；昌都邦达机场年旅客吞吐量达325065人次，运输架次达3311架次，货邮吞吐量达1097.6吨；林芝米林机场年旅客吞吐量达484506人次，运输架次达5300架次，货邮吞吐量达2231.4吨；阿里昆莎机场年旅客吞吐量达75100人次，运输架次达933架次，货邮吞吐量达17.4吨；日喀则机场年旅客吞吐量达81349人次，运输架次达976架次，货邮吞吐量达269.3吨。

目前，西藏共运营有拉萨贡嘎、昌都邦达、林芝米林、阿里昆莎、日喀则5个运输机场，执飞航空公司11家，航线86条，通航城市47个。“十三五”期间，民航西藏区局在推进山南隆子、日喀则定日、阿里普兰新建支线机场工程和拉萨贡嘎机场二跑道建设项目的同时，持续改造完善空管设施和通信导航设施，提高航空运力，确保飞行安全。

这篇新闻报道的内容以及数据说明：

一是西藏民航运输业处于快速发展态势之中。

二是西藏民航的旅客吞吐量处于快速增长之中。

三是林芝米林机场旅客吞吐量的规模在快速扩张。

四是墨脱县引流西藏航空旅客市场存在机会。

林芝桃花节带热西藏自驾游

信息来源:西藏商报　作者:张雪芳　发布日期：2019-04-03　阅读 134 次

3月31日下午，经过连续9天的长途行车，参与“成都出发——驾享川藏线·最美香巴拉”中国大香格里拉系列营销推广活动暨2019年西藏林芝桃花节全国自驾活动的巅行自驾车队安全抵达西藏林芝雅鲁藏布大峡谷景区。

本次自驾活动由西藏自治区旅游发展厅、四川省文化和旅游厅、云南省文化和旅游厅主办，中国大香格里拉旅游推广联盟、西藏旅游股份有限公司承办，是为全面落实国家“三区三州”发展战略，发挥四川、云南、西藏面向东南亚和南亚的地缘优势，整合大香格里拉世界级旅游资源、产品和营销力量。

3月23日，自驾团队从成都出发，沿317国道、318国道，先后途经四川金川、西藏昌都、然乌湖、波密等地，至今已走过一半行程。对于参与此次自驾活动的队员们来说，9天时间里感受颇深。“林芝的桃花处处散发着自然野性美，和成都周边人工种植的桃花具有完全不一样的美感。”来自成都的自驾团队队员李霞说。而来自深圳的自驾团队队员石胜果则表示，行程还未结束，自己已经和朋友约好了8月再次从318国道自驾进藏。

此次自驾活动的总领队何朗告诉记者，318国道之所以这么吸引自驾游爱好者，主要有“长、美、险”三个原因。“首先，318国道是国内最长的一条国道，东起上海黄浦区，西至西藏日喀则市聂拉木县，全程5000多千米；其次，318国道被誉为‘中国人的景观长廊’，自然景观多样，更有一天可历四季的神奇气候；最后，318国道常见陡坡、急弯等险路，对于驾驶人员来说，极具挑战性。”

据悉，本次自驾活动行程共计19天，在助阵2019年林芝市第十七届桃花旅游文化节雅鲁藏布大峡谷会场开幕式之后，自驾车队将继续前往拉萨，随后沿青藏线返回成都。

这篇新闻报道的内容以及数据说明：

一是长途自驾游已经形成全国性市场。

二是西藏自驾游已经形成主题性顶级品牌。

三是林芝桃花节已经成为带动西藏自驾游的引擎力量。

四是墨脱县开拓全国自驾游主题性市场具有潜力。

国庆假期西藏旅游总收入超8.2亿元

信息来源：西藏商报　作者：刘欢　发布日期：2019-10-09　阅读 23 次

今年“十一”长假，西藏秋高气爽，全区迎来客流高峰，旅游消费市场供需两旺，假日市场平稳收官。10月8日，记者从自治区旅发厅获悉，2019年国庆长假期间（10月1日-7日），西藏共接待国内外游客1592280人次，同比增长16.8%（其中：接待过夜游客622944人次，一日游游客969336人次）；旅游总收入82034万元，同比增长18.2%。

假日期间，自治区旅发厅按照自治区党委政府、文化旅游部的统一部署，采取多项措施，确保为入藏游客营造“安全、舒适、祥和、喜庆”的旅游市场环境。节前召开专题会议对全区旅游安全进行安排部署，有力确保西藏旅游市场平稳运行。同时，向各市（地）下发防风险迎大庆工作通知，要求各市（地）旅游发展局、各涉旅企业扎实开展自查自纠和风险防范工作，加强假日值班备班工作，严格落实假日旅游信息报送制度，加强假日旅游市场的管理调度。

自治区旅发厅通过媒体广告、网络宣传等途径，全面实施多渠道、广范围、高密度的西藏旅游推介宣传，同时加强文明旅游和诚信经营的宣传，进一步提升旅游良好市场环境；充分挖掘旅游消费潜力，丰富假日旅游产品，推出乡村旅游、文化旅游、民俗旅游等特色旅游活动，丰富了假日旅游产品供给；节前召开专项部署会，布置节日期间的旅游安全生产工作，自治区、地市旅游执法部门开展专项检查，切实做到了节前早安排、早部署，节中严管理、严检查，达到了“安全、质量、秩序、效益”四统一目标。

据拉萨市旅游发展局统计，“十一”长假期间，拉萨市共接待国内外游客133.22万人次，同比增长13.41%，其中过夜游客47.86万人次，一日游游客85.36万人次；旅游总收入达6.31亿元，同比增长15.15%。据统计，2019年“十一”长假期间拉萨市区星级饭店入住率为76.37%，自治区旅游执法总队共接到咨询电话26起，投诉电话1起，均已处理完毕。

这篇新闻报道的内容以及数据说明：

一是节假日游西藏已经形成全国性市场。

二是节假日游西藏保持着快速增长的态势。

三是节假日游西藏的业态和产品还有很大的提升和优化空间。

四是墨脱县全国节假日客源市场处于战略机遇期。

西藏林芝市2018年实现旅游收入59.22亿元

2019年01月30日 19:39　中国新闻网

中新网　拉萨1月30日电　（江飞波）西藏自治区林芝市官方30日透露，2018年林芝市共接待国内外游客713.5万人次，同比增长37.56%；实现旅游收入59.22亿元（人民币，下同），同比增长0.26%，继续保持了旅游产业经济持续发展。

林芝市位于西藏东南部、雅鲁藏布江中下游，被誉为“西藏江南”。林芝市旅发委称，2018年桃花节期间（3月29日至3月31日）林芝共接待游客16.92万余人次，实现旅游收入3.27亿元；第四届藏博会期间，林芝市共接待游客10.63万人次，（其中过夜游客约5万人次）实现旅游收入5700余万元。旅游节庆和小长假已经成为推进林芝旅游发展的主要动力。

林芝市旅发委称，他们始终坚持把提高农牧民在旅游产业发展中的获得感和幸福感作为出发点和落脚点。截至目前，林芝市农牧民家庭旅馆总数达到570家（含167家星级家庭旅馆），拥有客房5105间。为规范管理，2018年，林芝市还实施了《林芝市农牧民家庭旅馆管理办法》等举措。

据统计，2018年1至11月，林芝市农牧民家庭旅馆累计接待游客55.62万人次，同比增长36.15%，实现旅游总收入8400余万元，同比增长49.49%。林芝1400余户6600余位农牧民参与旅游服务，户均增收5.88万元，人均增收1.27万元。

责任编辑：李思阳

这篇新闻报道的内容以及数据说明：

一是林芝市旅游业处于快速发展进程之中。

二是节庆营销是林芝市旅游业发展的重要驱动力。

三是农牧民参与旅游业经营活动成为规模化现象。

四是墨脱县在动员和组织农牧民参与旅游业经营活动方面大有可为。

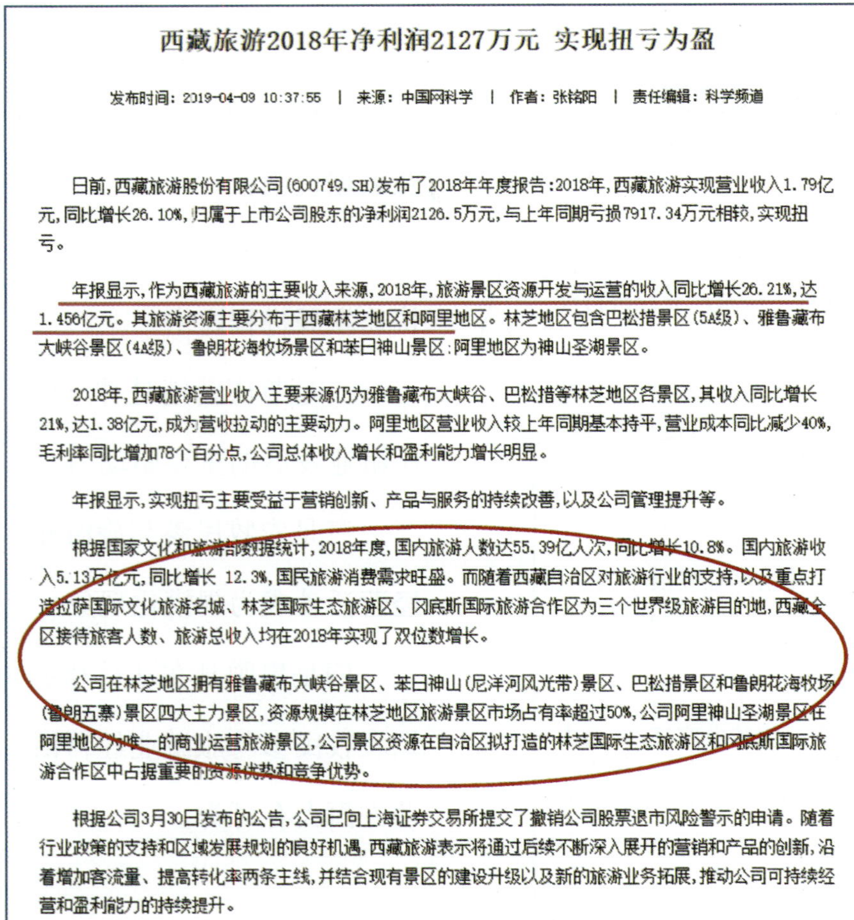

西藏旅游2018年净利润2127万元 实现扭亏为盈

发布时间：2019-04-09 10:37:55 | 来源：中国网科学 | 作者：张铭阳 | 责任编辑：科学频道

日前，西藏旅游股份有限公司(600749.SH)发布了2018年年度报告：2018年，西藏旅游实现营业收入1.79亿元，同比增长26.10%，归属于上市公司股东的净利润2126.5万元，与上年同期亏损7917.34万元相较，实现扭亏。

年报显示，作为西藏旅游的主要收入来源，2018年，旅游景区资源开发与运营的收入同比增长26.21%，达1.456亿元。其旅游资源主要分布于西藏林芝地区和阿里地区。林芝地区包含巴松措景区(5A级)、雅鲁藏布大峡谷景区(4A级)、鲁朗花海牧场景区和苯日神山景区；阿里地区为神山圣湖景区。

2018年，西藏旅游营业收入主要来源仍为雅鲁藏布大峡谷、巴松措等林芝地区各景区，其收入同比增长21%，达1.38亿元，成为营收拉动的主要动力。阿里地区营业收入较上年同期基本持平，营业成本同比减少40%，毛利率同比增加78个百分点，公司总体收入增长和盈利能力增长明显。

年报显示，实现扭亏主要受益于营销创新、产品与服务的持续改善，以及公司管理提升等。

根据国家文化和旅游部数据统计，2018年度，国内旅游人数达55.39亿人次，同比增长10.8%。国内旅游收入5.13万亿元，同比增长 12.3%，国民旅游消费需求旺盛。而随着西藏自治区对旅游行业的支持，以及重点打造拉萨国际文化旅游名城、林芝国际生态旅游区、冈底斯国际旅游合作区为三个世界级旅游目的地，西藏全区接待旅客人数、旅游总收入均在2018年实现了双位数增长。

公司在林芝地区拥有雅鲁藏布大峡谷景区、苯日神山(尼洋河风光带)景区、巴松措景区和鲁朗花海牧场(鲁朗五寨)景区四大主力景区，资源规模在林芝地区旅游景区市场占有率超过50%，公司阿里神山圣湖景区在阿里地区为唯一的商业运营旅游景区，公司景区资源在自治区拟打造的林芝国际生态旅游区和冈底斯国际旅游合作区中占据重要的资源优势和竞争优势。

根据公司3月30日发布的公告，公司已向上海证券交易所提交了撤销公司股票退市风险警示的申请。随着行业政策的支持和区域发展规划的良好机遇，西藏旅游表示将通过后续不断深入展开的营销和产品的创新，沿着增加客流量、提高转化率两条主线，并结合现有景区的建设升级以及新的旅游业务拓展，推动公司可持续经营和盈利能力的持续提升。

这篇新闻报道的内容以及数据说明：

一是西藏旅游业处于快速发展进程之中。

二是林芝市属于西藏旅游资源的富集区和旅游业战略增长极。

三是国内旅游消费旺盛，国内旅游在高位上持续保持快速增长态势。

四是在增加游客量和提高转化率的主线上，墨脱县应该着力发展生态科考游和民俗研学游。

三、迭代演变的微观局势

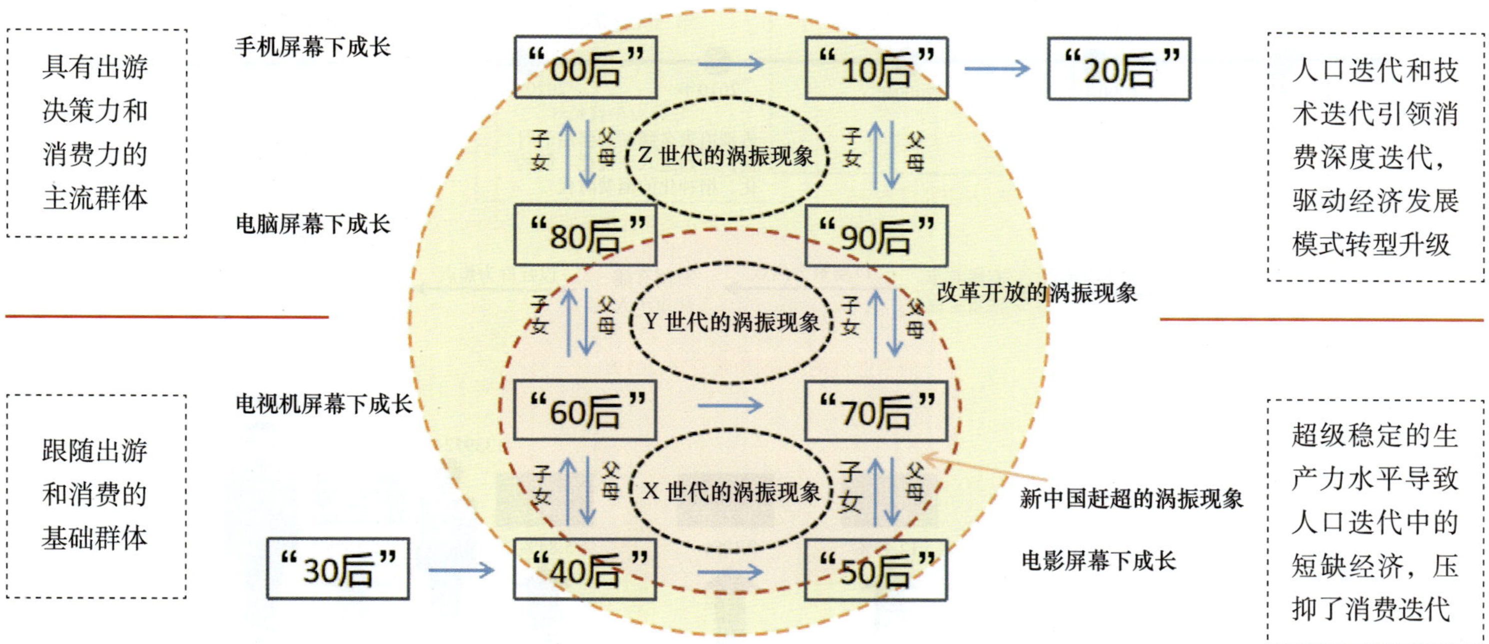

代际互动的涡振现象

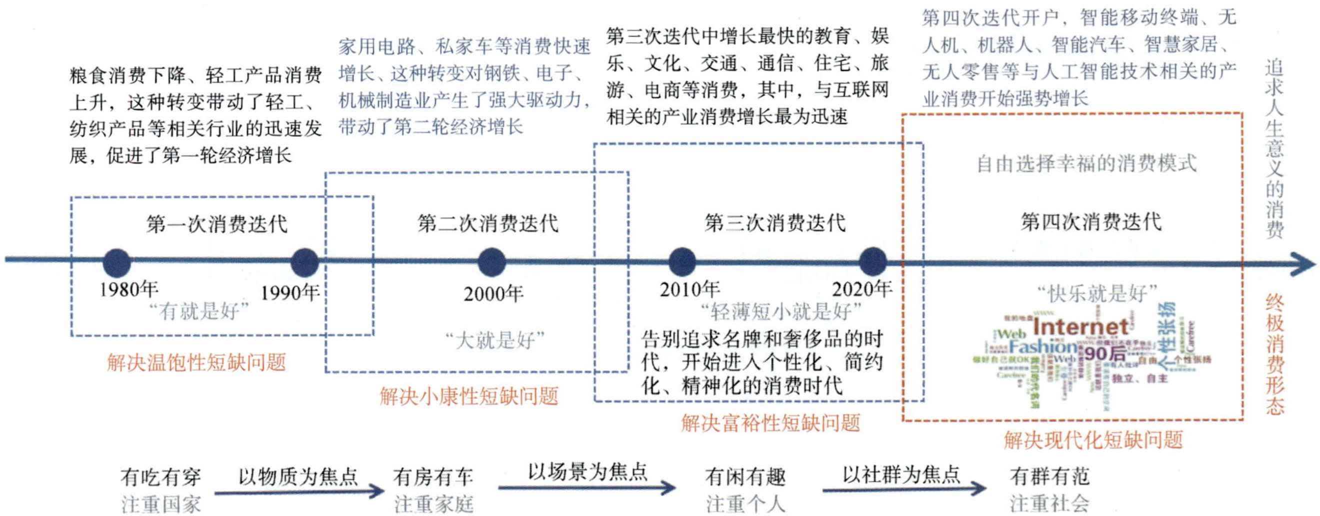

消费迭代的线路图(董观志,2019)

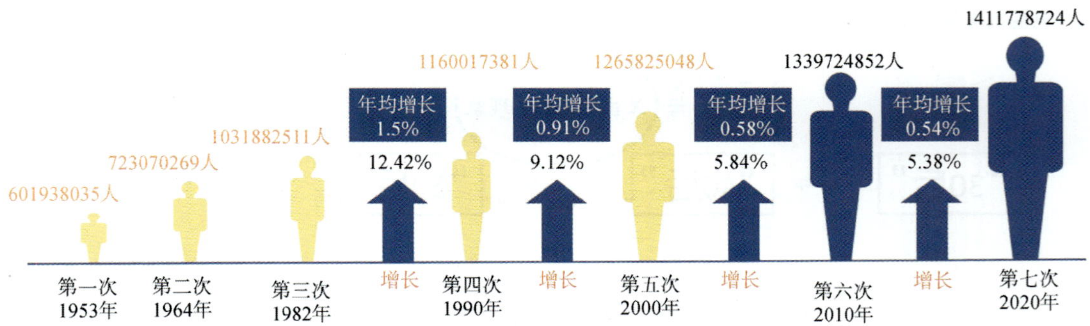

人口增长态势

人口迭代引起的社会迭代

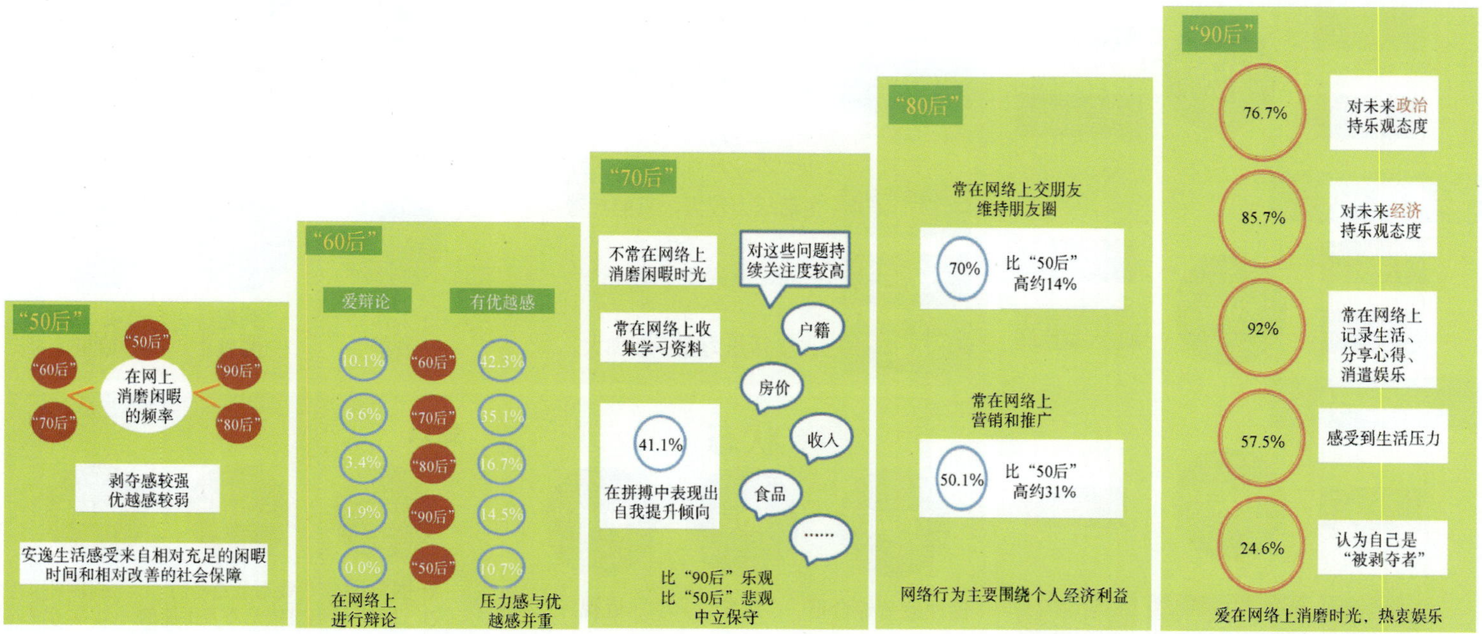

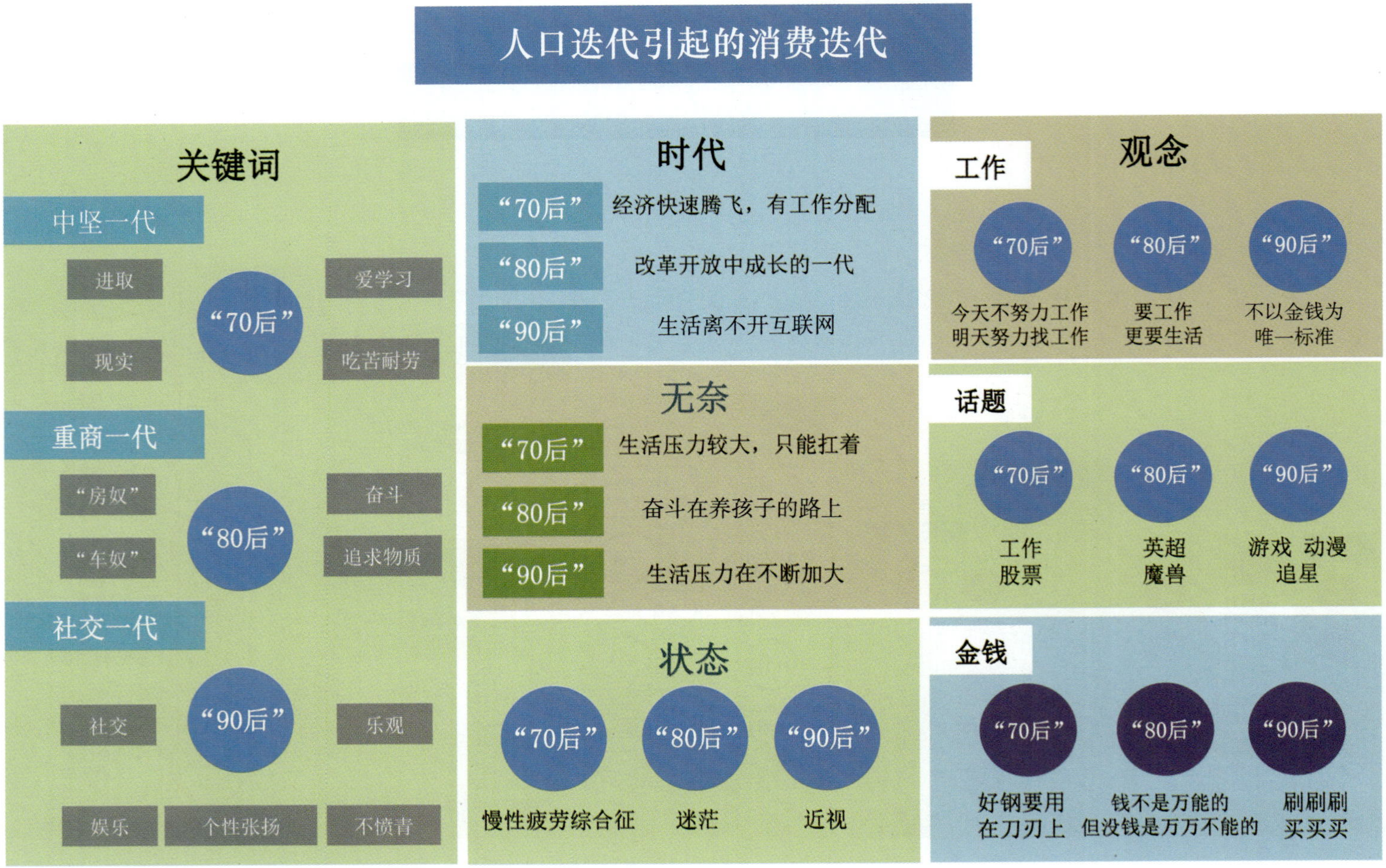
人口迭代引起的消费迭代
关键词
中坚一代
进取
爱学习
“70后”
现实
吃苦耐劳
重商一代
“房奴”
奋斗
“80后”
“车奴”
追求物质
社交一代
社交
“90后”
乐观
娱乐
个性张扬
不愤青
时代
“70后” 经济快速腾飞，有工作分配
“80后” 改革开放中成长的一代
“90后” 生活离不开互联网
无奈
“70后” 生活压力较大，只能扛着
“80后” 奋斗在养孩子的路上
“90后” 生活压力在不断加大
状态
“70后” 慢性疲劳综合征
“80后” 迷茫
“90后” 近视
观念
工作
“70后” 今天不努力工作 明天努力找工作
“80后” 要工作 更要生活
“90后” 不以金钱为 唯一标准
话题
“70后” 工作 股票
“80后” 英超 魔兽
“90后” 游戏 动漫 追星
金钱
“70后” 好钢要用 在刀刃上
“80后” 钱不是万能的 但没钱是万万不能的
“90后” 刷刷刷 买买买

技术迭代引起的消费迭代
App达人
工具性与娱乐性共舞
手机阅读控
一字不落地阅读
手机社交族
泡在社交网络上的年轻人
拍客
随拍随传
签到族
有精力有实力的切客
信息发布狂
手机个人生活秀
手机购物族
随时随地淘宝
折扣族
“抠门儿”的有钱人
围观潜水族
活跃的“沉默者”
上网族
离不开手机网络
移动互联网网民已经形成族群

“70 后”“80 后”“90 后”和“00 后”是具有出游决策力和消费意愿强烈的主流目标客群。

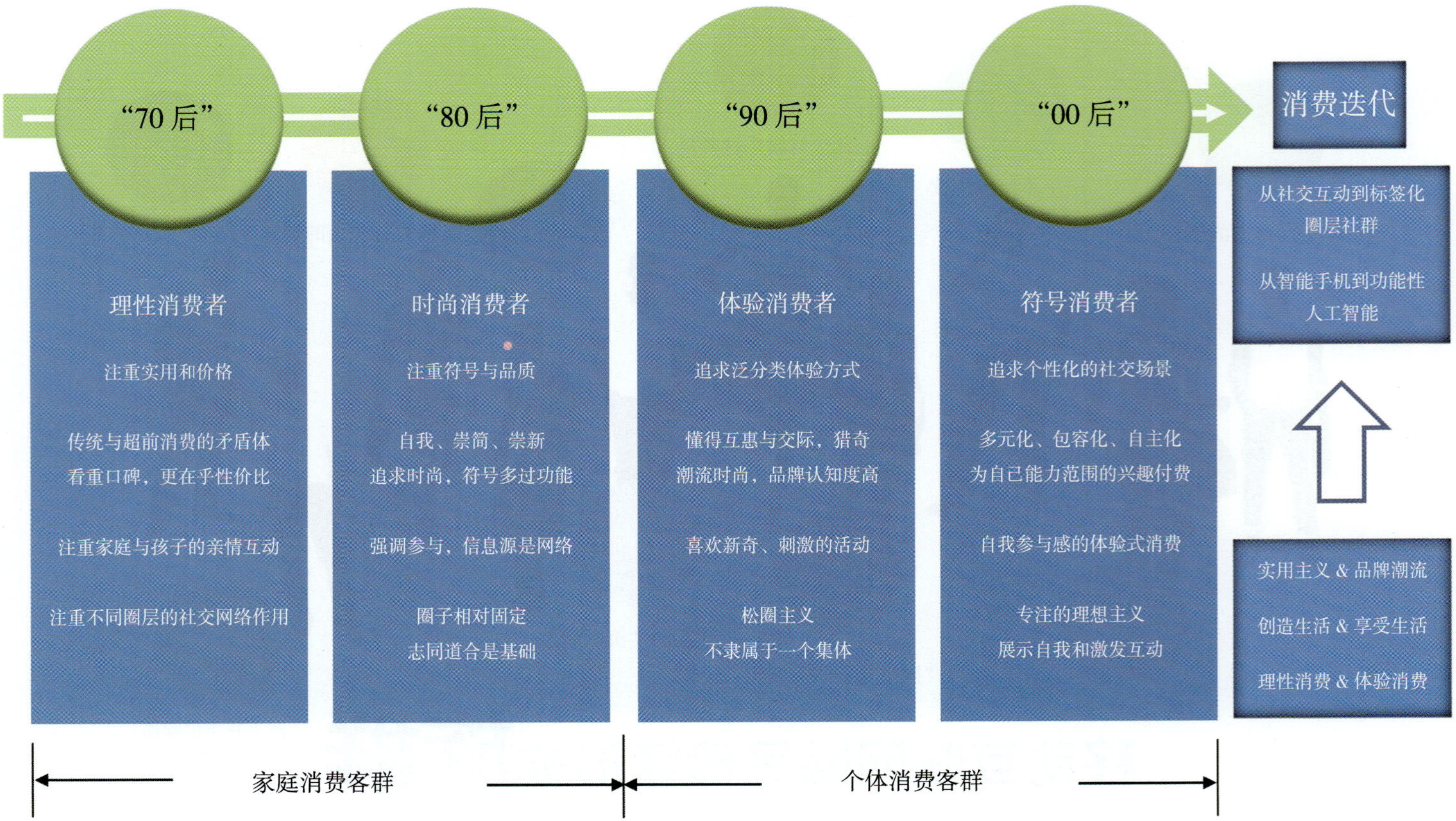

以人为本，融入生活的旅游体验方式是未来旅游的主导趋势。

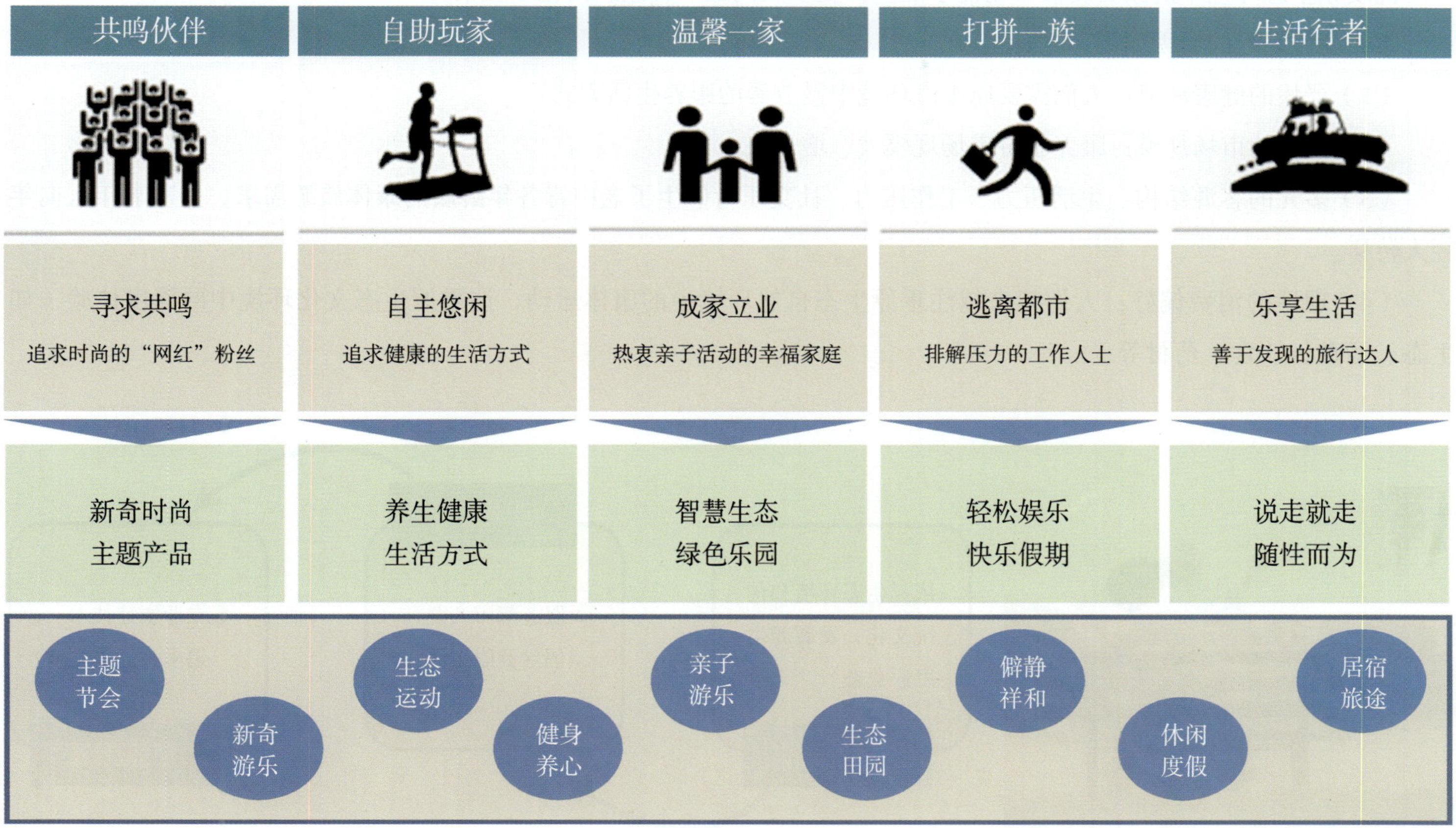

以民宿住宿和避暑为主要需求的旅游市场是第二消费客群。

优质原生态环境中的康养度假市场需求旺盛，更多人向往一种全新的健康生活方式。

康养度假兴起的原因如下：

（1）严峻的健康环境：人们需要原生态环境中慢节奏的康养生活方式。

（2）庞大的市场规模：康养旅游市场规模大、增长快。

（3）多元的客源结构：生活压力、工作压力、社交压力催生了老中青各年龄层的康体旅游需求，并从老年人向年轻人转移。

（4）理性的消费偏好：人们越来越注重原生态自然环境中的康体运动，注重原生态文化环境中的深度体验（如生态、运动、饮食、药材等）。

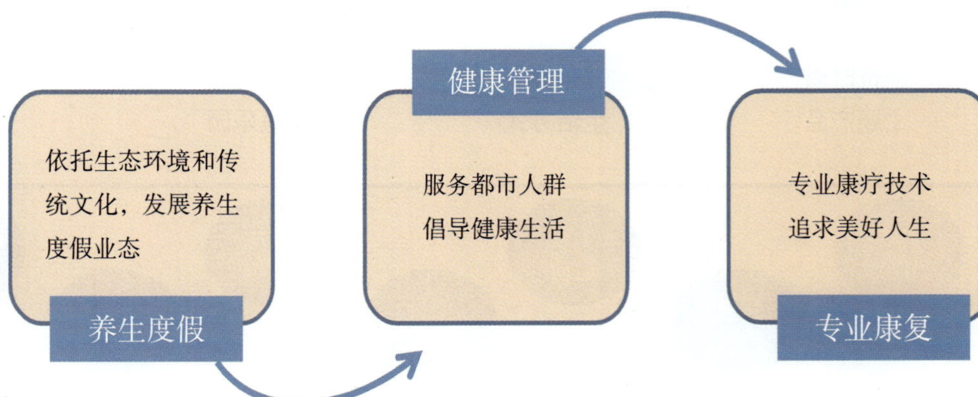

千禧一代（“90 后”和“00 后”）的旅游消费更倾向于最具地标性的诗意浪漫，追求自由与终极挑战。

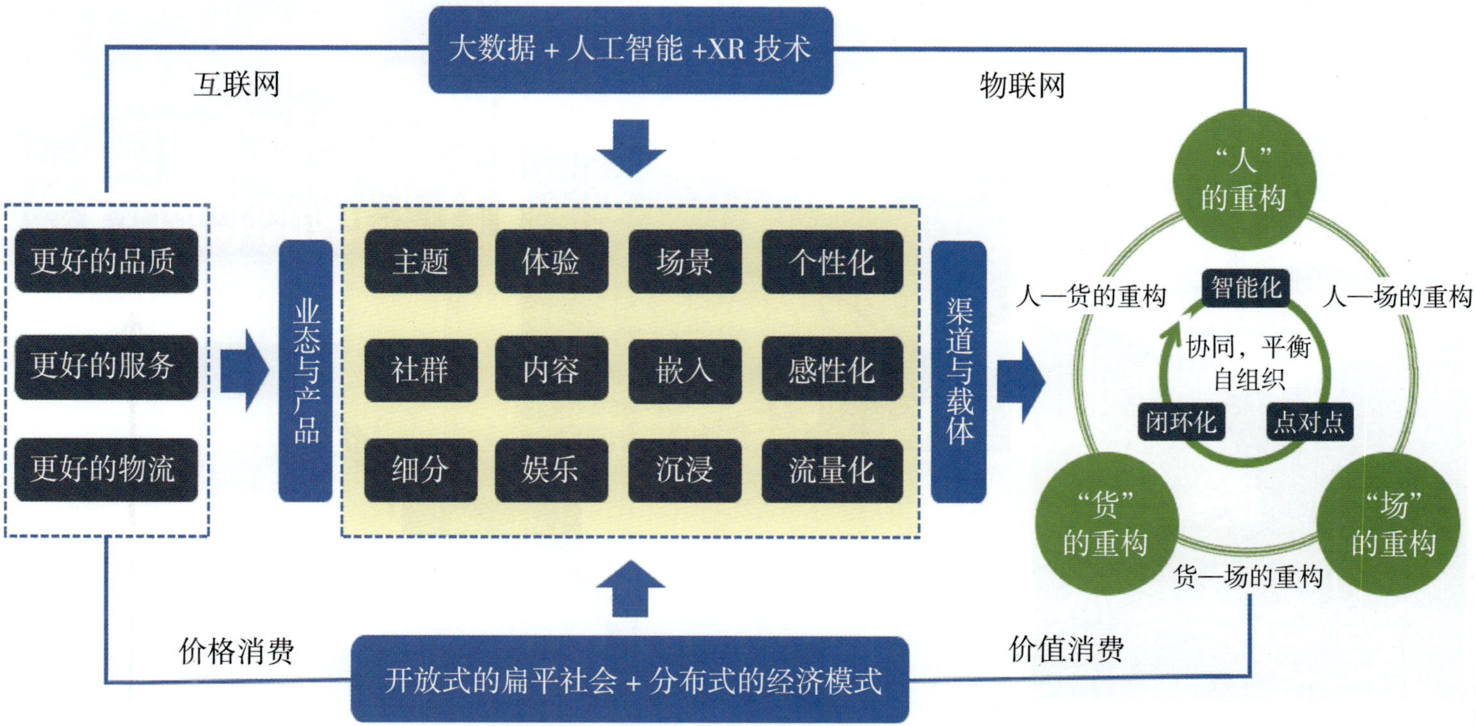

消费迭代的逻辑分析框架（董观志，2018）

四、转型升级的客观趋势

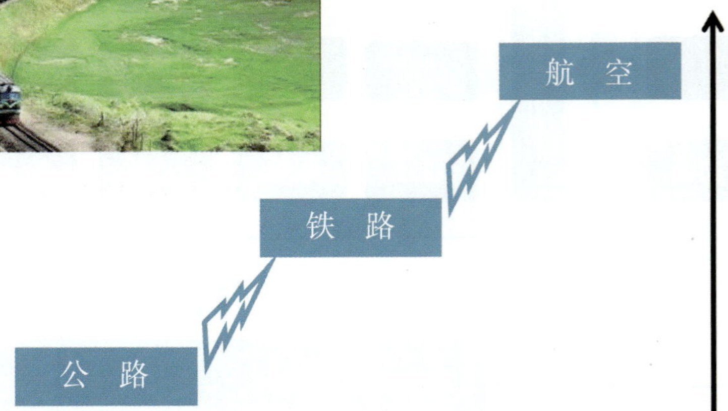

交通 1.0：公路

交通 2.0：公路 + 铁路

交通 3.0：公路 + 铁路 + 航空

交通 1.0：公路

神秘的天险——山高、路远、地质灾害多、维护施工难

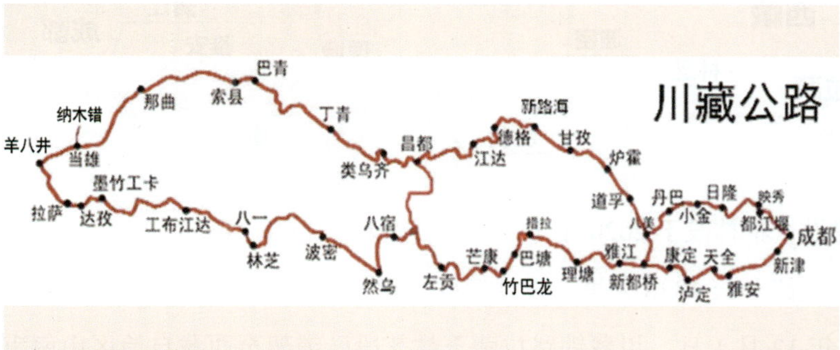

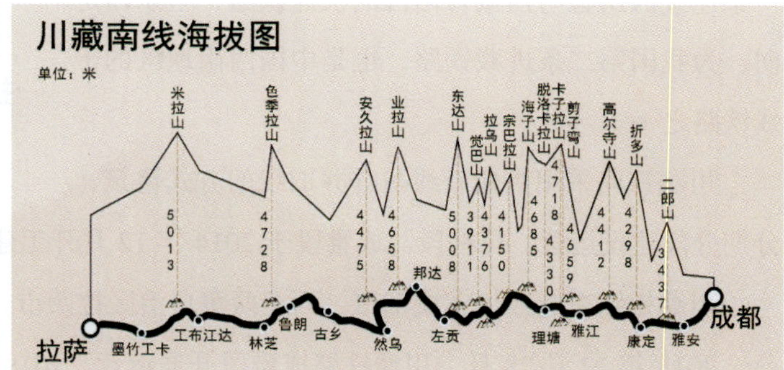

川藏公路波密境内多处路段发生泥石流

交通 2.0：公路 + 铁路	神秘的天路——拉林高速 + 川藏铁路（四季通行）

川藏铁路（Sichuan-Tibet Railway）是中国境内一条连接四川省与西藏自治区的快速铁路，呈东西走向，为我国第二条进藏铁路，也是中国西南地区的干线铁路之一。

川藏铁路采用兴建新线与合并旧线的方式修筑，分期分段建设运营。拉林段与成雅段于 2014 年 12 月开工建设；雅林段于 2020 年 11 月开工建设。

川藏铁路东起四川省成都市、西至西藏自治区拉萨市，线路全长 1838 公里，设计速度为每小时 160 到 200 公里。

2018 年 12 月 28 日，川藏铁路成雅段开通运营。2019 年 12 月 1 日，川藏铁路拉萨至林芝段已铺架至西藏自治区山南市绒乡雅鲁藏布江大桥。2020 年 4 月 7 日，川藏铁路拉萨至林芝段全线 47 座隧道全部贯通。

交通 3.0：公路 + 铁路 + 航空

神往的天堂——高速公路 + 铁路 + 航空（多、快、好、省）

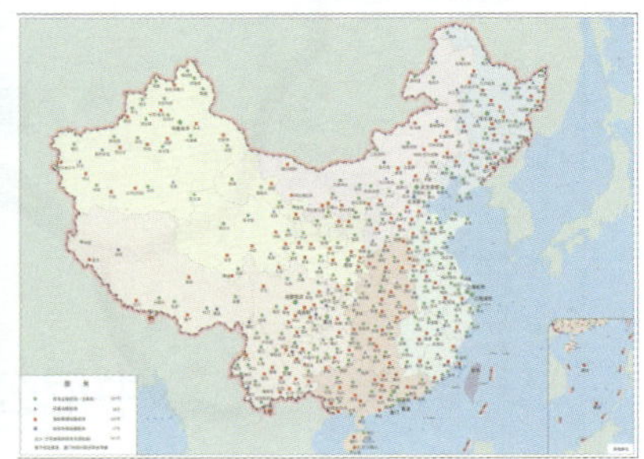

注：右下角图片来源于《中华人民共和国国民经济和社会发展第十三个五年规划纲要》。

结论 1 墨脱县到访游客的大尺度空间结构

- 林芝机场、拉萨机场的团队游客和自助游客
- 青藏铁路、川藏铁路的团队游客和自助游客
- 川藏公路、滇藏公路、青藏公路、新藏公路的自驾游客

结论 2 墨脱县到访游客的小尺度空间结构

- 沿徒步穿越线路的自助背包客
- 沿扎墨公路、派墨公路的自驾游客
- 沿派墨公路的团队游客

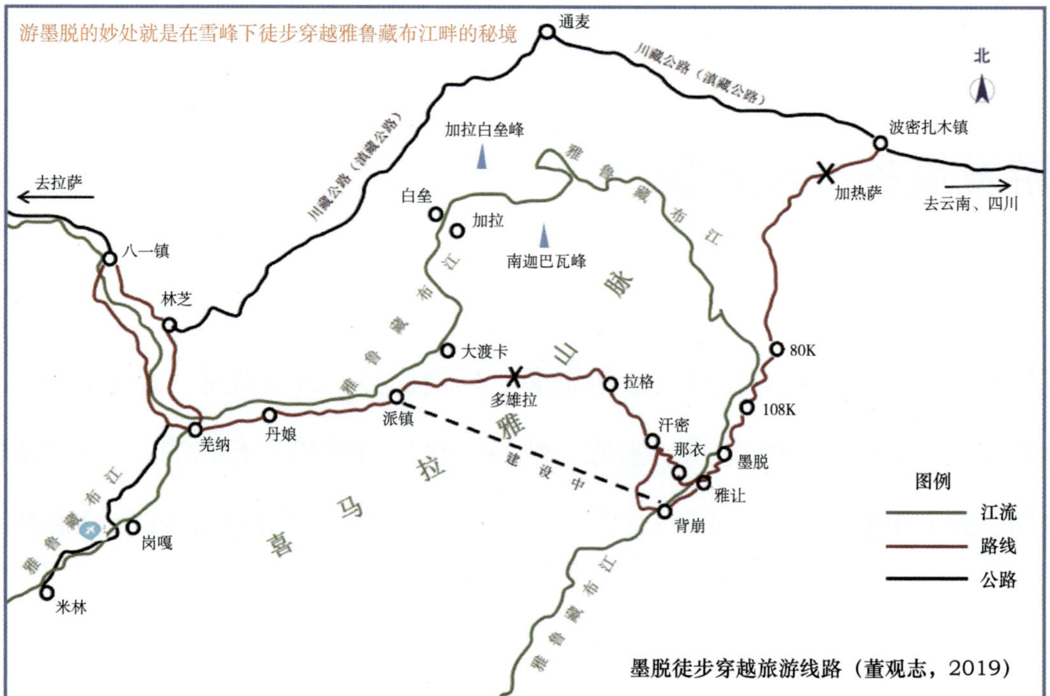

墨脱徒步穿越旅游线路（董观志，2019）

第三章

墨脱县旅游发展的战略定位

针对墨脱县的基本情况，结合墨脱县旅游资源、环境优势、区位优势、政策优势、发展机遇等当前国内外旅游发展的大趋势，分析冰川、雪峰、峡谷、热带雨林和生态旅游发展的大战略，以及墨脱县发展的大格局，确定墨脱县旅游发展的总体定位、发展战略和奋斗目标，就全域旅游进行系统策划。

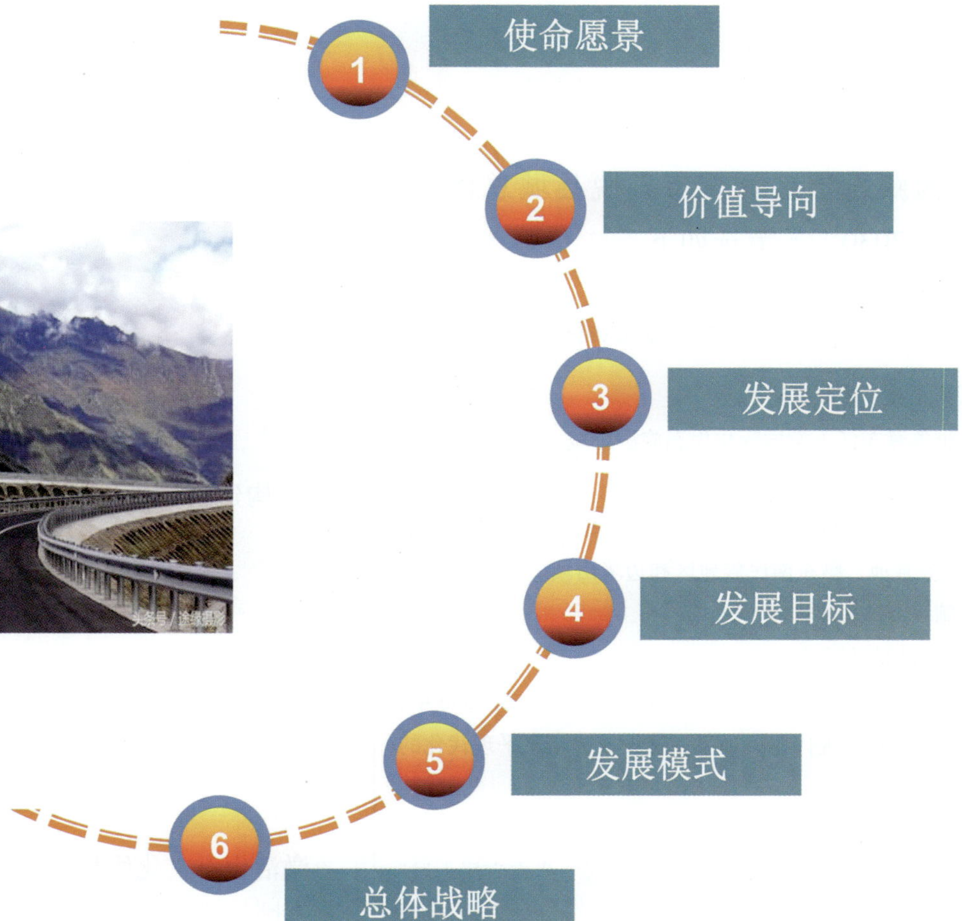
1
使命愿景
2
价值导向
3
发展定位
4
发展目标
5
发展模式
6
总体战略

一、使命愿景

《西藏自治区林芝市墨脱县城总体规划（2014—2030）》节选如下。

第二节　城市性质与发展目标

第 7 条　城市定位

雅鲁藏布江下游国际化生态旅游小城。

第 8 条　城市性质

峡谷特色原生态旅游目的地，雅鲁藏布江下游水电建设服务基地，藏东南民族地区和边境山城。

第 9 条　总体目标

1. 县域发展目标

到 2020 年，墨脱全面建成小康社会标准；到 2030 年，与全国同步实现现代化；远景，建设成为高水平现代化的精品生态旅游县。

2. 县城建设目标

规划期内，实现建成“旅游度假天堂、生态宜居山城”的目标。

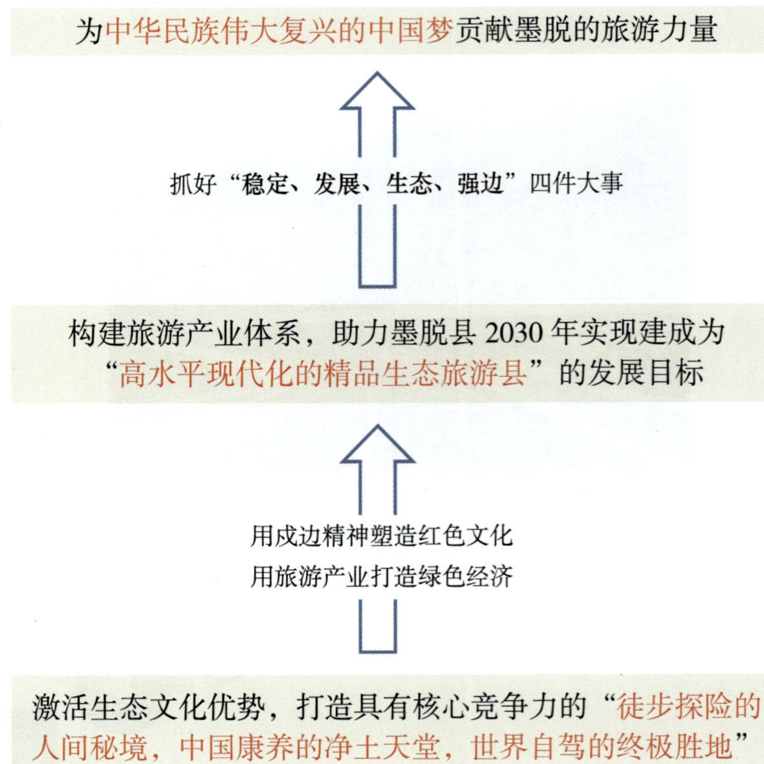

宏观发展目标
世界自驾的终极胜地
中观发展目标
中国康养的净土天堂
微观发展目标
徒步探险的人间秘境

二、价值导向

讲好莲花秘境故事，振兴墨脱旅游经济。

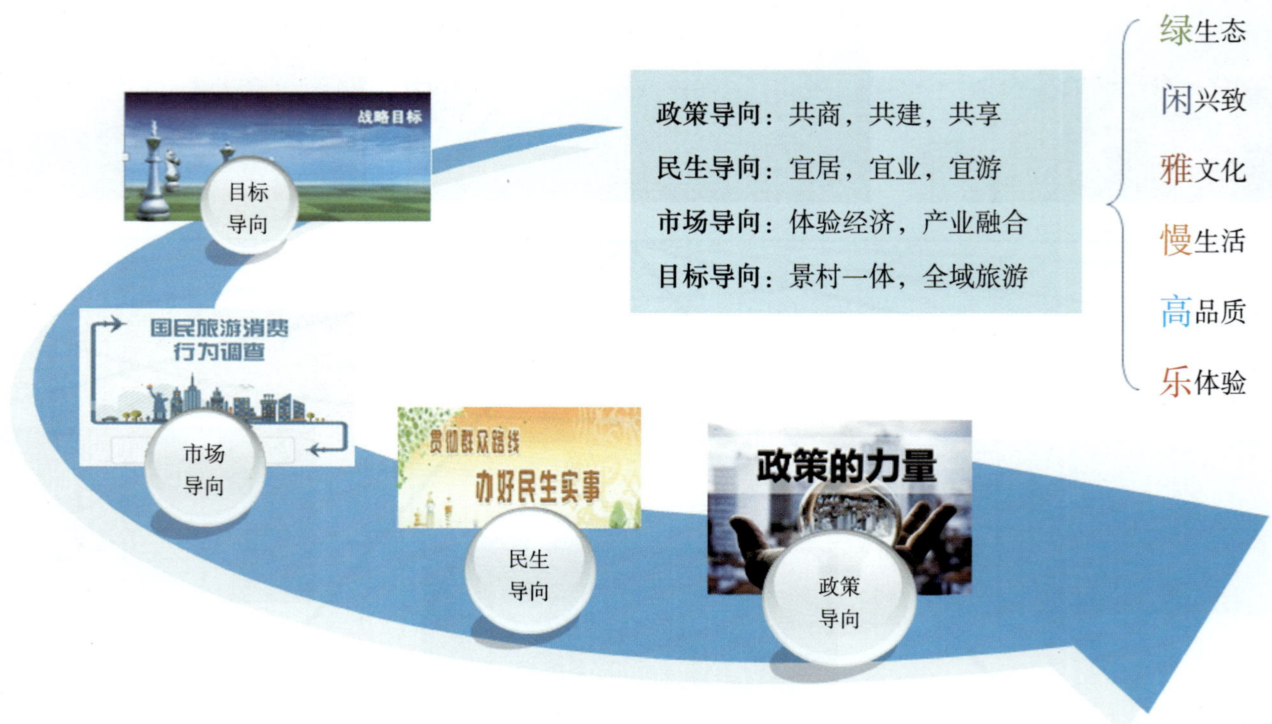

三、发展定位

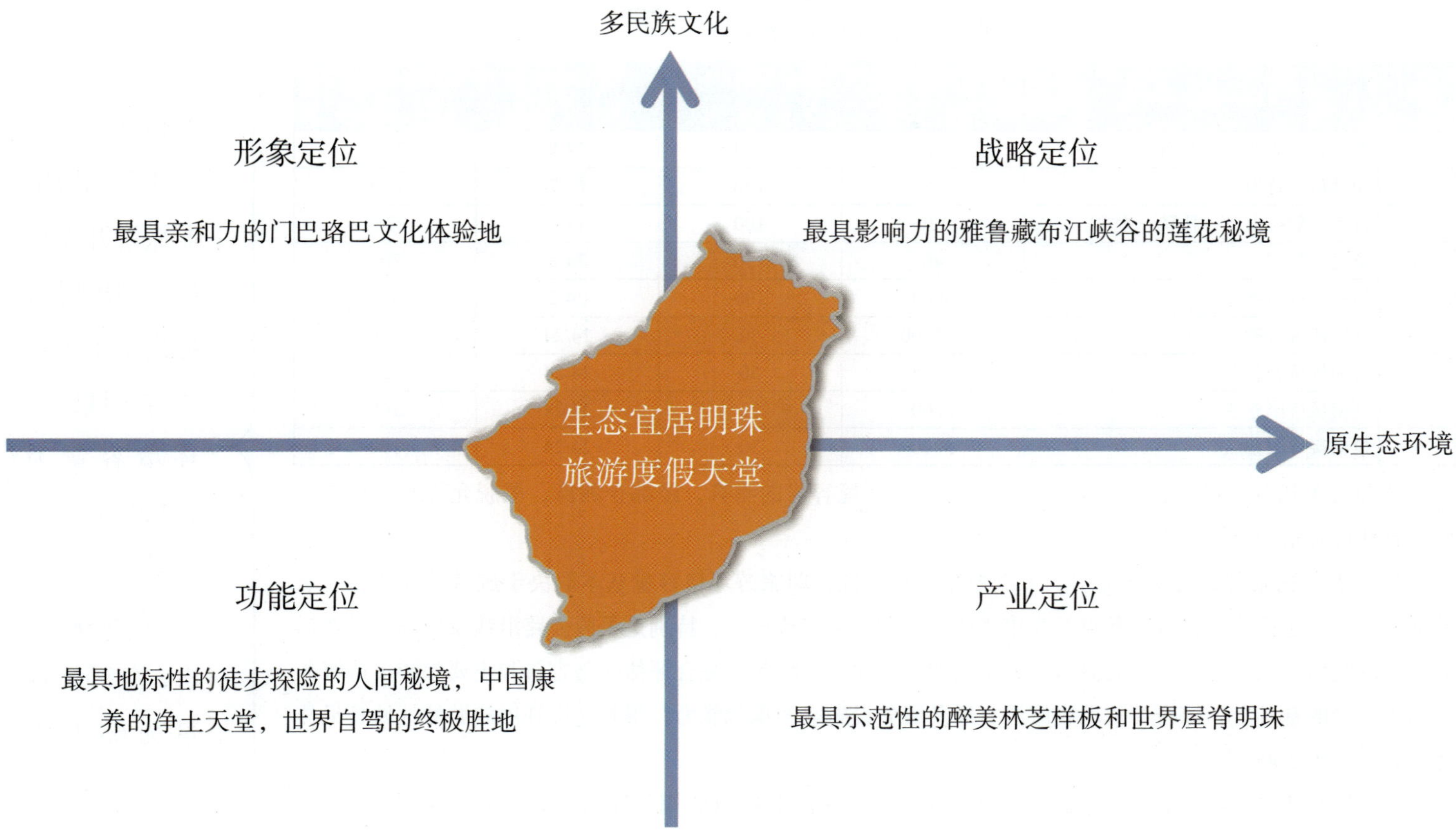
多民族文化
形象定位
最具亲和力的门巴珞巴文化体验地
战略定位
最具影响力的雅鲁藏布江峡谷的莲花秘境
生态宜居明珠
旅游度假天堂
原生态环境
功能定位
最具地标性的徒步探险的人间秘境，中国康养的净土天堂，世界自驾的终极胜地
产业定位
最具示范性的醉美林芝样板和世界屋脊明珠

四、发展目标

墨脱旅游环境容量测算表

序号	道路、接待服务点	空间规模 / (km，km^2)	单位容纳指标 / （m，m^2/ 人）	日周转率 / （小时 / 小时）	日环境容量 / 人次
1	墨脱公路（扎木—背崩）	140	150	24/8	2780
2	松林口—背崩	88	100	12/7	1500
3	古乡—随拉山口—甘登—达木	130	100	12/7	2260
4	格当—达木	40	150	24/8	800
5	24K 接待服务点	8000	100	24/2	960
6	80K 接待服务点	120000	50	24/24	2400
7	背崩接待服务点	16000	50	24/24	320
8	汗密接待服务点	3000	30	24/24	100
9	拉格接待服务点	3000	30	24/24	100

按照有关指标，结合其他相关规划对墨脱旅游环境容量的测算，经综合测算，墨脱允许开展旅游的区域日环境容量为 11220 人次。

但由于墨脱旅游具有交通导引、节点控制的特殊性，即旅游环境容量基本取决于旅游设施环境的承载能力，主要包括旅游接待服务点及宾馆酒店、旅游经营接待户等，特别是墨脱公路沿线及松林口—背崩徒步旅游线路沿线，形成了墨脱旅游环境空间的“脊柱”，因此在综合评估线路容量和主要旅游接待服务点面积容量的基础上，综合评估墨脱旅游交通及服务设施空间承载能力，墨脱允许开展旅游的区域日最佳环境容量约为 5000 人次。

按墨脱全年可旅游天数为 7 个月 (210 天) 计，饱和系数计为 0.6，则年环境容量为 63 万人次。

2013 年制定的《西藏墨脱定制旅游开发控制专项规划》，提出了墨脱县旅游区域的日环境容量为 11220 人次，日最佳环境容量为 5000 人次，年环境容量为 63 万人次。

（一）总体目标

以雅江峡谷景观、山地垂直地带性、门珞民俗文化、藏传佛教遗产四大核心资源禀赋为依托，将墨脱县打造成为旅游形象鲜明、功能设施完善、服务质量一流、具有国际影响力和可持续发展的以生态旅游为核心、以高端定制为方式的全域旅游示范区。

（二）阶段目标

1. 近期（2016—2020 年）

近期内尽快完善墨脱县城、背崩、80K 等地的基础设施和旅游接待设施，加快旅游网络信息系统建设，为徒步旅游者、自驾旅游者、科考探险旅游者等游客提供信息支持，形成以墨脱县城、背崩乡、80K 为核心的旅游区，以扎墨公路为发展轴的墨脱旅游游览线，打造国家 AAAA 级旅游景区，积极创建国家生态旅游示范区，把墨脱县建设成为林芝市重要的旅游目的地。

2. 中期（2021—2025 年）

中期继续完善墨脱县城和背崩的旅游接待设施；修建拉格、汗密、格当、加热萨等重要节点的旅游服务驿站；加快旅游营销力度，提升旅游接待设施水平，加强旅游景区的内部建设，将现有景区提升完善为国家 AAAAA 级旅游景区，创建国家绿色旅游示范基地，把墨脱县建设成为青藏高原上重要的旅游节点和新兴的旅游目的地城市。

3. 远期（2026—2031 年）

远期完善墨脱县对外交通和内部各乡之间的联系道路，提高当地社区居民参与旅游业的能力，形成以高端徒步游客为主体，各类自助游客为辅的徒步游、科考探险游的著名目的地，实现全域旅游示范区总体目标，把墨脱县打造成为具有世界知名度的国际旅游目的地城市。

（三）旅游产业指标

旅游产业分期指标

产业项目	现状（2014 年）	期限		
		近期末	中期末	远期末
游客接待量 / 人次	91840	200000	350000	500000
旅游总收入 / 万元	20220.48	30000	50000	100000
旅游总收入占 GDP 比例 / (%)	50	60	70	80
宾馆床位数 / 个	500	2000	5000	10000
农家乐床位数 / 个	200	500	1000	2000
旅行社组织接待能力 / 人		50000	100000	200000
旅游就业岗位 / 个		500	1000	2000

2016 年制定的《西藏林芝市墨脱县旅游中长期发展规划（2016—2030 年）》，提出了近期、中期、远期三个时段的发展目标。

旅游产业发展指标

<table>
<tr><th rowspan="2">时间 / 年</th><th colspan="2">游客接待量</th><th colspan="2">旅游消费</th><th colspan="3">旅游总收入</th><th colspan="2">新增旅游就业岗位</th></tr>
<tr><th>年接待游客量 / 万人次</th><th>年均增长率 /（%）</th><th>游客人均消费 /（元 / 人）</th><th>年均增长率 /（%）</th><th>年旅游总收入 / 亿元</th><th>年均增长率 /（%）</th><th>占 GDP 比重 /（%）</th><th>直接就业 / 万个</th><th>间接就业 / 万个</th></tr>
<tr><td>2017</td><td>22.75</td><td>104</td><td>732.59</td><td></td><td>1.666638</td><td>101</td><td></td><td></td><td></td></tr>
<tr><td>2018</td><td>8.2</td><td>− 64</td><td colspan="2">扎墨公路修路</td><td>0.7708</td><td>− 54</td><td colspan="3">扎墨公路修路</td></tr>
<tr><td>2019</td><td colspan="9">扎墨公路全程升级改造</td></tr>
<tr><td>2020</td><td colspan="9">全球新冠肺炎疫情</td></tr>
<tr><td>2021</td><td>20</td><td rowspan="5">≥ 20</td><td>1500</td><td rowspan="5">≥ 20</td><td>3</td><td rowspan="5">≥ 16</td><td rowspan="3">50</td><td rowspan="2">0.3</td><td rowspan="2">1.2</td></tr>
<tr><td>2022</td><td rowspan="3">—</td><td rowspan="3">—</td><td rowspan="3">—</td></tr>
<tr><td>2023</td><td rowspan="2">0.5</td><td rowspan="2">1.4</td></tr>
<tr><td>2024</td><td rowspan="2">60</td></tr>
<tr><td>2025</td><td>30</td><td>1600</td><td>5</td><td>0.8</td><td>1.6</td></tr>
<tr><td>2026</td><td>35</td><td rowspan="5">≥ 10</td><td>1650</td><td rowspan="5">≥ 10</td><td>5.5</td><td rowspan="5">≥ 20</td><td rowspan="2">65</td><td rowspan="2">1</td><td rowspan="2">2</td></tr>
<tr><td>2027</td><td rowspan="3">—</td><td rowspan="3">—</td><td rowspan="3">—</td></tr>
<tr><td>2028</td><td rowspan="2">70</td><td rowspan="2">1.5</td><td rowspan="2">2.5</td></tr>
<tr><td>2029</td></tr>
<tr><td>2030</td><td>50</td><td>2000</td><td>10</td><td>75</td><td>2</td><td>3</td></tr>
</table>

在 2030 年之前，墨脱县要实现年接待游客 50 万人次，年度旅游总收入超过 10 亿元人民币的发展目标。派墨公路的建成通车使这个目标有可能提前实现，并持续发展。随着边境管控措施的变化，这个目标有可能会出现波动。旅游业是一个较为敏感的行业，容易受到多种因素的影响。

五、发展模式

墨脱县旅游发展模式 = 政府主导品牌优势 + 企业运营产业集群

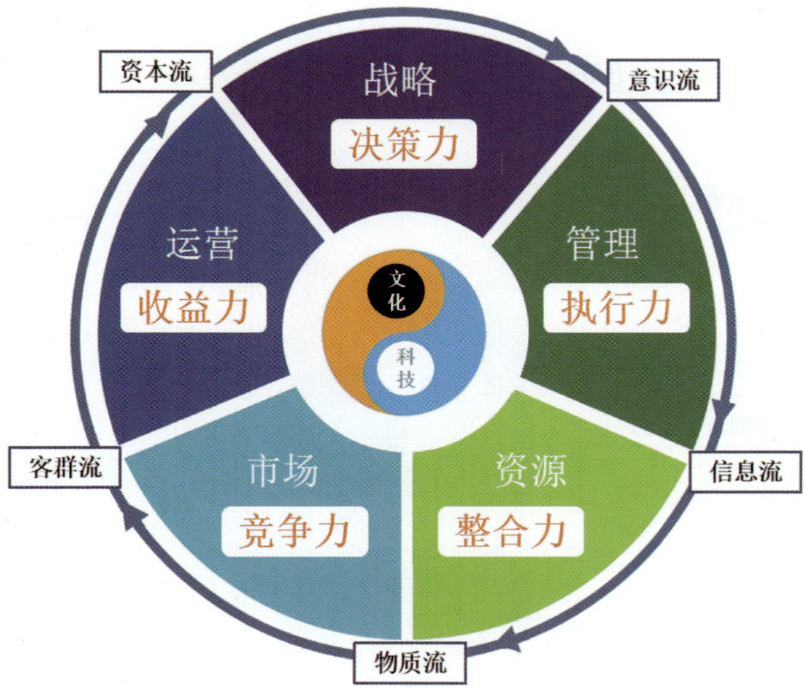

墨脱旅游的整体运营模式（董观志）

六、总体战略

墨脱县旅游的双轮驱动战略 = 生态休闲度假 + 门珞文化体验

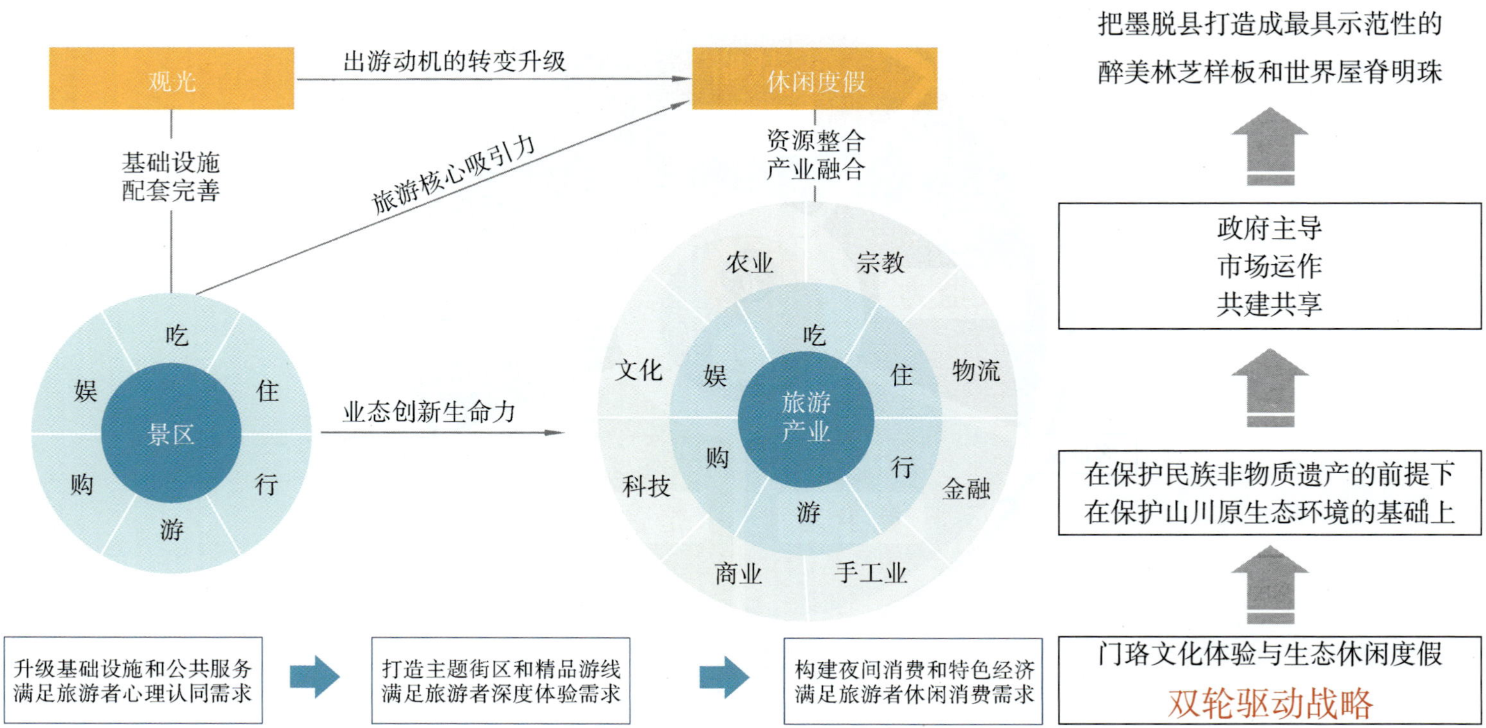

第四章

墨脱县旅游发展的功能布局

依据墨脱县的自然属性、自然条件、资源环境特征及优势、社会经济发展的需求、区位因素等综合因素提出可行的功能分区并划分空间格局。设计墨脱县度假旅游、休闲旅游、生态旅游、科考旅游、徒步旅游、综合服务旅游等多种旅游类型的功能结构关系，形成不同旅游类型的空间格局。

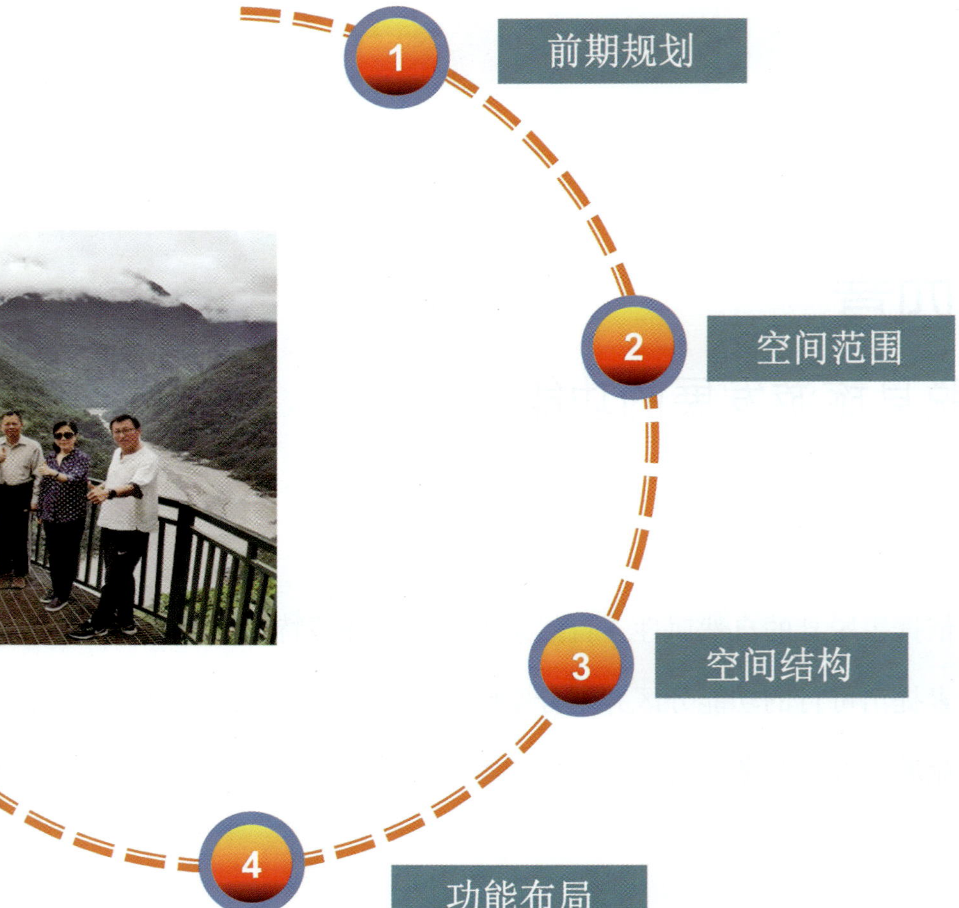
1
前期规划
2
空间范围
3
空间结构
4
功能布局

一、前期规划

前期规划一

2010 年 7 月，国家林业局调查规划设计院（现国家林业和草原局调查规划设计院）和林芝地区自然保护区管理局（现林芝市林业和草原局）编制完成了《西藏雅鲁藏布大峡谷国家级自然保护区生态旅游总体规划》。

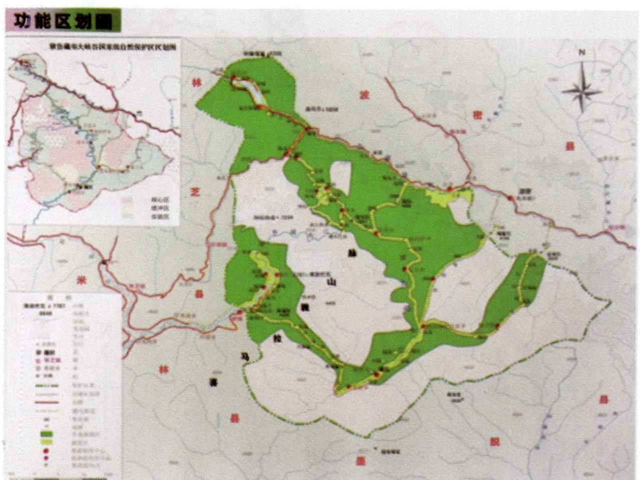

保护区主要旅游资源等级表

级别	资源	得分
五级旅游资源	雅鲁藏布大峡谷、帕隆藏布大峡谷、雅鲁藏布江、南迦巴瓦峰、加拉白垒峰、藏布巴东瀑布群、雅鲁藏布大拐弯、岗乡云杉林、雅鲁藏布大峡谷水汽通道、完整的森林植被垂直带	≥ 90 分
四级旅游资源	帕隆藏布、易贡藏布、帕隆藏布大拐弯、易贡湖、绒扎瀑布群、秋古都龙瀑布群、嘎隆拉天池、多雄曲千瀑峡谷、九兄弟山、南迦巴瓦冰川、加拉白垒冰川、扎木弄沟泥石流遗址	75—89 分
三级旅游资源	多雄拉山口、嘎隆拉山口、嘎隆曲、金珠藏布	60—74 分

注：新版地图中金珠藏布称金珠曲。

保护区生态旅游功能区划

景区名称		面积 /km^2	占比 /（%）	备注
游览区	雅鲁藏布大拐弯景区	95	1.98	占游览区 12.27%
	大峡谷谷口景区	117	2.43	占游览区 15.12%
	川藏公路景区	120	2.50	占游览区 15.50%
	易贡湖景区	75	1.56	占游览区 9.69%
	多雄曲峡谷景区	142	2.95	占游览区 18.35%
	扎墨公路景区	105	2.18	占游览区 13.5%
	大峡谷中段河谷景区	120	2.50	占游览区 15.50%
	小计	774	16.10	
	旅游服务区	3	0.07	保护区外围，不计算面积
景观生态保育区		4029	83.83	
合计		4806	100.00	

前期规划二

2009 年 12 月，西藏自治区林芝地区旅游局（现林芝市旅游发展局）编制完成了《西藏自治区林芝地区墨脱县旅游发展总体规划（2009—2020）》。

根据墨脱旅游资源类型统计与分析，目前其旅游吸引要素基本可归为以下五大类：

一是，以雅鲁藏布大峡谷、南迦巴瓦雪峰等为代表的山岳与地质景观资源；

二是，以布裙湖、汗密瀑布、嘎隆拉冰川等为代表的水体景观资源；

三是，以雅鲁藏布大峡谷（自然保护区）、汗密原始生态观光区等为代表的生态资源；

四是，以仁钦崩寺、西贡寺等为代表的民俗与宗教资源；

五是，以全区气候带和森林植被垂直带谱明显的自然风光为代表的科考探险旅游资源。

2. 总体结构

2.1 总体布局思想

根据墨脱县旅游发展现状，针对高端徒步旅游市场，强化旅游综合功能。在现有两条徒步线路的基础上提升墨脱县城旅游接待的核心功能，打造扎墨公路、“派镇—背崩—墨脱”两条主要轴线，建设以汗密和背崩为中心的徒步旅游景观带、以加拉萨乡和旁辛乡为核心的雅鲁藏布大峡谷景观带、以达木珞巴民族乡和格当乡为中心的嘎隆自然风光观光带三大旅游区。同时，要协调墨脱县旅游发展与自然文化资源合理利用和有效保护的关系，发挥旅游发展的经济功能与社会效益。推动墨脱县与周边地区的区域联动发展，把墨脱县打造成林芝地区乃至大香格里拉旅游区的重要组成部分。

2.2 总体布局结构

墨脱县打造“一心两轴三带”的旅游总体空间结构。

一心：以墨脱县城为主要旅游接待服务中心。

两轴：以扎墨公路、“派镇—背崩—墨脱”旅游线为两条主要轴线。这两条轴线既是外界进入墨脱的主要途径，也是串联墨脱所有旅游线路和产品的主轴。

三带：以汗密和背崩为中心的徒步旅游景观带、以加拉萨乡和旁辛乡为核心的雅鲁藏布大峡谷景观带、以达木珞巴民族乡和格当乡为中心的嘎龙自然风光观带。

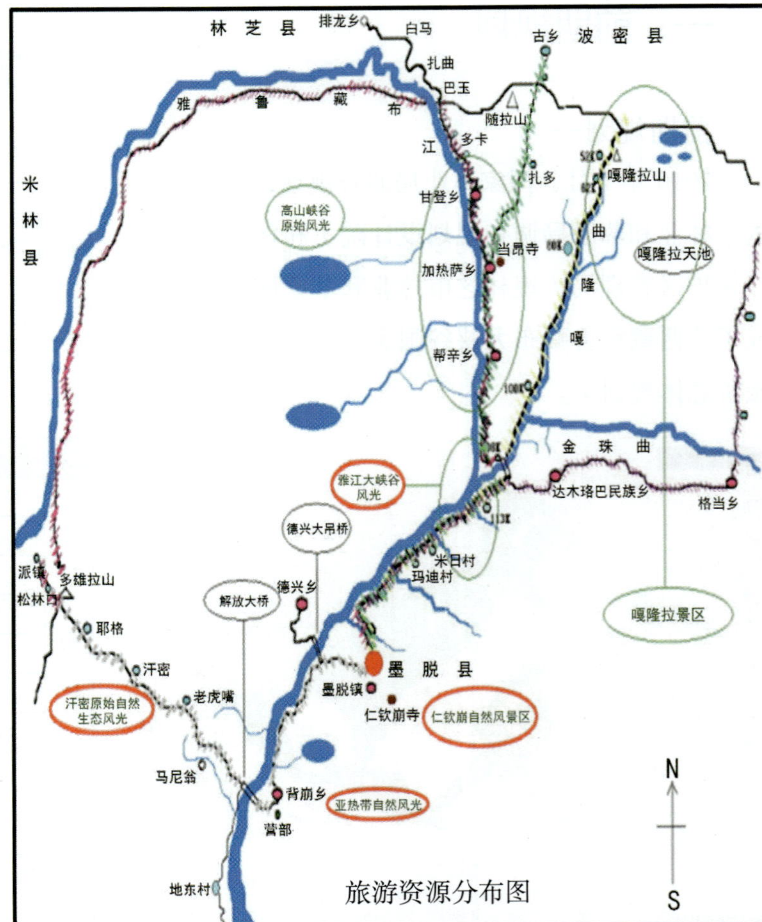

旅游资源分布图

注：加拉萨乡现为加热萨乡，旁辛乡现为帮辛乡。

前期规划三

2012 年 12 月，墨脱县人民政府编制完成了《西藏自治区墨脱县林地保护利用规划（2010—2020）》。

为落实西藏自治区林地保护利用规划的功能分区布局，反映墨脱县不同区域林地生产力和生态功能的差异性，对全县林地利用空间布局进行调整和优化。本规划依据《县级林地保护利用规划编制技术规程》（林业行业标准）、《林地保护利用规划林地落界技术规程》（林业行业标准）、《西藏自治区林地保护利用规划大纲（2010—2020年）》，把全县控制线内林地划分为东喜马拉雅南翼湿润山地森林生态系统与生物多样性保护区、雅鲁藏布干支流生态保护与生态旅游区和实际控制线外林地保护区三个林地功能区。

墨脱县林地功能分区图（2009年）

前期规划四

2013 年 7 月，西藏自治区旅游局（现西藏自治区旅游发展厅）、墨脱县人民政府编制完成了《西藏墨脱县定制旅游开发控制专项规划》。

本规划遵循规划布局要求，与墨脱县旅游发展总体规划相衔接，针对定制旅游开发特性和控制要求，将墨脱县定制旅游功能空间规划为“1234”，即“一核两心三带四区”的结构。

一个旅游公共服务核：墨脱镇旅游公共服务核。

两个旅游接待服务中心：80K、背崩村旅游接待服务中心。

三条旅游开发控制带：墨脱公路—多雄拉、“峡谷三乡”、金珠藏布旅游带。

四个可持续旅游发展区：墨脱镇—德兴乡、背崩乡、达木—嘎隆拉旅游发展区、墨脱南部旅游资源储备区。

《西藏墨脱定制旅游开发控制专项规划》
领导小组成员名单

顾　问：俞允贵　西藏自治区旅游局党组书记
　　　　喻达娃　西藏自治区旅游局局长
组　长：王松平　西藏自治区旅游局副局长、巡视员
副组长：红　卫　中共林芝地委委员、林芝地区行署副专员
成　员：张　静　西藏自治区旅游局政策法规处处长
　　　　查　果　西藏自治区旅游局规划财务处处长
　　　　仁增伦珠　西藏自治区旅游局监督管理处处长
　　　　王　军　西藏林芝地区旅游局局长
　　　　次仁顿珠　西藏自治区旅游局促进处副处长
　　　　唐昌祥　西藏自治区旅游局规划财务处副处长
　　　　吴　江　西藏林芝地区旅游局副局长
　　　　扎　西　西藏墨脱县人民政府县长

前期规划五

2015 年 12 月，墨脱县人民政府、中国华能集团华能西藏发电有限公司、中国电建集团成都勘测设计研究院有限公司、江苏省城市规划设计研究院西部区域总部共同编制完成了《墨脱县城城市设计》。

水电开发阶段	墨脱发展的三次飞跃
前期准备 2014—2025 年	第一次飞跃 2015—2016 年，多雄拉通道贯通，带来建设、旅游发展第一次飞跃，县城建设进入快车道
主体工程 2020—2040 年	第二次飞跃 2020—2025 年，对外交通全面贯通，主体工程全面开工带来旅游发展第二次飞跃，县城建设框架全面拉开
建成运营 2040 年以后	第三次飞跃 2040 年以后，电站建成，地方财力极大提升，旅游发展进入全面提质阶段

前期规划六

2016 年 3 月，墨脱县人民政府、华东勘测设计研究院有限公司编制完成的《西藏林芝市墨脱县旅游中长期发展规划（2016—2030 年）》。

二、总体布局

基于墨脱县域城镇职能等级结构划分，以县域旅游资源分布特征和开发条件为基础，结合各乡镇及重要节点区位条件、旅游市场发展机遇和对外交通发展格局，遵循规划布局原则，依照空间发展策略，构建墨脱县域“一心、两极、一轴、三带”（一个旅游综合接待服务中心、两个旅游发展极、一条旅游发展轴、三大旅游发展带）的旅游发展空间布局。

墨脱县旅游发展空间布局

分区	名称	功能定位
一心	墨脱县旅游综合接待服务中心	风光展示、旅游集散、信息咨询、游览管理等
两极	背崩旅游发展极	旅游接待、信息咨询、游览管理、餐饮服务等
	80K 旅游发展极	旅游接待、信息咨询、游览管理、餐饮服务等
一轴	扎墨公路旅游发展轴	旅游发展脉络轴线
三带	雅江峡谷旅游发展带	旅游综合服务、游览及休闲等
	金珠曲旅游发展带	旅游综合服务、游览及度假等
	多雄曲旅游发展带	旅游综合服务、游览及科考等

整体布局构想：以“一心两极”为节点，以“一轴三带”为骨架，“一轴三带”联动“一心两极”，使旅游中心、极点、发展轴、发展带、旅游区及骨干项目相结合，形成重点突出、辐射全县的动态发展格局。

第九章　旅游空间布局规划

一、布局原则

（一）“保护环境，最小干预”原则

注重旅游开发与环境保护的协调发展，在旅游发展中注重环境保护和生态建设，充分认识资源的不可再生性，提高旅游资源、土地资源的利用效率，依照国际上国家公园先进的体系和理念，遵循 5% 和 95% 的比例原则，即用小于 5% 的用地进行高强度开发来保护 95% 以上的区域。控制部分土地和旅游资源，预留未来产业发展空间，促进可持续发展。

（二）“点线结合，突出重点”原则

点状开发集中在乡村和县城，利用现有村落和县城集聚点，既便于服务，又便于社区参与，有利于保护环境；线状开发主要沿道路、河流和峡谷地带，避免游客随意出游而导致的对其他保护区的深入，杜绝在生态区域做面状开发，采取聚焦核心资源，依托其吸引力辐射半径及地貌特征，整合次级资源，组团化发展，提高空间集聚度，突出抓好重点特色区块和项目的建设。

（三）“分级分层，集中服务”原则

各乡镇发挥自身资源优势，一方面，在功能上各司其职，做到旅游服务的分级分层管理，为游客集中提供服务；另一方面，加强相互联系，为游客提供全方位的优质服务。

（四）“交通先行，因地制宜”原则

梳理现状交通路网，提升扎墨公路对外联系主干道路，增强基地与外部联系，强化支干，完善乡镇支路路网和交通标识特色系统。

在旅游组织区域化、专业化的基础上，按照各地交通、资源、经济诸要素组合的不同特点，以市场为导向，因地制宜，统筹规划，协调发展，形成叠加的综合优势。

中国电建 华东勘测设计研究院有限公司 HUADONG ENGINEERING CORPORATION LIMITED

结论

（1）地理格局与生态环境决定了空间结构的基础：雅江沿岸的带状结构。

（2）交通条件与社区分布决定了功能布局的现状：道路沿线的点轴模式。

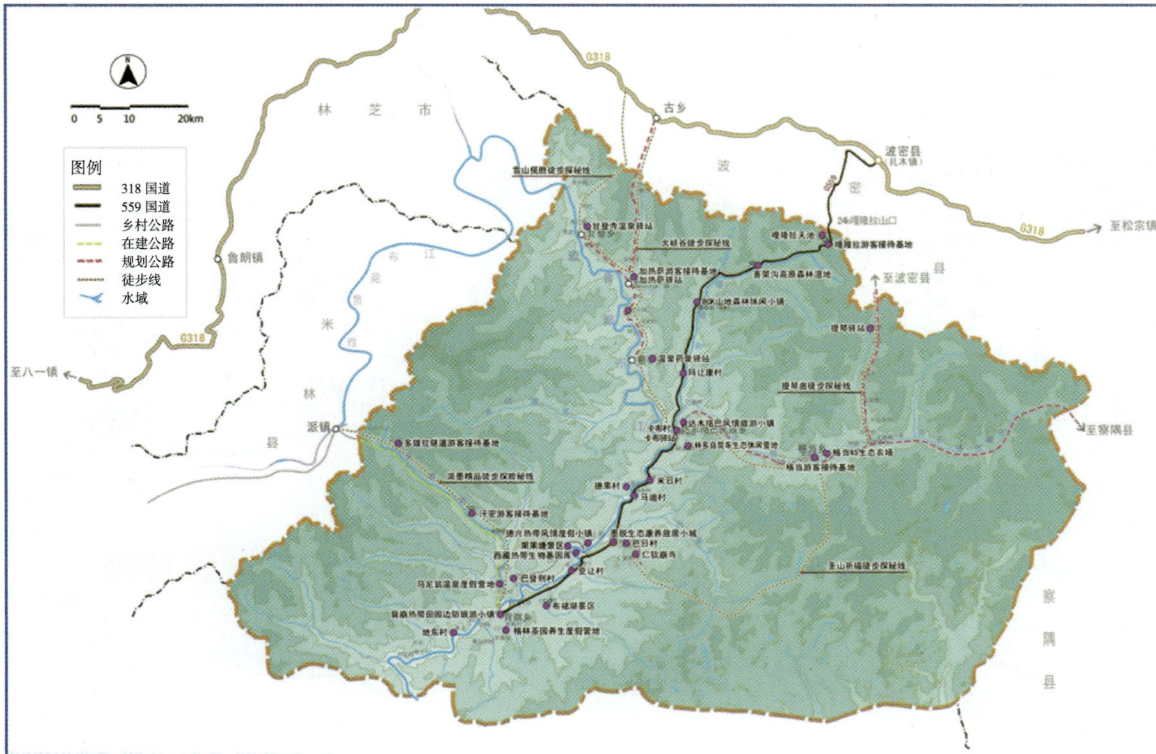

二、空间范围

墨脱县的空间结构现状：实际控制线内部分 + 实际控制线外部分。

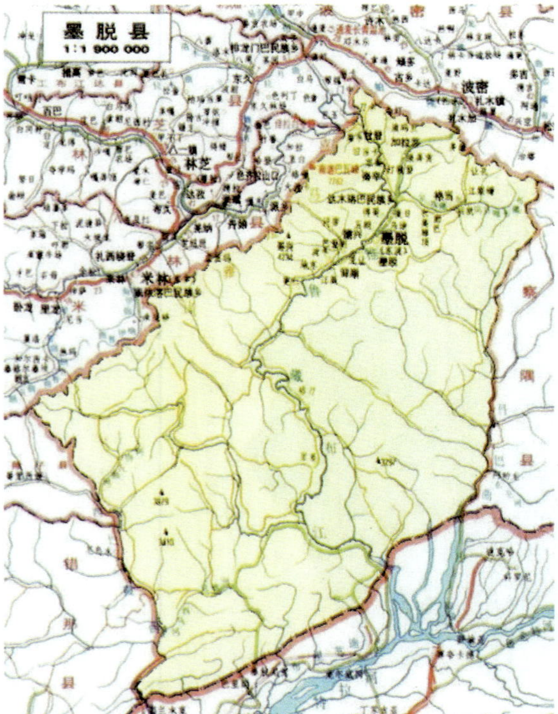

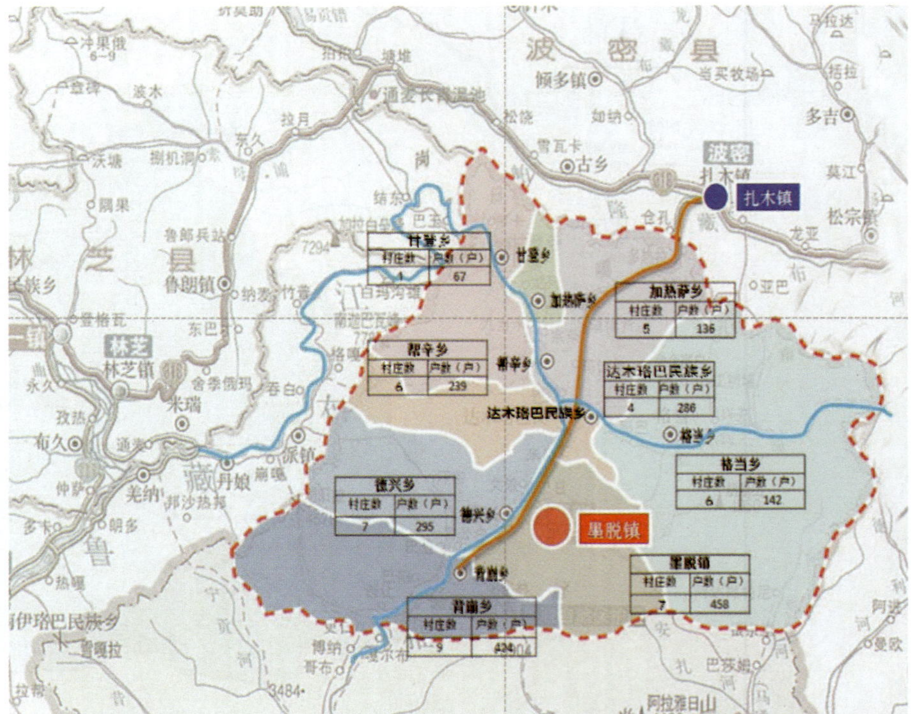

三、空间结构

墨脱的自然特征是山高水长，墨脱的文化特征是根深叶茂。

山高谷深，惟余莽莽

江河奔流，气势滔滔

栋梁之才，根深叶茂

墨脱县的空间结构意象—— 千果榄仁

雅鲁藏布大峡谷地区现代地表形态是第四纪以来，在以强烈抬升为主体的内营力作用下，东喜马拉雅山脉尤其是其主峰——南迦巴瓦峰，以及北侧的加拉白垒峰和岗日嘎布山脉的急剧隆升和以强烈河流侵蚀为主体的外营力作用下，雅鲁藏布江与帕隆藏布江等支流追踪构造，急剧下切而形成的。其以岭谷高差巨大的高山峡谷地貌为特色。

雅鲁藏布江被视为藏民族的“摇篮”和“母亲河”，是西藏最长的高原河流，也是世界上海拔最高的大河。全长 2057 公里，其流域面积 24.6 万平方公里。从河流长度来看，在我国各大河流中，雅鲁藏布江排在长江、黄河、黑龙江和珠江之后。年平均流量为每秒 4425 立方米，次于长江、珠江。由于大峡谷地区发育了一系列次级断裂或剪切断裂，该地带是地热异常区，有大量温泉出露。

墨脱县位于东喜马拉雅山脉南麓湿润地区，是印度洋季风控制地区，具有较优越水热组合条件，属于半常绿季风雨林生态系统。在 500—1100 米的雅鲁藏布江及其支流谷地，主要由千果榄仁、阿丁枫等顶极群落以及中平树、山枇杷、尼泊尔桤木、斑茅、菅等演替群落组成。

“南方有佳木，君子当如乔”，墨脱县的空间结构：高大乔木的轴线结构。

一轴：树干——扎墨公路。

四带：树枝——车道与步道。

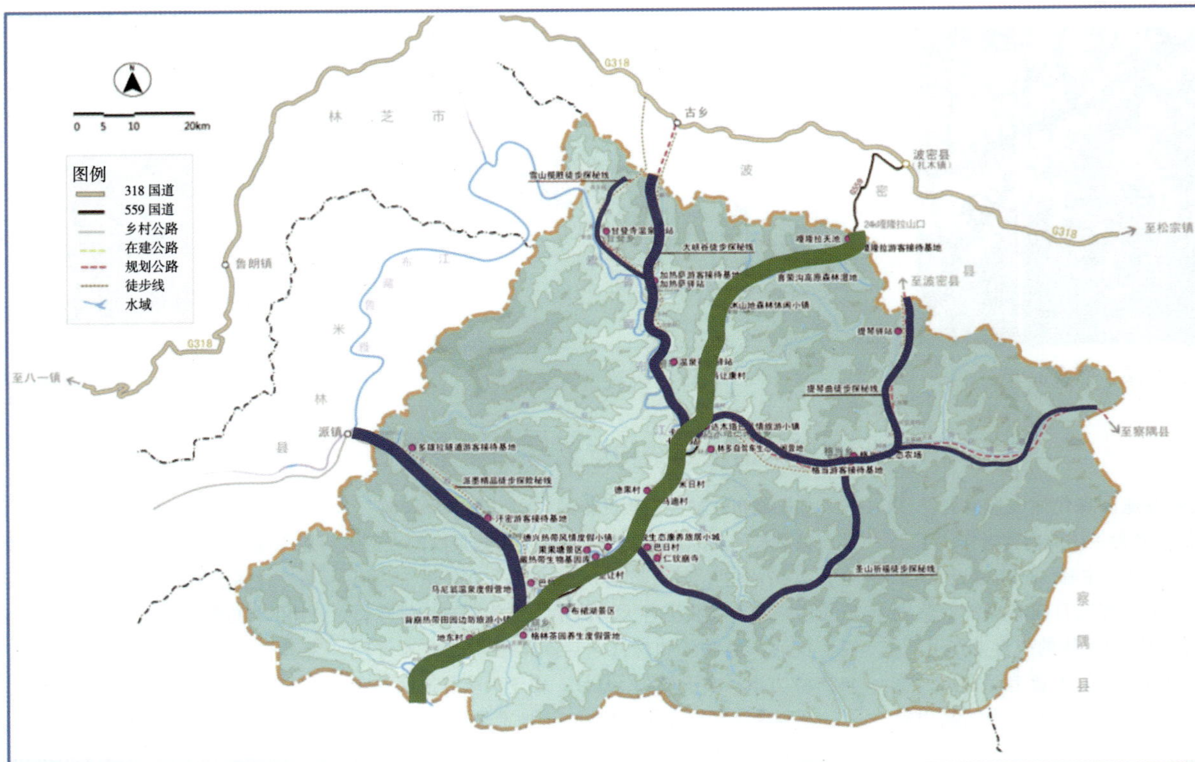

四、功能布局

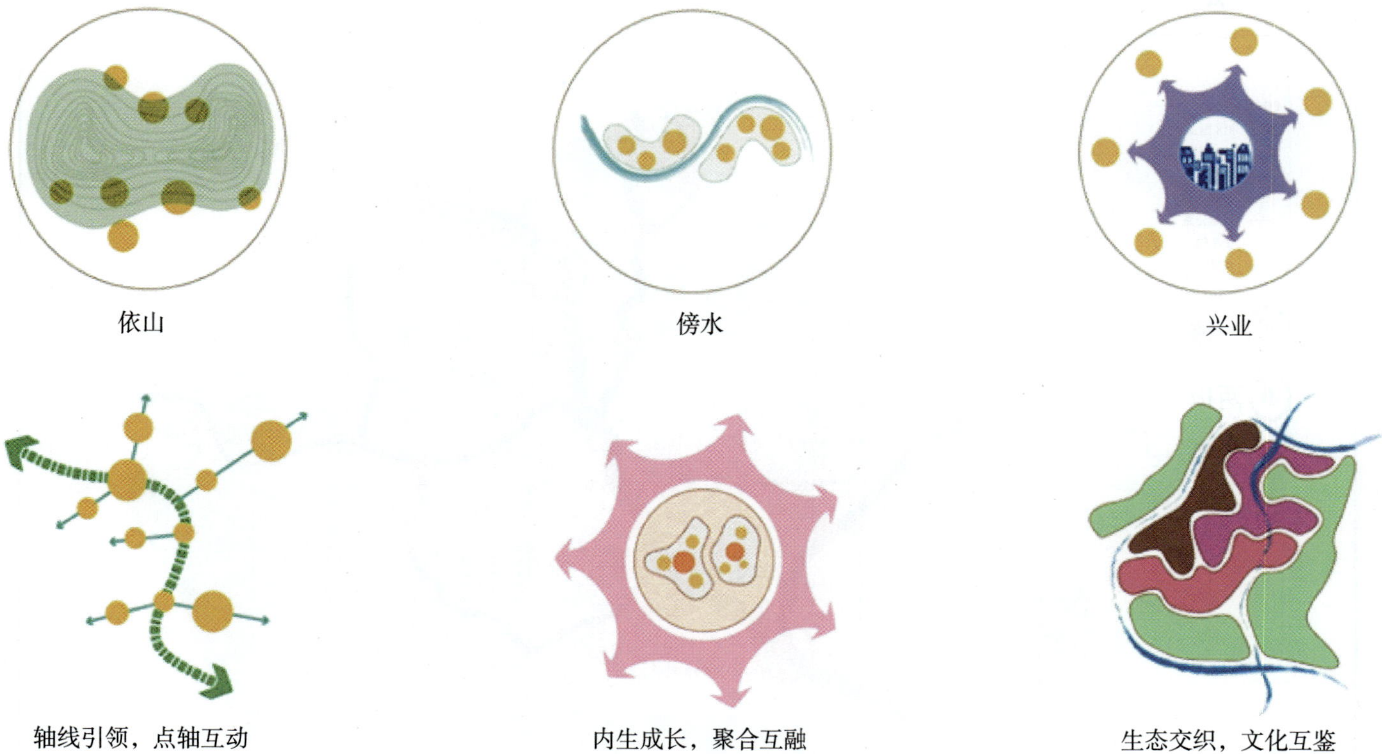

墨脱县旅游发展的功能布局理念

墨脱县旅游发展的功能布局：点轴模式

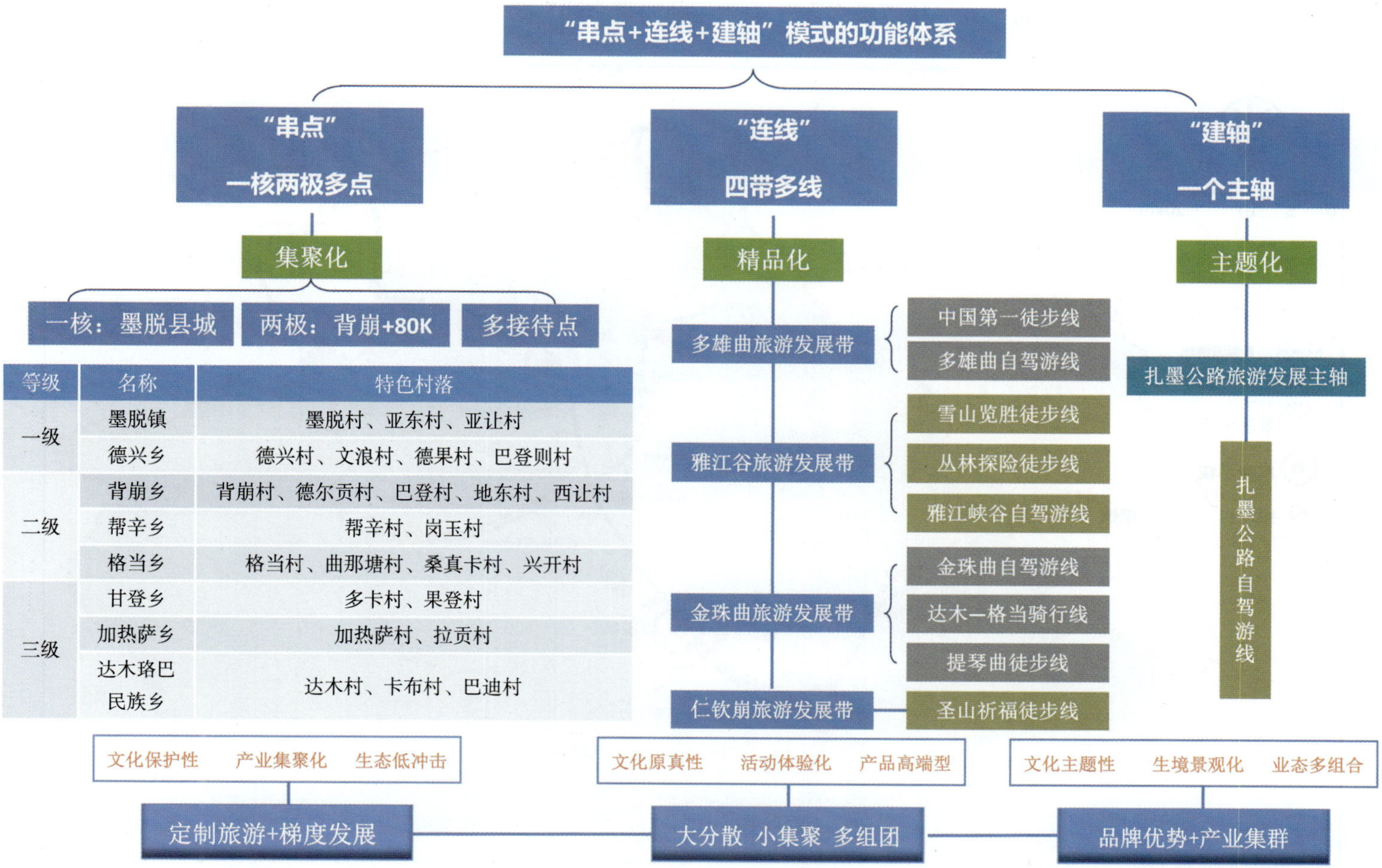

等级	名称	特色村落
一级	墨脱镇	墨脱村、亚东村、亚让村
	德兴乡	德兴村、文浪村、德果村、巴登则村
二级	背崩乡	背崩村、德尔贡村、巴登村、地东村、西让村
	帮辛乡	帮辛村、岗玉村
	格当乡	格当村、曲那塘村、桑真卡村、兴开村
三级	甘登乡	多卡村、果登村
	加热萨乡	加热萨村、拉贡村
	达木珞巴民族乡	达木村、卡布村、巴迪村

墨脱县旅游发展的功能布局："一核两极多点"＋"一轴四带多线"。

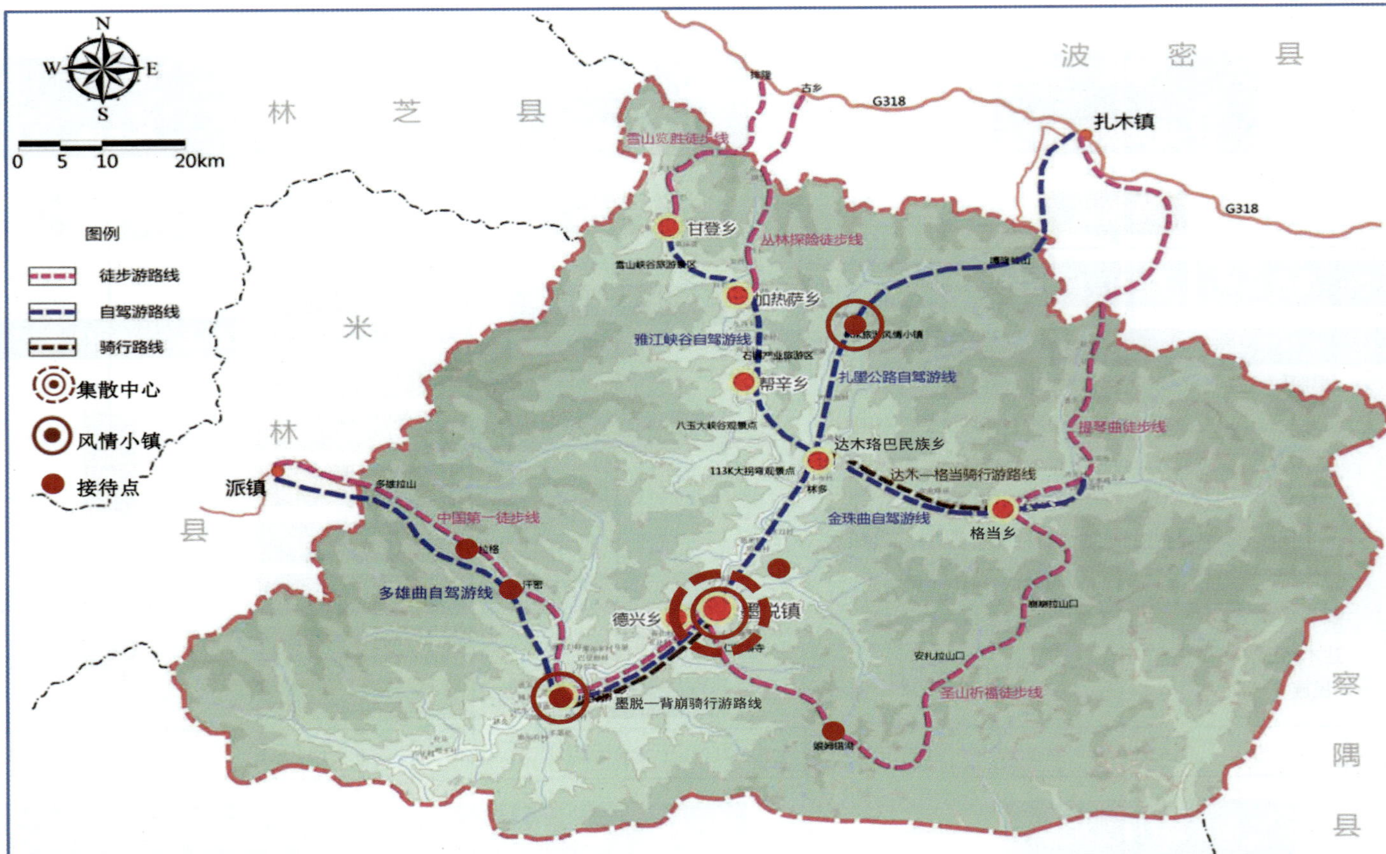

第五章

墨脱县旅游发展的运作策略

结合墨脱县资源环境特色、旅游发展基础、经济发展需求、旅游市场需求，以及墨脱县所处的区位优势、所面临的机遇和挑战等综合因素，明确墨脱县旅游发展的主题和策略。

醉美林芝，秘境墨脱

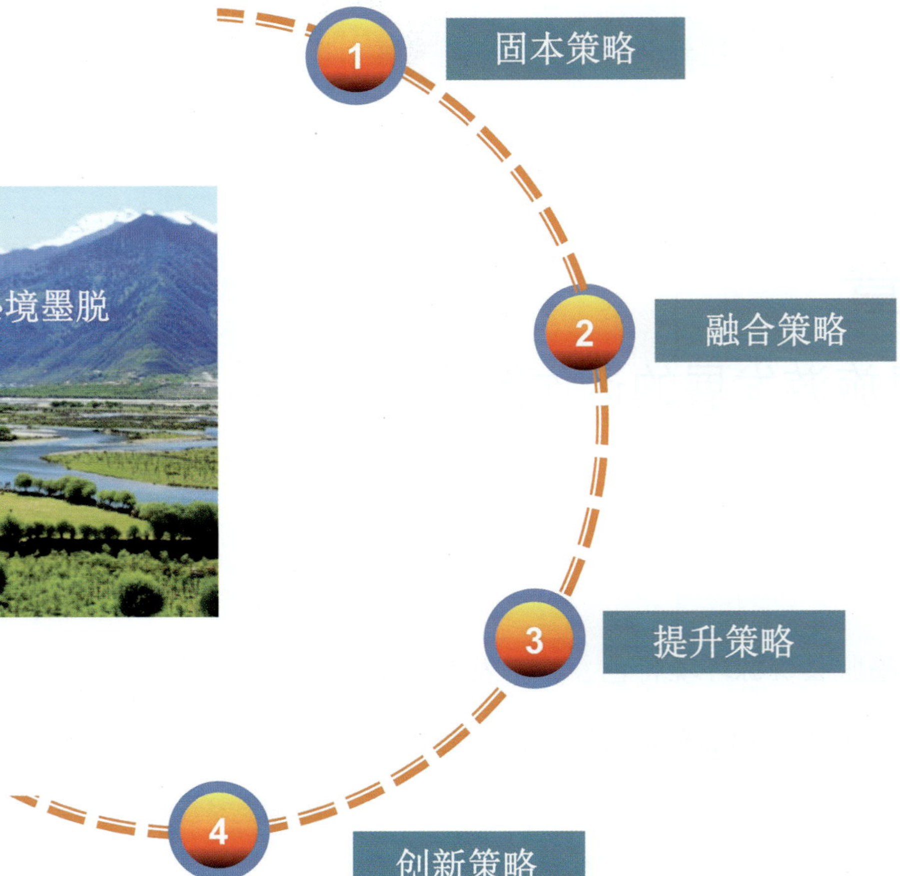
1
固本策略
2
融合策略
3
提升策略
4
创新策略

墨脱县旅游发展，采取“政府引导、企业主管、居民参与”的三轮驱动模式，以满足居民生活类需求为基本面，以满足旅游者消费类需求为增长极，实施“**固本、融合、提升、创新**”的“4567”运作策略，开创共建共享的墨脱旅游发展新格局。

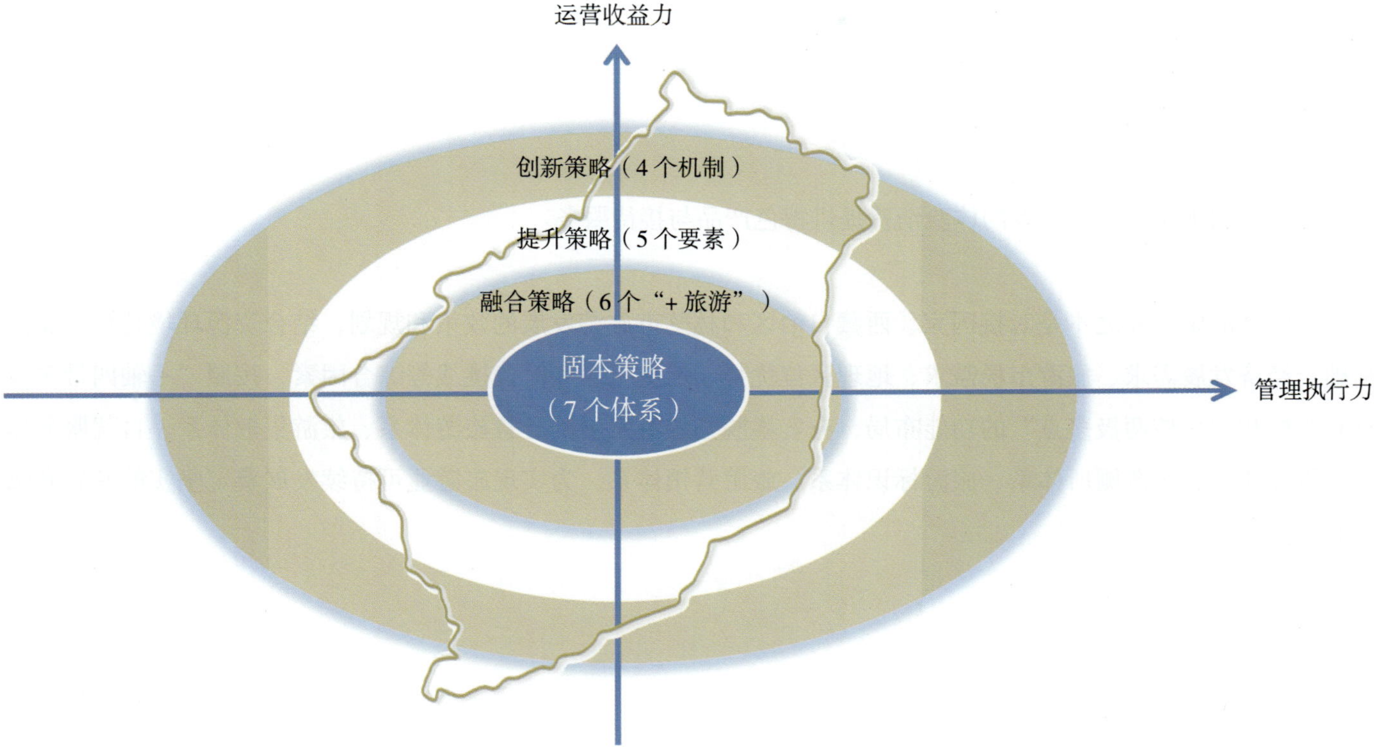

一、固本策略

“固本”就是巩固旅游业之本。

旅游业的本质是为旅游者的体验消费提供特色产品与接待服务。

墨脱县的旅游业之本是对接国家、西藏自治区和林芝市旅游发展的政策和规划，结合资源环境特色、旅游发展基础、经济发展需求、旅游市场需求、地理区位优势、历史机遇和时代挑战等综合因素，按照“一轴四带多线”的空间结构和“一核两极多点”的功能布局，夯实墨脱县旅游发展的智慧旅游体系、旅游集散体系、自驾服务体系、徒步服务体系、旅游厕所体系、旅游标识体系、旅游营销体系，为实现旅游业可持续发展奠定坚实的基础和赋予强劲的动能。

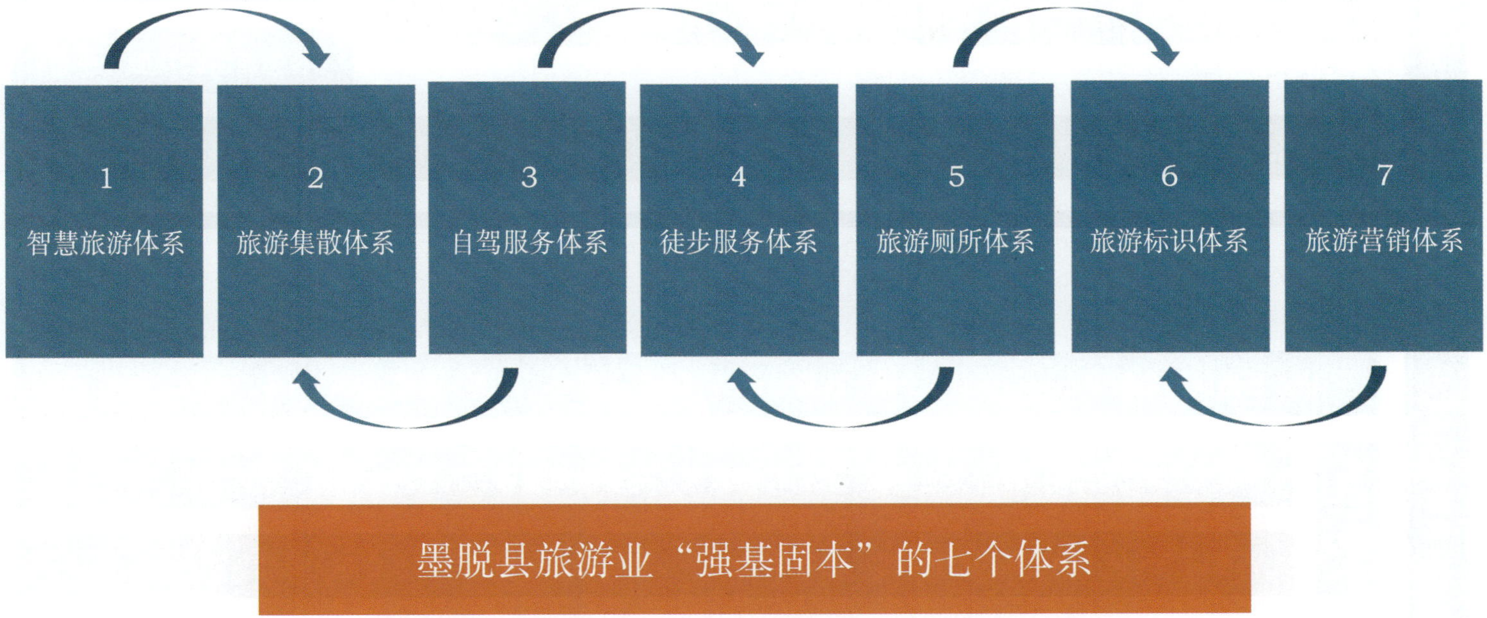
1
智慧旅游体系
2
旅游集散体系
3
自驾服务体系
4
徒步服务体系
5
旅游厕所体系
6
旅游标识体系
7
旅游营销体系
墨脱县旅游业“强基固本”的七个体系

1 智慧旅游体系

- 智慧旅游服务：公共服务咨询、移动终端服务、信息推送服务、在线预订服务。
- 智慧旅游管理：旅游政务管理、旅游企业诚信管理、旅游监控管理。
- 智慧旅游服务：旅游门户网站、订单推送系统、网络合作营销、新媒体互动营销。

- 智慧旅游大数据中心
- 智慧旅游综合管理平台
- 智慧旅游公众服务平台
- 景区商家多媒体定制终端

2 旅游集散体系

- 一核：县城旅游集散中心——交通、金融、保险、电力、通信、客流、物流、营销、接待服务、医疗、救援。
- 两极：
  - 80K 珞巴风情小镇：旅游交通接驳、旅游接待服务、徒步保障服务、自驾游大本营、景区营销、医疗。
  - 背崩门巴风情小镇：旅游交通接驳、旅游接待服务、自驾游保障服务、徒步穿越大本营、医疗。
- 多点：生态停车场、旅游厕所、旅游购物、民宿客栈、通信服务、导游服务、旅游富民宣讲、应急避险。

3 自驾服务体系

- 目的地型自驾游汽车营地：一核（县城旅游集散中心）、两极（80K 珞巴风情小镇、背崩门巴风情小镇）。
- 景区依托型自驾游汽车营地：52K 汽车营地、格当乡汽车营地、甘登乡汽车营地、果果塘汽车营地。
- 景区景点自驾游接待点：提供导览咨询、交通接驳、餐饮、民宿、购物、停车场、厕所等接待服务。

4 徒步服务体系

5 条徒步线路

多雄曲徒步线（中国第一徒步线）、圣山祈福徒步线、提琴曲徒步线、丛林探险徒步线、雪山览胜徒步线。

- 4 个帐篷营地：拉格、乃登、林多、嘎布杰错。
- 5 个徒步驿站：汗密、米日、曲那塘、帮辛、加热萨。
- 4 个徒步接待点：仁钦崩寺、地东古村落、格当高山草场、嘎隆拉天池。

5

旅游厕所体系

厕所缺失和简陋是墨脱县旅游业面临的一个短板问题，同时也是一个影响旅游地形象的敏感问题。

在上阶段“厕所革命”成果的基础上，采取“新建与改建结合，养护与提升并举”的措施，力争解决“少、脏、乱、差”等现实问题，使县城乡镇、旅游景区、交通汇聚点、旅游公路沿线、汽车营地、徒步驿站、帐篷营地、旅游接待点、民宿客栈等的厕所达到国家厕所等级质量标准。

到 2025 年年底，实现“数量充足、分布合理、管理有效、服务到位、卫生环保、如厕文明”的目标。

6

旅游标识体系

“一轴四带多线”上设置旅游交通标识，“一核两极多点”中设置旅游国家标准的公共信息图形符号。

旅游景区、度假酒店、营地驿站、民宿客栈、旅游厕所等内部根据各自特色，设置个性化的旅游标识。

尽快完善全景导游图、导览图、道路导向指示牌、警示指示牌、宣传教育标识牌、服务设施标识牌等标准规范和经久耐用的标识牌制作和现场布点。特别要加强旅游区的 Logo 设计与品牌形象识别系统的设计，突出墨脱县门巴文化和珞巴文化的特色，规范风格特色、文字信息、选材用料、造型和色彩。

7 旅游营销体系

“借势营销”——抓住政策的机遇期，抓紧西藏自治区和林芝市的旅游热点，乘势聚力做好墨脱县的旅游营销。

“整合营销”——紧跟西藏自治区和林芝市的旅游营销行动，联合协同波密县、察隅县、米林县做好区域旅游营销。

“精准营销”——面向林芝机场航线、川藏铁路、川藏公路、滇藏公路的客源地，加强与主流媒体、主要旅行社、龙头 OTA 机构、自驾游俱乐部、民宿客栈和涉旅供应商的系统合作，做好世界级旅游度假目的地的深度旅游营销。

“深度营销”——推进“智慧旅游”更新换代，充分发挥社交型自媒体的导流优势，突出墨脱县是西藏唯一无高原反应的旅游目的地的原始森林型富氧品牌形象，强化边境跨境游、门珞民俗文化节庆、垂直地带性“四季皆可游、一日游四季”等体验型主题营销，做好最具地标性的“徒步探险的人间秘境、中国康养的净土天堂、世界自驾的终极胜地”的特色营销。

二、融合策略

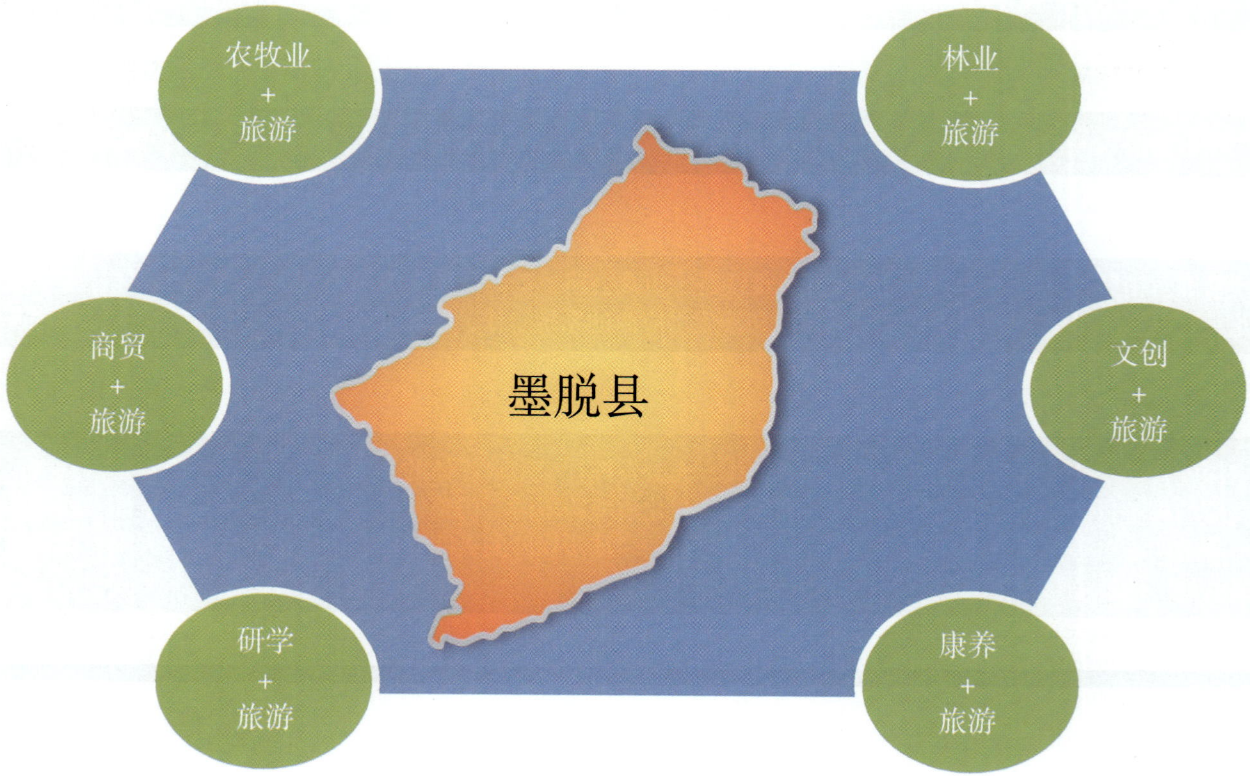

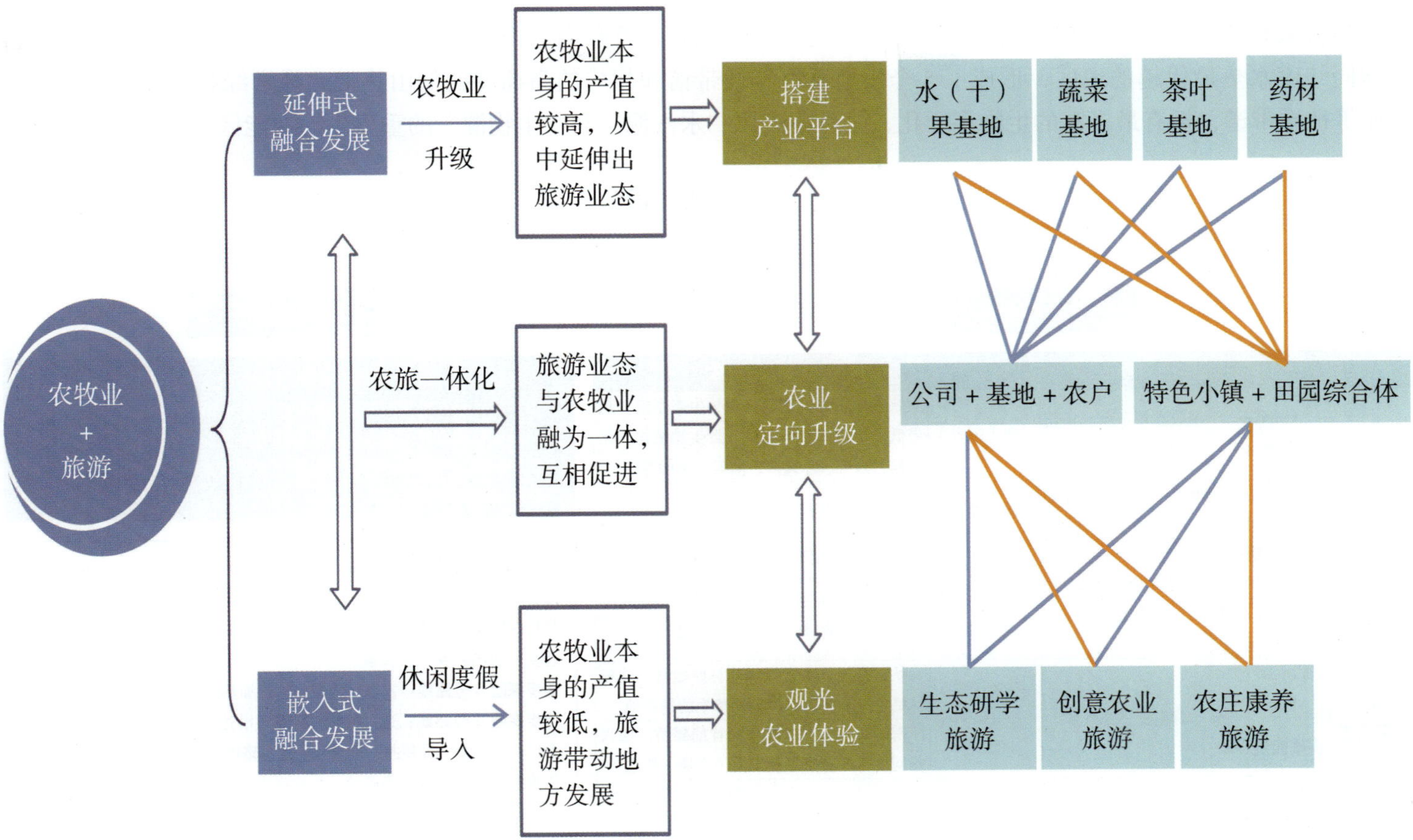
农牧业
+
旅游
延伸式
融合发展
农牧业
升级
农牧业本身的产值较高，从中延伸出旅游业态
搭建
产业平台
水（干）
果基地
蔬菜
基地
茶叶
基地
药材
基地
农旅一体化
旅游业态与农牧业融为一体，互相促进
农业
定向升级
公司 + 基地 + 农户
特色小镇 + 田园综合体
嵌入式
融合发展
休闲度假
导入
农牧业本身的产值较低，旅游带动地方发展
观光
农业体验
生态研学
旅游
创意农业
旅游
农庄康养
旅游

墨脱县西、北、东三面为喜马拉雅山与岗日嘎布山阻隔，南面与印度相邻的雅鲁藏布江下游区，是世界第一峡谷景观雅鲁藏布江—南迦巴瓦峰大拐弯南翼的核心地带，也是整个青藏高原内部与印度洋水热交换的最大通道，成为北半球同纬度水热最优越的地区，形成了 5 个山地垂直气候带谱和相应的高纬度的低山热带北缘常绿林（雨林）至冰川冻原等植被带谱，拥有最丰富的生物多样化，是青藏高原“水汽源”和“生物源”的重要生态功能区。

林业 + 旅游

生态敏感

分区	名称	所在地	级别 *	主要保护对象
Ⅰ 大峡谷区	大峡谷—南峰区	墨脱县帮辛乡、甘登乡及周边县的乡镇	一级（国家）	大峡谷地质地貌景观，森林生态系统，热带低山半常绿季风雨林。野生动植物长尾叶猴、羚牛、赤斑羚、熊猴、黑熊等
	藏布巴东瀑布群	雅江 / 西兴拉—帕龙河汇入点	一级（国家）	大峡谷河流瀑布群等
Ⅱ 达木区	达木孟加拉虎核心保护区	达木珞巴民族乡、格当乡	一级（国家）	森林生态、生物多样性，孟加拉虎等珍稀动物栖息地
	岗日嘎布流域保护区		一级（国家）	冰川—高山森林—草甸生态系统
Ⅲ 德阳沟区	德阳沟羚牛保护区	背崩乡、德兴乡	一级（国家）	大峡谷常绿、半常绿阔叶林原始林。铁杉林是本区重要的保护动物羚牛的越冬地
	多雄曲生态区		二级	汗密瀑布、老虎嘴瀑布和背崩藤桥，德兴藤网桥等河流生态及人文（交通）景观
Ⅳ 布裙湖区	布裙湖湿地，森林保护区	背崩乡	二级	高原湖区湿地，多种鱼类。周边森林，热带树种等

* 是风景名胜区的三级保护级别。

森林旅游

墨脱北部区域基本是雅鲁藏布大峡谷国家级自然保护区的重要核心保护区，具有世界级的自然历史遗产与旅游景观资源。其拥有藏南地区最完整的森林生态系统，具有稀有性和脆弱性。墨脱县要对国家自然保护区的生态敏感区进行保护，在徒步旅游线上的有限节点发展森林旅游和林下经济。

徒步探险 1 号路线：米林县派镇—多雄拉—拿格—汗密—阿尼桥—马尼翁—背崩村。

徒步探险 2 号路线：帕隆藏布—扎曲村—达波—巴玉村—鲁谷村—甘登乡—加热萨乡 —墨脱镇。

徒步探险 3 号路线：古乡—随拉山口—加热萨乡 —墨脱镇。

徒步探险 4 号路线：达兴村—帕隆藏布沿达兴河上溯到源头—金珠拉山口—金珠曲—提琴曲—格当乡—达木珞巴民族乡—墨脱镇。

徒步探险 5 号路线：墨脱镇—仁钦崩寺—嘎布杰错—安扎拉山口—崩崩拉山口—格当乡—达木珞巴民族乡。

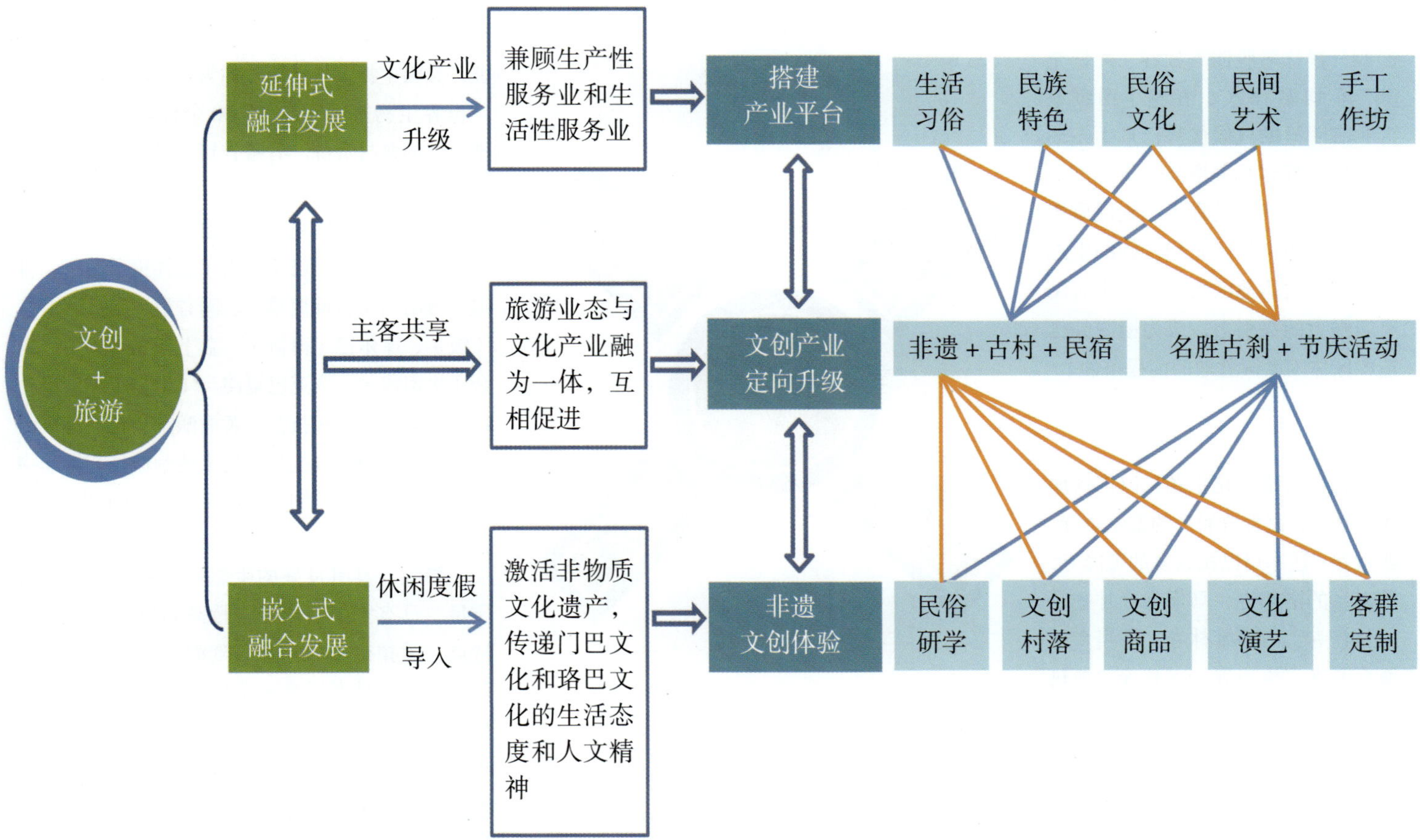
文创
+
旅游
延伸式
融合发展
文化产业
升级
兼顾生产性服务业和生活性服务业
搭建
产业平台
生活
习俗
民族
特色
民俗
文化
民间
艺术
手工
作坊
主客共享
旅游业态与文化产业融为一体，互相促进
文创产业
定向升级
非遗 + 古村 + 民宿
名胜古刹 + 节庆活动
嵌入式
融合发展
休闲度假
导入
激活非物质文化遗产，传递门巴文化和珞巴文化的生活态度和人文精神
非遗
文创体验
民俗
研学
文创
村落
文创
商品
文化
演艺
客群
定制

喜马拉雅山南侧亚热带季风性湿润气候让墨脱四季如春、雨量充沛，年均温 16 ℃，在整个西藏地区具有明显的气候优势；且生态环境良好，森林覆盖率高，负氧离子含量高，空气质量常年达到优质指标，独特的自然风光和良好的生态环境，对发达地区大中型城市居民有着强大的吸引力，成为墨脱县打造藏区休闲度假胜地的前提条件。

墨脱县独特的地形地貌、气象气候、水文土壤条件，奠定了动植物垂直地带性分布的总体特征，又因生物多样性而被称为“天然博物馆”和“世界生物基因库”，8000 余种动植物提供了丰富性的食材资源。有藏香猪、藏鸡、雅江鱼、野生黑木耳、野山菌、时令野菜、墨脱索罗（辣椒）、鸡爪谷等特色食材，也有墨脱石锅鸡、帮羌（黄酒）、拉瓦巴蒙岗当（凉拌獐子菌）、科嘎宗嘎岗当（石锅炖菜）、阿香板、巴日阿卡让（饭）、库尔巴（薄饼）、盖卜当（薄饼）、夏金（生肉酱）、皮亚巴夏岗当（干粮）等传统食物，还有石锅制作技艺、黄酒酿制技艺、薄饼制作技艺、红糖制作技艺、乌木筷制作技艺等非物质文化遗产，以药食同源为指引，发展养生旅游。

突出门珞文化主题，以仁钦崩寺为重点，完善背崩乡的德尔贡寺、西贡寺，达木珞巴民族乡的嘎隆寺，德兴乡的洛邦寺、马崩寺，甘登乡的甘登寺、白玛维林寺，格当乡的桑真卡寺、格当寺、兴开寺，加热萨乡的当昂寺、增求寺等宗教文化场所的基础设施和服务条件，举办祈福感恩活动。

墨脱县具有良好的生态环境和优良的空气质量，具有空气负离子含量高和植物精气多等特点，紧扣徒步探险和自驾游活动，依托温泉药泉景区、甘登温泉游览区、格当高山疗养度假区，建设养生度假庄园，开展养生休闲度假产品，开发心理养生、饮食养生、理疗养生等类型的养生康体活动。

生物多样性、生态垂直地带性、地质地貌复杂性。

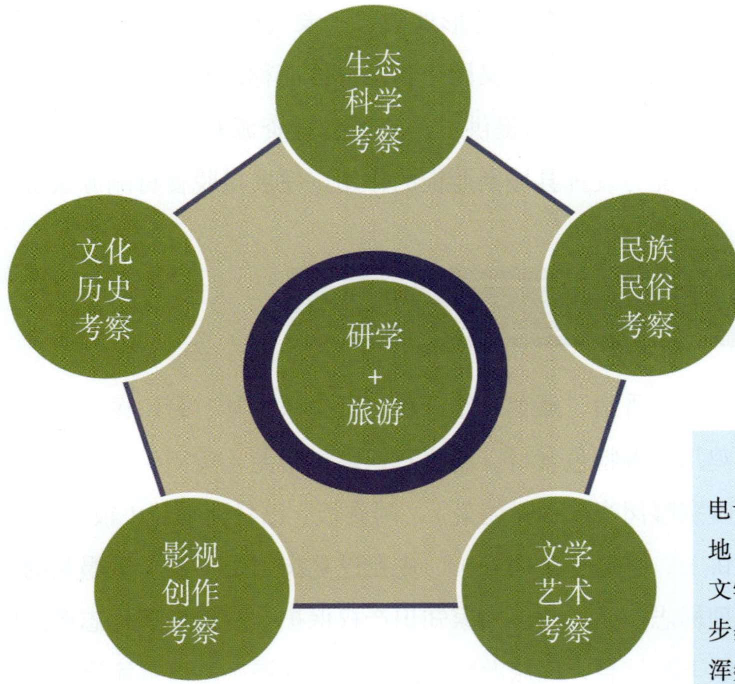

墨脱县的藏传佛教、门巴族东迁、门珞服饰、莲花生大士、原始崇拜、转山、转湖、石锅等文化历史。

门巴族民俗、珞巴族民俗、藏族民俗……

雅江峡谷景观、山地垂直自然带、门珞民俗文化、藏传佛教遗产、健康生态环境等为影视创作提供了壮美的现实场景和本色化的真情剧本。具备高品位影视创作的优势条件。

重庆出版社出版的《藏地密码》，电子科技大学出版社出版的《莲花圣地》《峡谷风云》《深峡淘金》系列文学书籍，新世界出版社出版的《徒步墨脱生死路》等文学作品都是以雄浑巍峨的地理条件与民族和睦的门珞民俗为文学艺术的创作源泉。

商贸
+
旅游

墨脱食材和药材的溯源旅游

墨脱县独特的地形地貌、气象气候、水文土壤条件，奠定了动植物垂直地带性分布的总体特征，又因生物多样性而称之为“天然博物馆”和“世界生物基因库”，8000余种动植物提供了丰富的食材资源和药材资源。借鉴墨脱石锅远销国内外的经验，充分发挥县城商业街的作用，发展墨脱食材溯源旅游和药材溯源旅游。

地理标志产品的商贸流通 + 旅游

藏香猪、藏鸡、雅江鱼、野生黑木耳、野山菌、时令野菜、墨脱索罗（辣椒）、鸡爪谷等特色食材，墨脱石锅鸡、帮羌（黄酒）、拉瓦巴蒙岗当（凉拌獐子菌）、科嘎宗嘎岗当（石锅炖菜）、阿香板、巴日阿卡让（饭）、库尔巴（薄饼）、盖卜当（薄饼）、夏金（生肉酱）、皮亚巴夏岗当（干粮）等墨脱的地方性产品可以申报国家地理标志产品，获得国家知识产权保护，构建地理标志产品的墨脱县电商平台，线上与线下相结合，以旅游购物为基础，发展旅游商贸流通业。

三、提升策略

“提升”就是为旅游业提质增效，对吃、住、行、游、购、娱等供给要素系统地进行“软服务”与“硬标准”的双提升。

旅游业的盈利能力来源于为旅游者提供特色产品与接待服务的体验消费。

近年来，在国家、西藏自治区、林芝市和对口援建单位的支持下，墨脱县旅游业规划先行，在探索旅游业体制机制、加强基础设施建设、开拓客源市场等方面取得了较大的进步，但是，相对于旅游者迭代升级和旅游业高质量发展的要求而言，还需要按照“一轴四带多线”的空间结构和“一核两极多点”的功能布局，对吃、住、行、游、购、娱等供给要素系统进行“软服务”与“硬标准”的双提升，为实现旅游业提质增效赋予强劲的盈利能力。

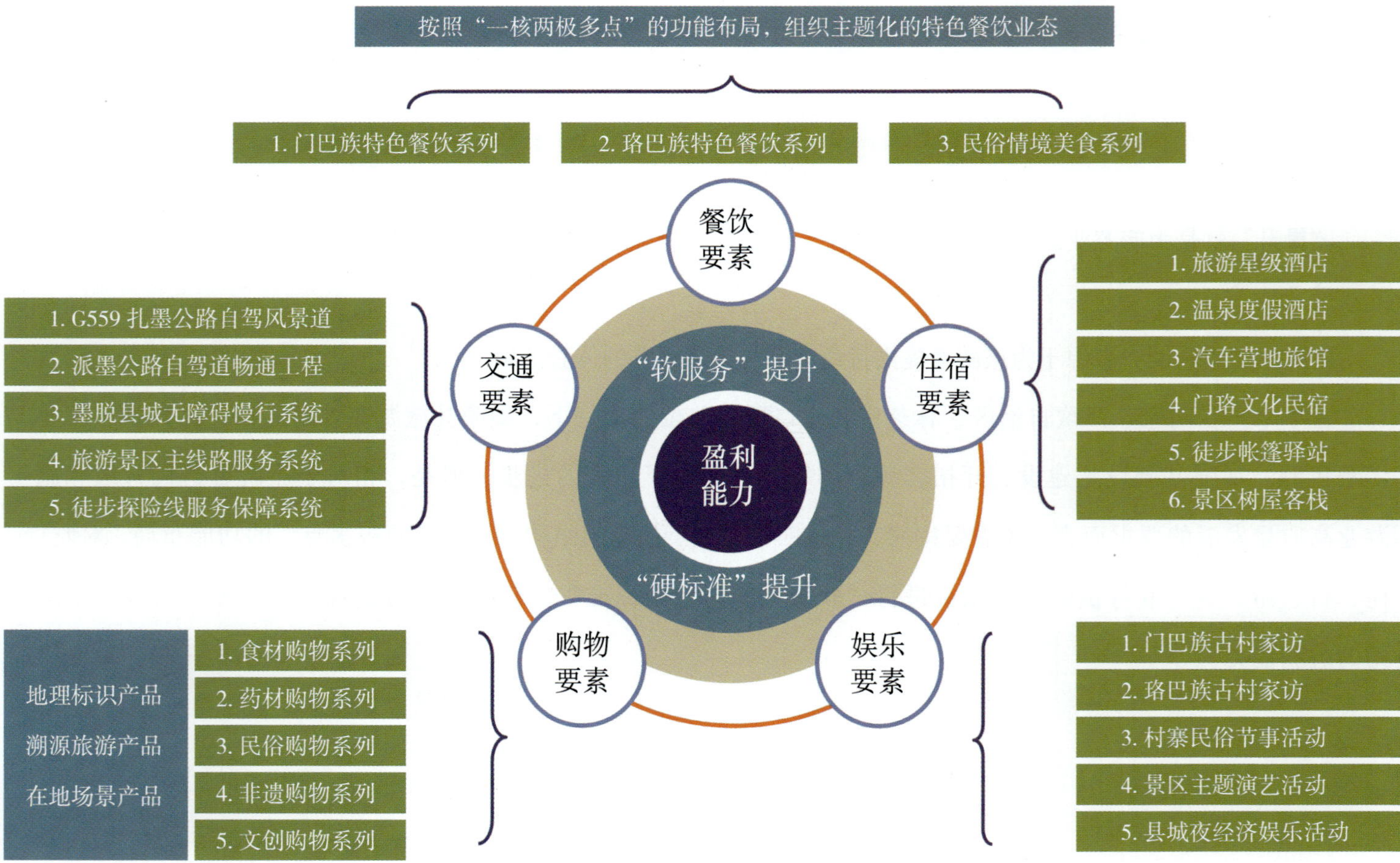
按照“一核两极多点”的功能布局，组织主题化的特色餐饮业态
1. 门巴族特色餐饮系列
2. 珞巴族特色餐饮系列
3. 民俗情境美食系列
餐饮要素
交通要素
住宿要素
购物要素
娱乐要素
“软服务”提升
盈利能力
“硬标准”提升
1. G559 扎墨公路自驾风景道
2. 派墨公路自驾道畅通工程
3. 墨脱县城无障碍慢行系统
4. 旅游景区主线路服务系统
5. 徒步探险线服务保障系统
1. 旅游星级酒店
2. 温泉度假酒店
3. 汽车营地旅馆
4. 门珞文化民宿
5. 徒步帐篷驿站
6. 景区树屋客栈
地理标识产品
溯源旅游产品
在地场景产品
1. 食材购物系列
2. 药材购物系列
3. 民俗购物系列
4. 非遗购物系列
5. 文创购物系列
1. 门巴族古村家访
2. 珞巴族古村家访
3. 村寨民俗节事活动
4. 景区主题演艺活动
5. 县城夜经济娱乐活动

四、创新策略

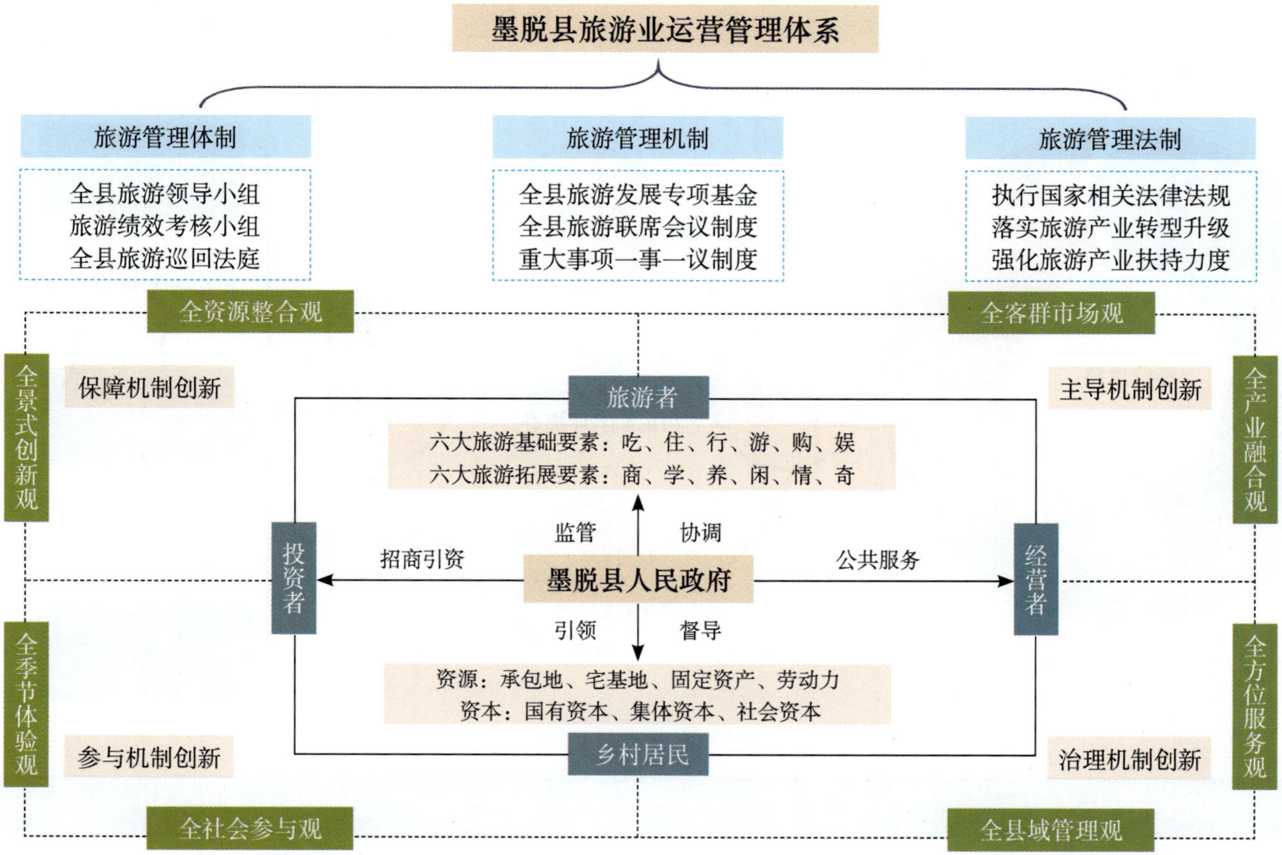
墨脱县旅游业运营管理体系
旅游管理体制
全县旅游领导小组
旅游绩效考核小组
全县旅游巡回法庭
旅游管理机制
全县旅游发展专项基金
全县旅游联席会议制度
重大事项一事一议制度
旅游管理法制
执行国家相关法律法规
落实旅游产业转型升级
强化旅游产业扶持力度
全资源整合观
全客群市场观
全景式创新观
保障机制创新
旅游者
主导机制创新
全产业融合观
六大旅游基础要素：吃、住、行、游、购、娱
六大旅游拓展要素：商、学、养、闲、情、奇
监管
协调
投资者
招商引资
墨脱县人民政府
公共服务
经营者
引领
督导
全季节体验观
资源：承包地、宅基地、固定资产、劳动力
资本：国有资本、集体资本、社会资本
全方位服务观
参与机制创新
乡村居民
治理机制创新
全社会参与观
全县域管理观

墨脱喜路莲花旅游发展有限公司经营规划

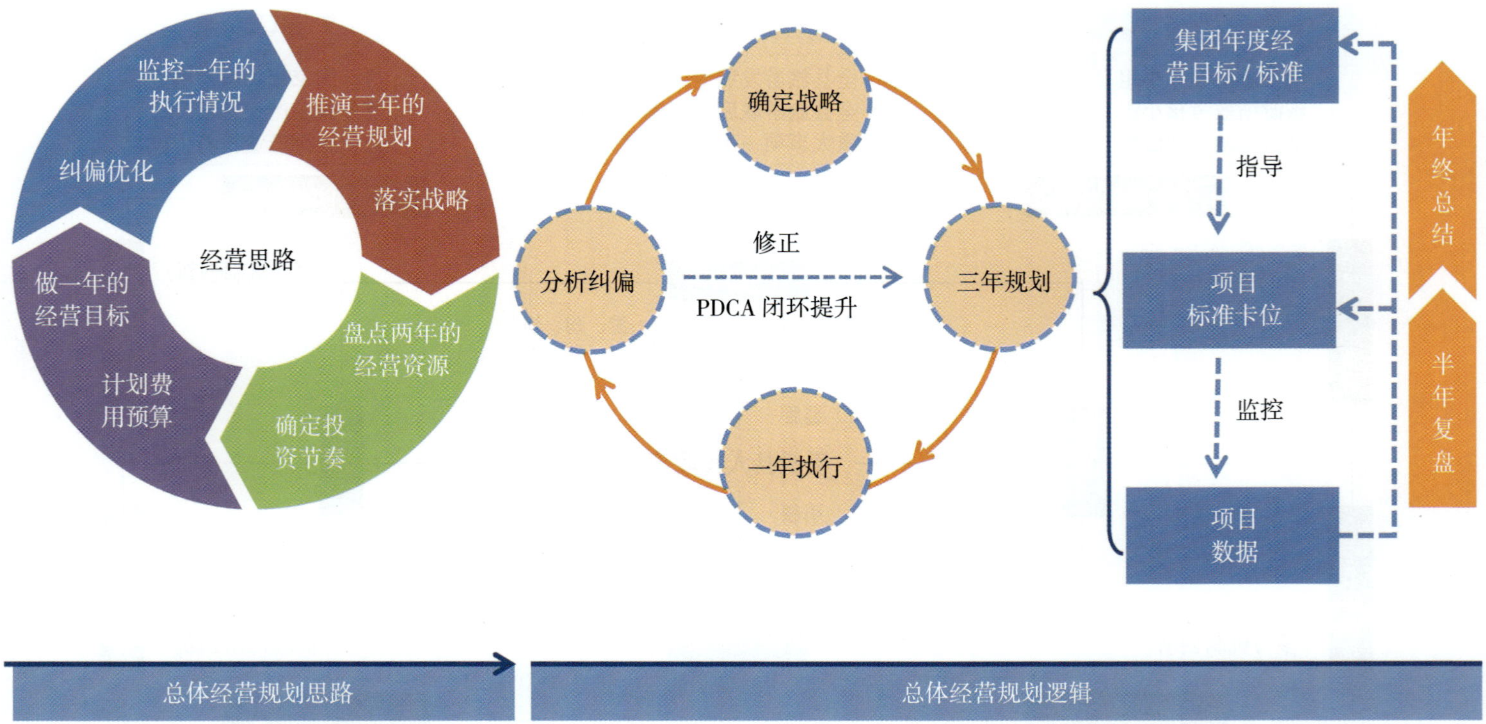

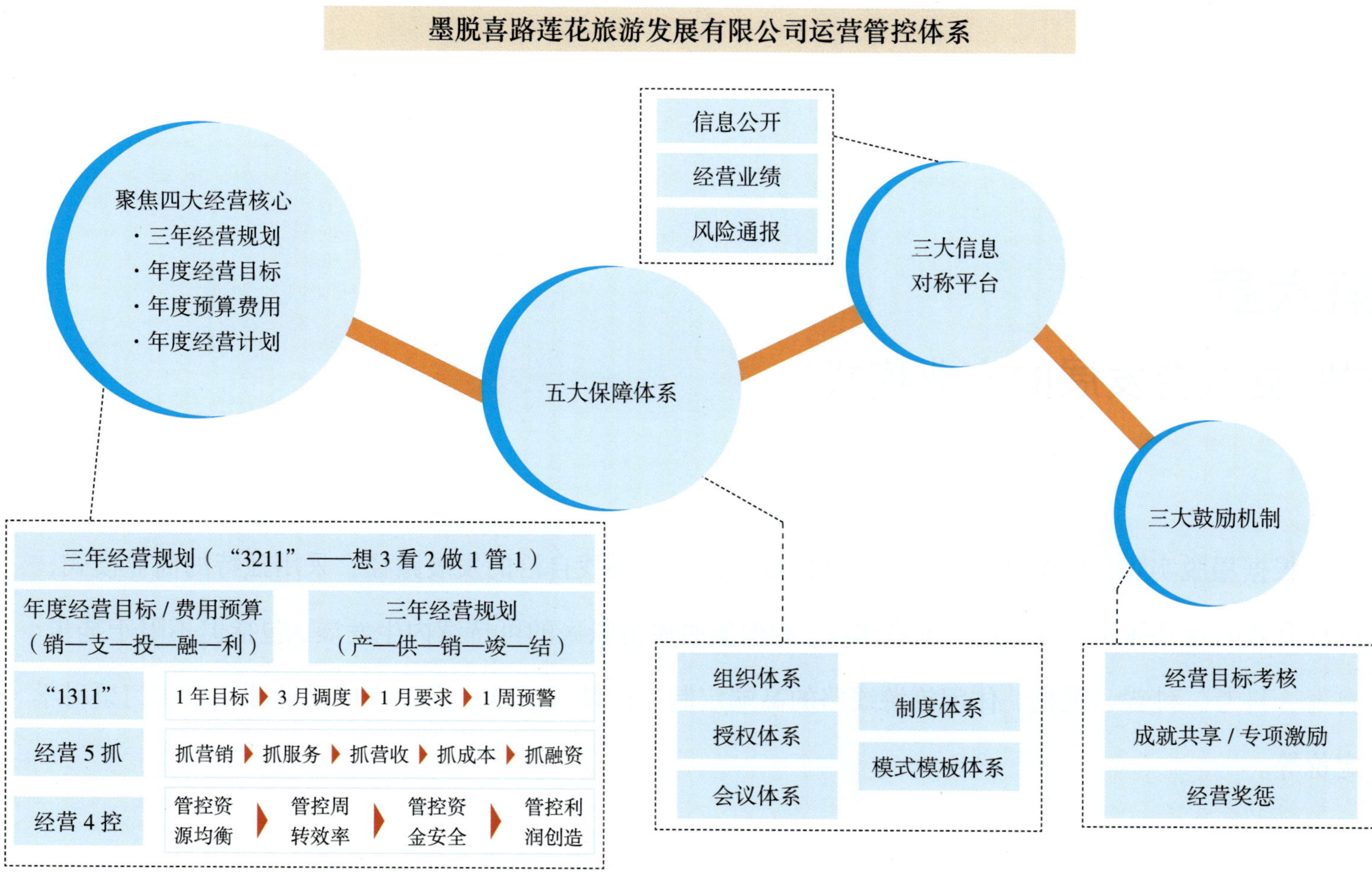
墨脱喜路莲花旅游发展有限公司运营管控体系
聚焦四大经营核心
· 三年经营规划
· 年度经营目标
· 年度预算费用
· 年度经营计划
五大保障体系
三大信息对称平台
三大鼓励机制
信息公开
经营业绩
风险通报
三年经营规划（“3211”——想 3 看 2 做 1 管 1）
年度经营目标 / 费用预算（销—支—投—融—利）
三年经营规划（产—供—销—竣—结）
“1311”
1 年目标 3 月调度 1 月要求 1 周预警
经营 5 抓
抓营销 抓服务 抓营收 抓成本 抓融资
经营 4 控
管控资源均衡 管控周转效率 管控资金安全 管控利润创造
组织体系
授权体系
会议体系
制度体系
模式模板体系
经营目标考核
成就共享 / 专项激励
经营奖惩

第六章

墨脱县旅游发展的商业模式

根据墨脱实际，借鉴其他旅游目的地的成功经验，寻找自洽的发展路径，采用独特的商业模式，设计有效的运营体制，科学制定价格体系，确保墨脱旅游景区的可持续内生发展，包括但不限于徒步、自驾、科考、科普、观光、休闲旅游线路的高端定制、设计与运营，投融资体系设计，二次门票科学定价等。

1 统筹运作的商业理念

2 共建共享的商业逻辑

3 预约制商业模式

4 三个跨越阶段

一、墨脱县旅游业统筹运作的商业理念

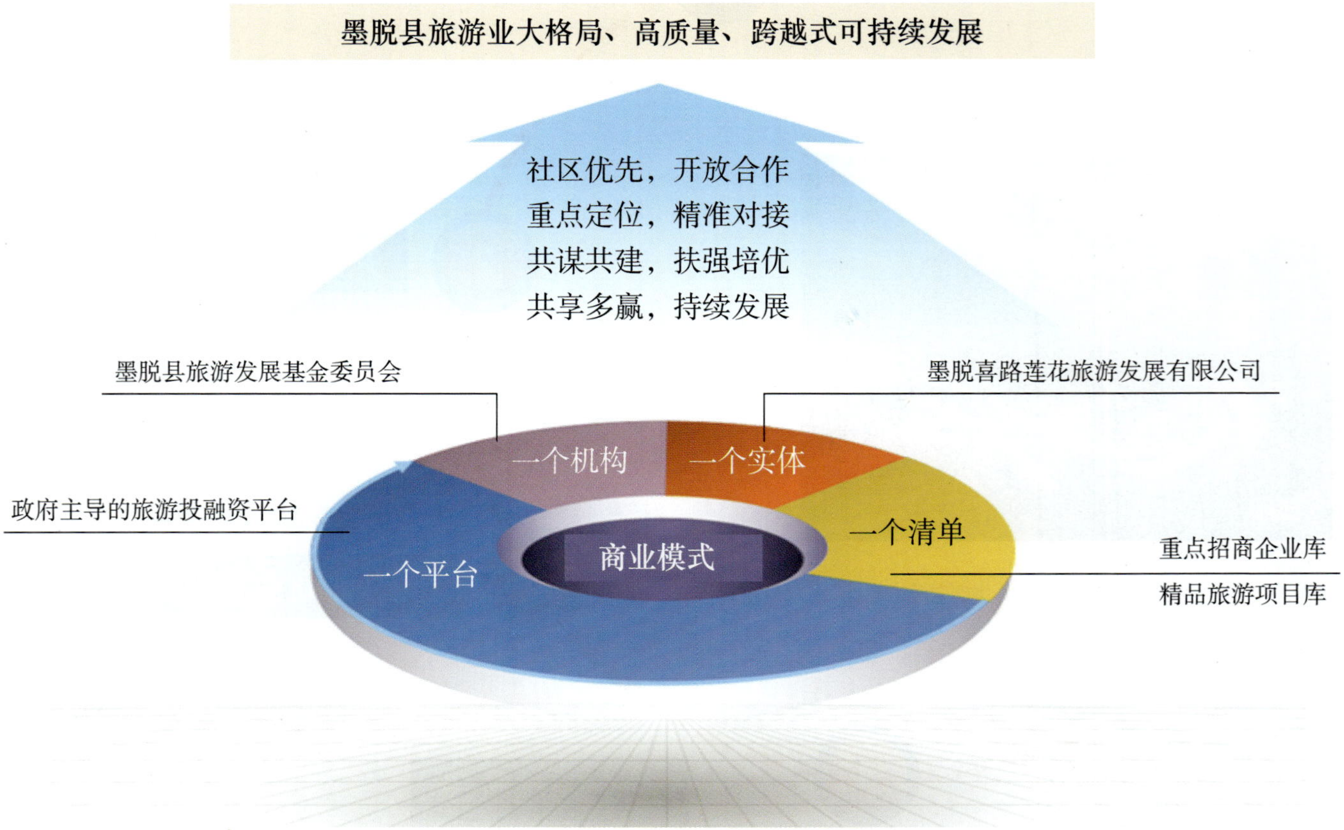

二、墨脱县旅游业利益相关者共建共享的商业逻辑

墨脱县旅游采用“产权入股 + 劳动联合”的双重合作机制，秉持利益相关者共建共享的商业逻辑。

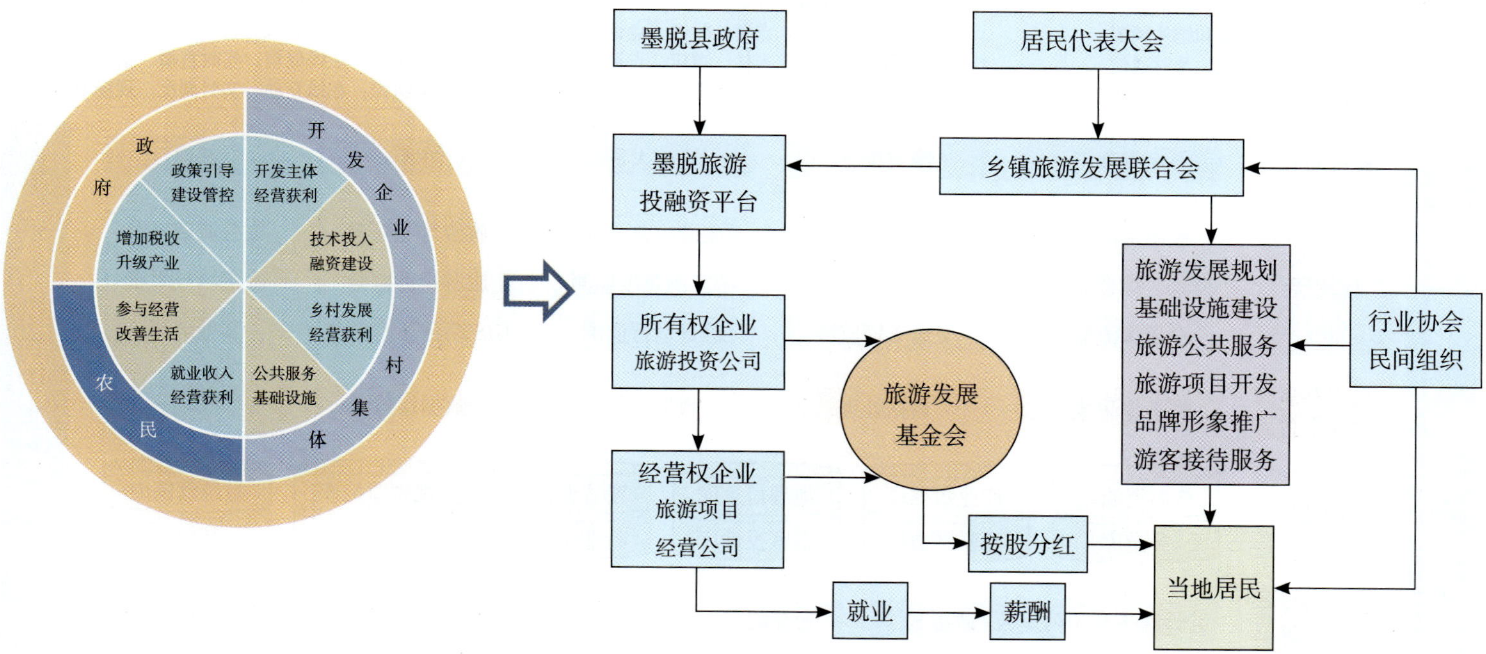

三、墨脱县旅游业构建基于智慧平台的预约制商业模式

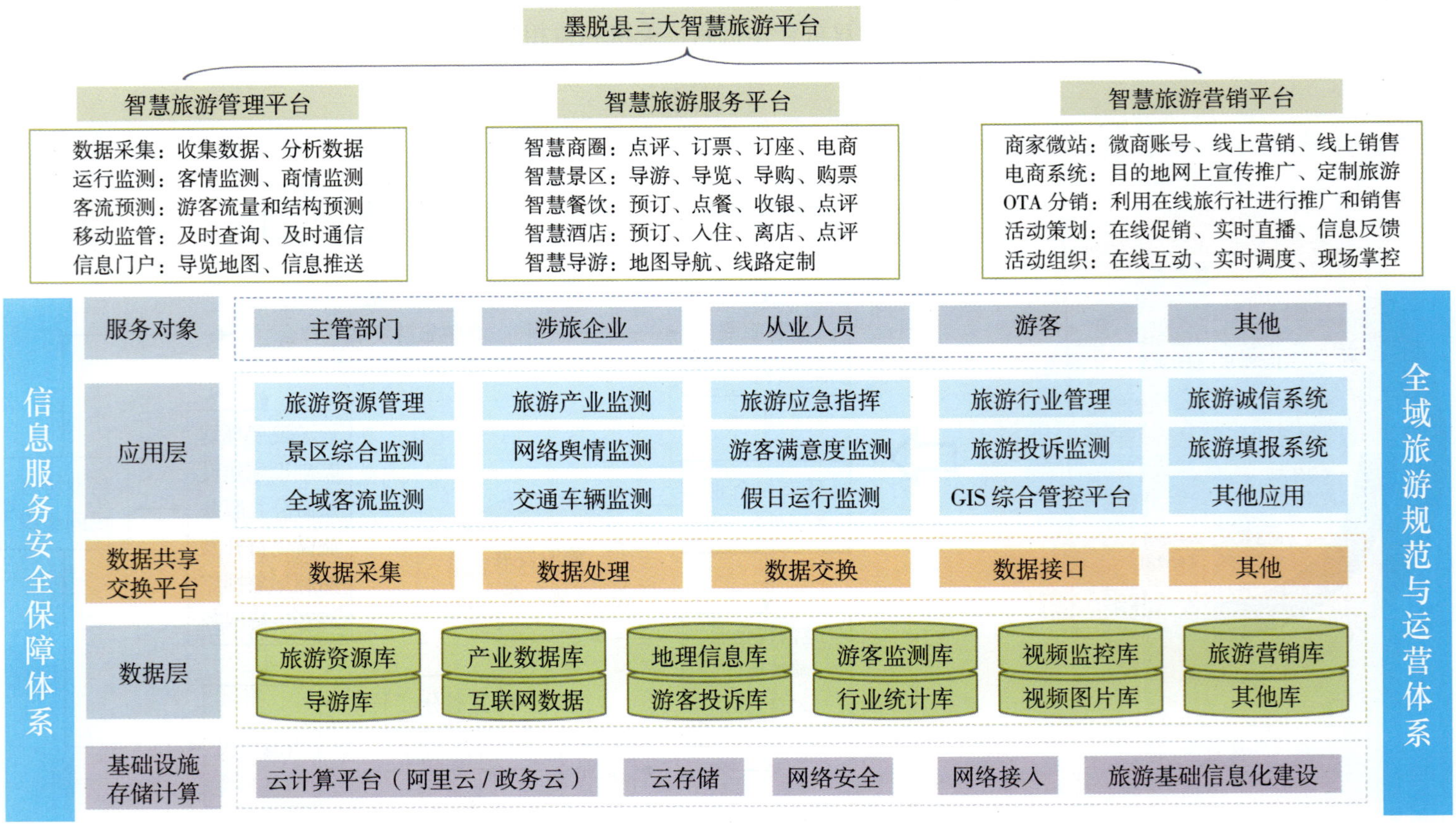

四、墨脱县旅游业预约制商业模式的三个跨越阶段

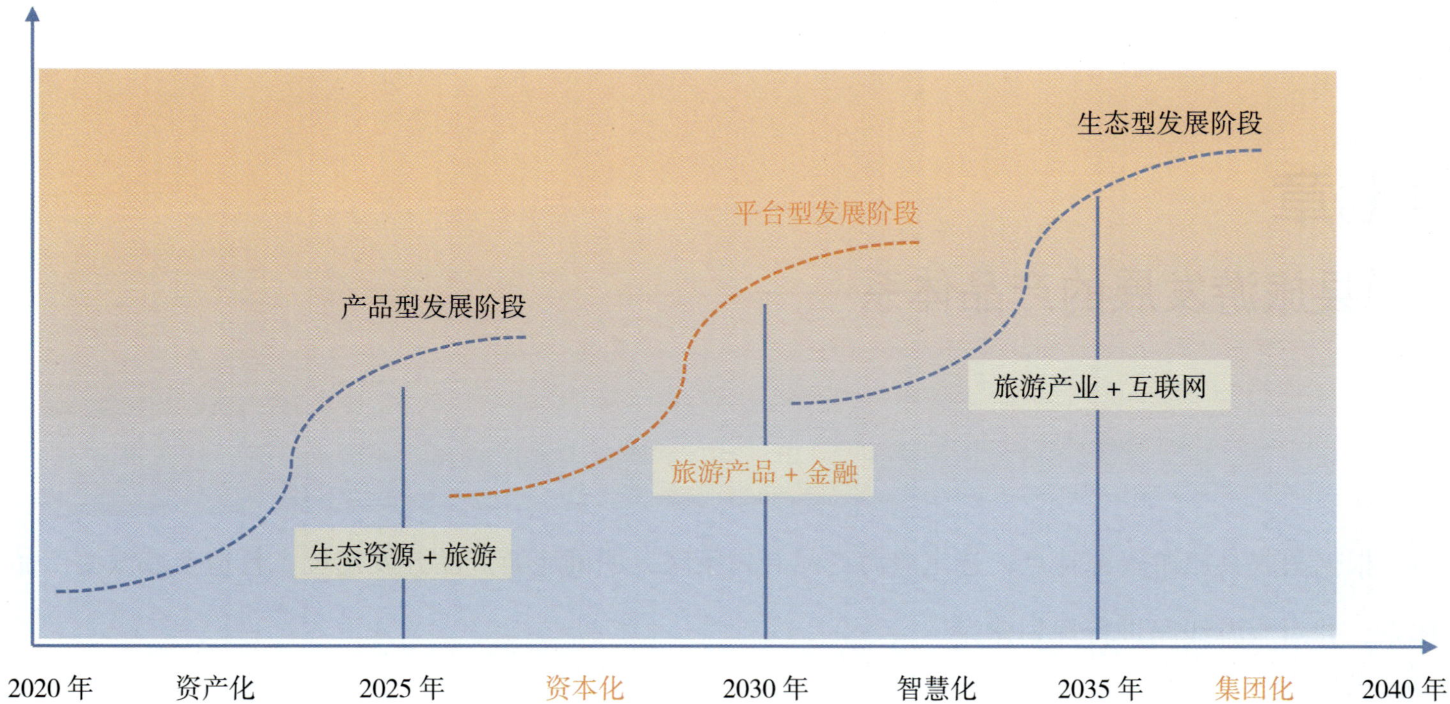

资产化、资本化、智慧化——跨越 S 曲线的三阶段

第七章

墨脱县旅游发展的产品体系

根据墨脱县旅游资源特点，选定旅游产品开发策略，明确旅游产品开发定位，打造全域旅游产品体系，并对旅游线路进行规划建设。

1. 旅游产品营造原则
2. 旅游产品体系建构
3. 旅游景区园区布局
4. 主题旅游线路组织
5. 旅游商品开发经营

一、旅游产品营造原则

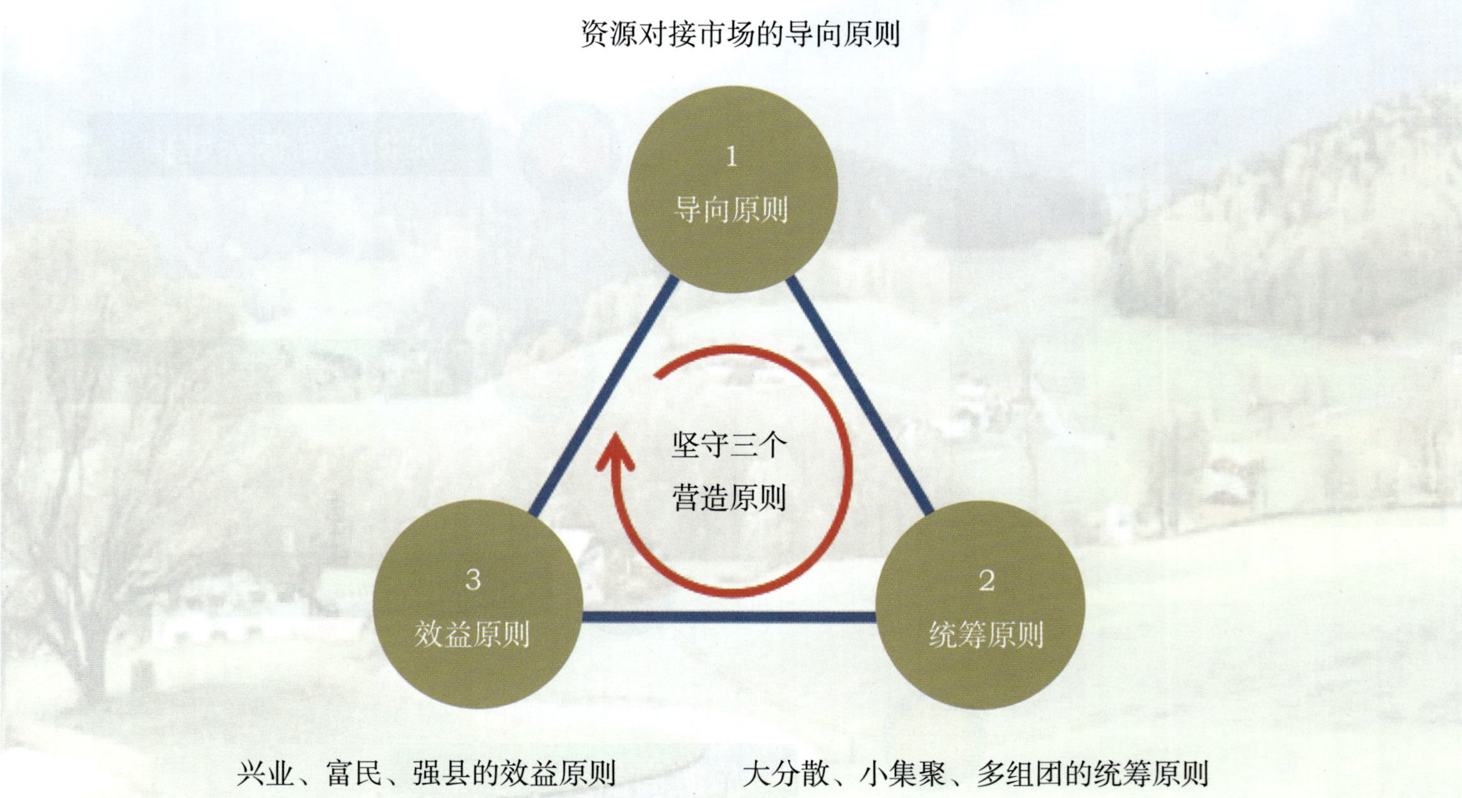
资源对接市场的导向原则
1
导向原则
坚守三个
营造原则
3
效益原则
2
统筹原则
兴业、富民、强县的效益原则
大分散、小集聚、多组团的统筹原则

二、旅游产品体系建构

旅游产品体系的开发定位

- 徒步探险的人间秘境
- 中国康养的净土天堂
- 世界自驾的终极胜地

旅游产品体系的建构思路如下：

以旅游线路为依托，以“预约制”的“旅游产品套餐”为基本体系，框定可选择的产品内容和基准价格，采用定制设计、预约服务、全程管家“三位一体”的预约制旅游产品销售经营方式，根据游客的具体要求和喜好，进行满足个性化需求的产品细节设计，确认具体产品价格。在游客行程中，根据实际发生情况可进行产品微调整合，保障预约制旅游产品的弹性经营，实时提高游客满意度。

根据基础设施建设和公共服务优化的进度，及时更新和丰富旅游产品内容，保障并持续提升墨脱旅游市场影响力和客群在地消费力。

以墨脱公路、派墨公路、主要乡村公路和松林口—背崩骡马驿道为纽带，依托旅游接待服务体系，重点打造自驾旅游和徒步旅游的主题特色，作为墨脱预约制旅游产品的交通支撑和营销策略，严格控制自驾游、徒步游的组织管理方式，做到规范有度、系统可控、安全可行。同时，分区段、分季节、分时长地进行产品组合，保障并拓展市场覆盖面的广度和力度。

结合生态农业、水电能源等相关产业发展，把握商务政务旅游、产业旅游市场持续增长的趋势，预约旅游产品开发要兼顾“定制旅游”消费者的需求，主要在研学科考、徒步探险、自驾览胜、文化体验、生态休闲、康养度假六大旅游产品集群上下功夫，精耕细作，逐步提升墨脱旅游业的市场开放性，从而实现管理规范和经营受益的可持续发展。

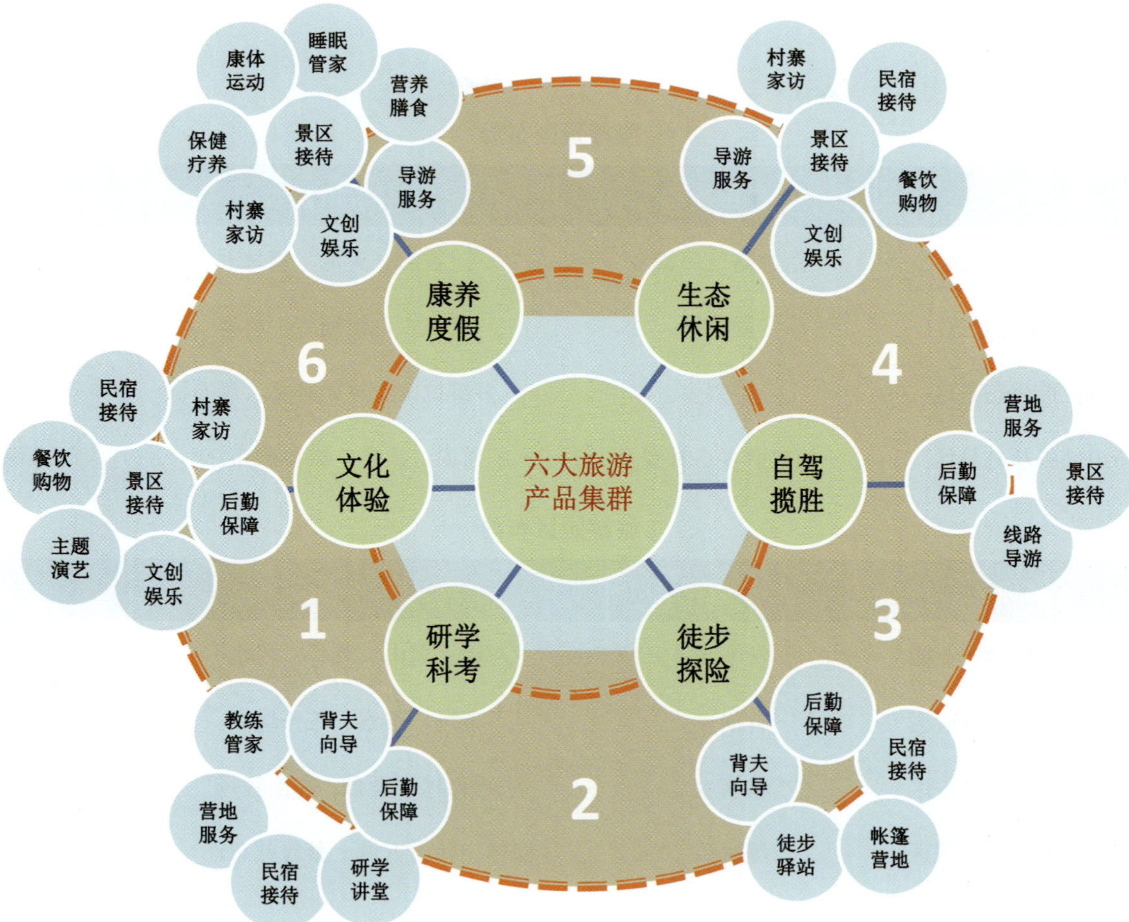
六大旅游
产品集群
文化
体验
康养
度假
生态
休闲
自驾
揽胜
徒步
探险
研学
科考
1
2
3
4
5
6
康体
运动
睡眠
管家
营养
膳食
保健
疗养
景区
接待
导游
服务
村寨
家访
文创
娱乐
村寨
家访
民宿
接待
导游
服务
景区
接待
餐饮
购物
文创
娱乐
营地
服务
后勤
保障
景区
接待
线路
导游
后勤
保障
民宿
接待
背夫
向导
徒步
驿站
帐篷
营地
教练
管家
背夫
向导
后勤
保障
营地
服务
民宿
接待
研学
讲堂
民宿
接待
村寨
家访
餐饮
购物
景区
接待
后勤
保障
主题
演艺
文创
娱乐

三、旅游景区园区布局

旅游景区布局

序号	名称	位置	体验内容	可达性
1	嘎隆拉雪山景区	达木珞巴民族乡	雪山、天池、森林	部分通车
2	仁钦崩文化景区	墨脱镇	森林、仁钦崩寺、村寨	通车
3	多雄拉原生态景区	德兴乡	多雄拉山、原始森林、瀑布	道路建设中
4	雪山峡谷丛林景区	加热萨乡、甘登乡	雪山、瀑布、雅鲁藏布江	部分通车

旅游园区布局

序号	名称	位置	体验内容	可达性
1	墨脱石锅旅游产业园	帮辛乡	石锅、雪山、森林、村寨	通车
2	背崩高山茶场度假区	背崩乡	茶场、茶寮、茶作坊	通车
3	格当高山疗养度假区	格当乡	原始森林、瀑布、高山牧场	部分通车
4	墨脱疗养休闲度假区	墨脱镇	森林、转山古道、雅鲁藏布江	通车

四、主题旅游线路组织

徒步探险旅游线路

序号	名称	线路节点	体验内容	总行程
1	多雄曲徒步线	米林县派镇—松林口—多雄拉—拿格—汗密—阿尼桥—马尼翁—背崩村	雪山冰川、原始森林、瀑布、亚热带丛林、门巴族与珞巴族文化体验	约 136 公里，3—4 天
2	雪山览胜徒步线	帕隆藏布—扎曲村—达波—巴玉村—鲁谷村—甘登乡—加热萨乡—墨脱镇	雪山、垂直植被景观变化、峡谷穿越	约 26 公里（墨脱县境内），1—2 天
3	丛林探险徒步线	古乡—随拉山口—加热萨乡—墨脱镇	文化体验、高山植被景观	约 20 公里（墨脱县境内），1—2 天
4	提琴曲徒步线	达兴村—帕隆藏布沿达兴河上溯到源头—金珠拉山口—金珠曲—提琴曲—格当乡—达木珞巴民族乡—墨脱镇	雪山、峡谷、河流	约 50 公里，2—3 天
5	圣山祈福徒步线	墨脱镇—仁钦崩寺—大巴竹海—嘎布杰错—安扎拉山口—崩崩拉山口—格当乡—达木珞巴民族乡	仁钦崩寺、大巴竹海、日清拉山、贡堆神山、娘姆错湖等	约 160 公里，12—20 天

自驾览胜旅游线路

序号	名称	线路节点	体验内容	总行程
1	扎墨公路自驾游线	波密县扎木镇—嘎隆拉山—80K—林多—米日村—墨脱县城—背崩村	雪山、冰川、峡谷、森林、瀑布群	约117公里，1—2天
2	金珠曲自驾游线	达木珞巴民族乡—桑珍卡村—格当乡—兴开村	森林、峡谷、河流、瀑布	约35公里，约1天
3	派镇背崩自驾游线	派镇—松林口—多雄拉山口—拉格—汗密—背崩村	多雄拉山、原始森林、瀑布	约110公里，1—2天
4	雅江峡谷自驾游线	林多—帮辛乡—加热萨乡—甘登乡	石锅、瀑布、雪山、雅鲁藏布江	约80公里，1—2天

骑行览胜旅游线路

序号	名称	总行程
1	波密县扎木镇—嘎隆拉山—52K—80K—林多—米日村—墨脱县城	约 140 公里，约 2 天
2	达木珞巴民族乡—格当乡骑行游路线	约 35 公里，约 1 天
3	墨脱县城—背崩村骑行游路线	约 29 公里，约 0.5 天

定制旅游线路

序号	名称	节点	体验内容	总行程
1	布裙湖生态旅游线	背崩村—高山茶场—布裙湖	背崩村、布裙湖	2 天
2	德阳沟科考旅游线	背崩村—地东村—西让村—德阳沟	背崩旅游特色村、地东旅游特色村、西让旅游特色村、德阳沟	2—3 天
3	雪山天池旅游线	波密县—嘎隆拉—52K—墨脱县城	嘎隆拉景区	3—5 天
4	中国第一徒步线	派镇—多雄拉—背崩村—墨脱县城	多雄拉生态旅游景区、汗密原始森林等	5—7 天
5	峡谷探奇旅游线	通麦—扎玉—多卡村—甘登乡—加热萨乡—帮辛乡—墨脱县城	雅鲁藏布雪山峡谷景区	5—7 天

区域协作旅游线路

藏地密码之旅	拉萨（布达拉宫、大昭寺、扎基寺、八廓街）—林芝（色季拉山、秀巴千年古堡）—墨脱（贡堆神山、仁钦崩寺、格当寺、甘登寺等）—山南（雍布拉康、桑耶寺）—羊卓雍措（西藏三大圣湖之一）—日喀则（扎什伦布寺、萨迦寺）
藏地江南之旅	波密（米堆冰川、易贡茶场）—墨脱（雅鲁藏布大峡谷、果果塘蛇形大转弯、雅鲁藏布江、布裙湖、格当高山草场）—林芝（八一镇、桃花沟、南迦巴瓦峰、鲁朗林海）—拉萨（藏北大草原、圣湖纳木错）
藏南风情之旅	拉萨（娘热民俗风情园）—日喀则（帕拉庄园、扎什伦布寺）—山南（囊色林庄园）—林芝（扎西岗村、格萨尔古堡）—米林（派镇）—墨脱（达木珞巴族聚居地、帮辛门巴族聚居地、门珞民俗文化街、雅鲁藏布大峡谷）—察隅
藏地探险之旅	墨脱（中国第一徒步旅游线、南迦巴瓦峰、雅鲁藏布大峡谷）—林芝（米拉山口、排龙天险、中流砥柱）
国道 318 自驾之旅	成都—雅安（147 公里）—泸定（168 公里）—康定（49 公里）—新都桥（75 公里）—雅江（74 公里）—理塘（143 公里）—巴塘（165 公 里）—竹巴龙（36 公里）—芒康（71 公里）—左贡（158 公里）—邦达（107 公里）—八宿（94 公里）—然乌（90 公里）—波密（129 公里）—通麦 （89 公里）—林芝（146 公里）—工布江达（127 公里）—墨竹工卡（206 公里）—拉萨（68 公里）—堆龙德庆（12 公里）—曲水 （31 公里）—尼木（76 公里）—日喀则（159 公里）—拉孜（157 公里）—定日（91 公里）—聂拉木（217 公里）—友谊关（45 公里）
国道 219 自驾边境之旅	新疆段—西藏段（叶城—日土—噶尔—仲巴—萨嘎—吉隆—定日—定结—岗巴—康马—羊卓雍措—洛扎—措美—隆子—朗县—米林—墨脱—察隅）—云南段（丙中洛镇）—广西段

五、旅游商品开发经营

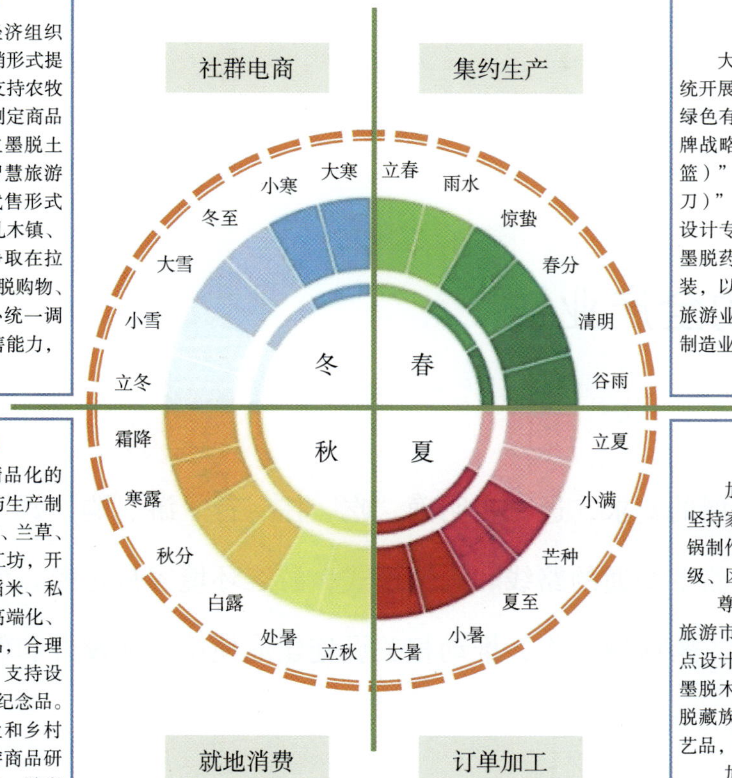

1. 实施墨脱商品地理标志战略

大力推动制定墨脱地理标志产品保护战略，系统开展商标注册和知识产权保护、原产地标志认定、绿色有机农产品认证等工作，加快实施旅游商品名牌战略，对“墨脱石锅和石锅鸡”“墨脱邦穹（藤篮）”“墨脱休斯贡（竹筒）”“墨脱有几（小弯刀）”“墨脱鸡爪谷酒”等进行品牌商标、制作技艺、设计专利保护，对墨脱香蕉、墨脱茶、墨脱柠檬、墨脱药材及加工产品等进行原产地认定和高端化包装，以稀缺性绿色食品、手工艺品为突破口，加快旅游业与生态农林业、特色农产品加工业、手工艺制造业的融合发展和相互促进。

2. 提高旅游商品设计销售附加值

加大对墨脱传统手工艺技能的保护传承力度，坚持家庭作坊式制作方式，支持墨脱藤编、门巴石锅制作技艺、珞巴织布技艺等手工艺技能申报国家级、区级非物质文化遗产。

尊重并保护手工艺制品的传统设计形式，结合旅游市场需求，在形制、图形等方面适度创新，重点设计生产便于携带的墨脱皂石器皿，小规模恢复墨脱木碗制作，设计门巴特色小型木雕工艺品、墨脱藏族民间工艺品，妥善开发民族服饰品等传统工艺品，丰富藤竹生活用品的图形设计等。

加强游客的购物体验，支持家庭手工业者现场展示手工艺品制作过程，鼓励游客分享劳作技巧。

3. 建立旅游商品研发生产基地

重点围绕墨脱特色农业，研发特色精品化的农产品、初加工商品，鼓励扶持农牧民参与生产制作，如热带水果干、墨脱食用菌、墨脱茶砖、兰草、香料等。结合农业旅游要求建设小型农庄工坊，开发订单式土特产品系列，如会员制墨脱稻米、私人庄园茶等，推进墨脱定制旅游产品实现高端化、精品化。禁止利用珍稀物种制作旅游商品，合理控制野生药材、兰草等商品的生产规模，支持设计开发采用墨脱常规物种制作的植物标本纪念品。适时成立墨脱旅游商品信息库，扶持企业和乡村集体组织成立以农牧民家庭为单元的旅游商品研发生产基地，定期筛选一批具有突出特色、游客需求明显的旅游商品进行重点扶持。

4. 探索旅游商品包销直销模式

支持旅游企业与农牧民、乡村集体经济组织进行订单制合作，积极探索、采用统购包销形式提高手工商品和农业初加工品的销售能力。支持农牧民在原住地进行旅游商品就地销售，合理制定商品指导价格，协助督导销售行为。适时建立墨脱土特产和旅游商品直销代售网点。在墨脱智慧旅游平台设立农牧民旅游商品服务中心，以代售形式建立生产者与游客之间的直销渠道。波密扎木镇、林芝八一镇成立墨脱旅游商品直销店，争取在拉萨、深圳、上海等地成立直销窗口，建立墨脱购物、餐饮、文化体验终端。墨脱旅游服务中心统一调控，减少中间环节，提高墨脱土特产品销售能力，提高墨脱旅游影响力。

第八章
墨脱县旅游发展的全产业链

以旅游产业全要素发展的要求，进一步明确“吃、住、行、游、购、娱”等旅游要素发展的合理布局，特别是墨脱区域内旅游交通的路线和运营模式，游客环境容量把控，保护优先适度发展的联动机制，智慧旅游框架搭建，跨区域合作，推动相关设施建成使用。从硬件和软件两方面考虑，形成完整的旅游服务配套体系。

1. 产业链构建理念
2. 产业链构建路径
3. 产业链运营模式
4. 产业链落地实施

一、产业链构建理念

突破传统旅游六要素，实现旅游要素和休闲度假功能的一体化打造，拓展新旅游六要素，让旅游十二要素均成为重要的旅游吸引物和旅游新业态。

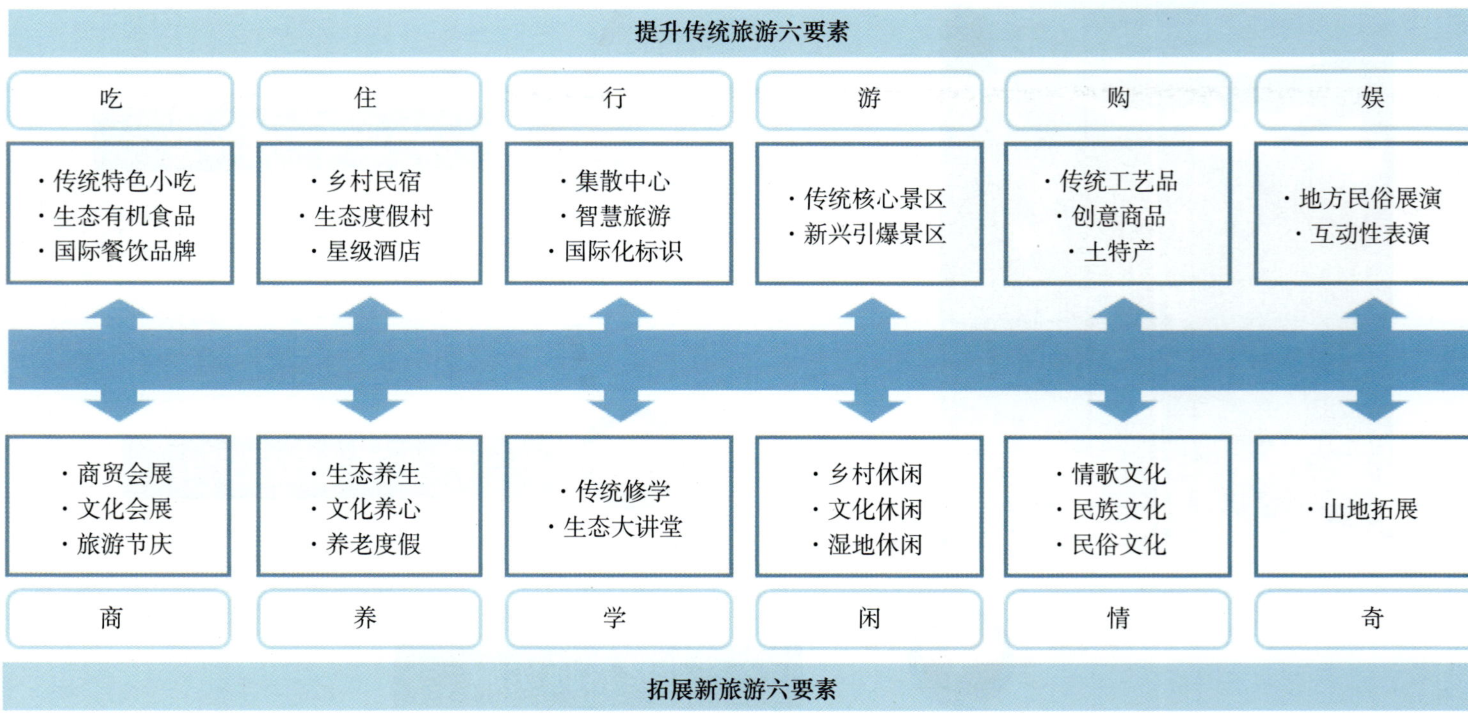

二、产业链构建路径

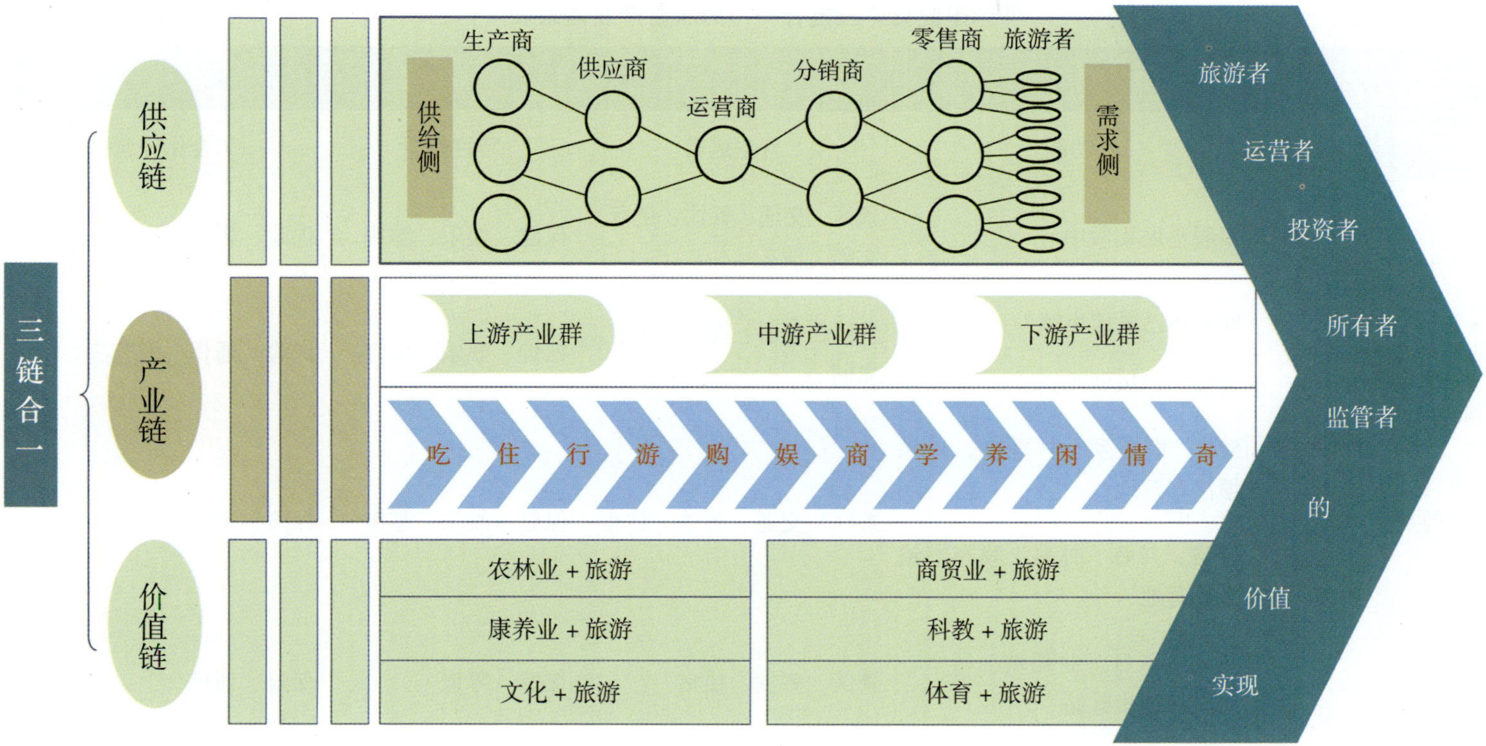

墨脱县构建旅游产业体系的“三链合一”逻辑架构

三、产业链运营模式

墨脱县“三链合一”的旅游产业体系表

<table>
<tr><th rowspan="2">空间结构</th><th colspan="2">功能布局</th><th colspan="3">产业体系</th></tr>
<tr><th>布局</th><th>功能</th><th>自主运营</th><th>特许经营</th><th>合作经营</th></tr>
<tr><td rowspan="3">一轴</td><td>一核</td><td>墨脱县城集散中心</td><td>景区、交通、餐饮、住宿、文创、演艺</td><td>保健、娱乐、零售</td><td>保险、咨询、通信、工艺</td></tr>
<tr><td rowspan="2">两极</td><td>80K 珞巴风情小镇</td><td rowspan="2">景区、交通、餐饮、住宿、文创</td><td rowspan="2">保健、娱乐、零售</td><td rowspan="2">保险、通信、农艺</td></tr>
<tr><td>背崩门巴风情小镇</td></tr>
<tr><td rowspan="2">四带</td><td rowspan="4">多点</td><td>52K、格当乡、甘登乡、果果塘汽车营地</td><td rowspan="2">景区、交通、餐饮、住宿</td><td rowspan="2">保健、娱乐、零售</td><td rowspan="2">保险、通信、农艺</td></tr>
<tr><td>拉格、乃登、林多、嘎布杰错帐篷营地</td></tr>
<tr><td rowspan="2">多线</td><td>汗密、米日、曲那塘、帮辛、加热萨徒步驿站</td><td>景区、餐饮、住宿</td><td>保健、零售</td><td>保险、通信</td></tr>
<tr><td>仁钦崩寺、地东古村落、格当高山草场、嘎隆拉天池接待点</td><td>餐饮、住宿</td><td>零售</td><td>保险、通信</td></tr>
</table>

四、产业链落地实施

墨脱县旅游产业体系分布图

第九章

墨脱县旅游发展的开发时序

根据各功能分区、产品体系和旅游线路的建设需要，设计重点项目的开发时序，确保开发项目有序建设，实现各阶段战略目标。

1
推进节奏
2
任务纲要
3
近期行动
4
实施保障

一、推进节奏

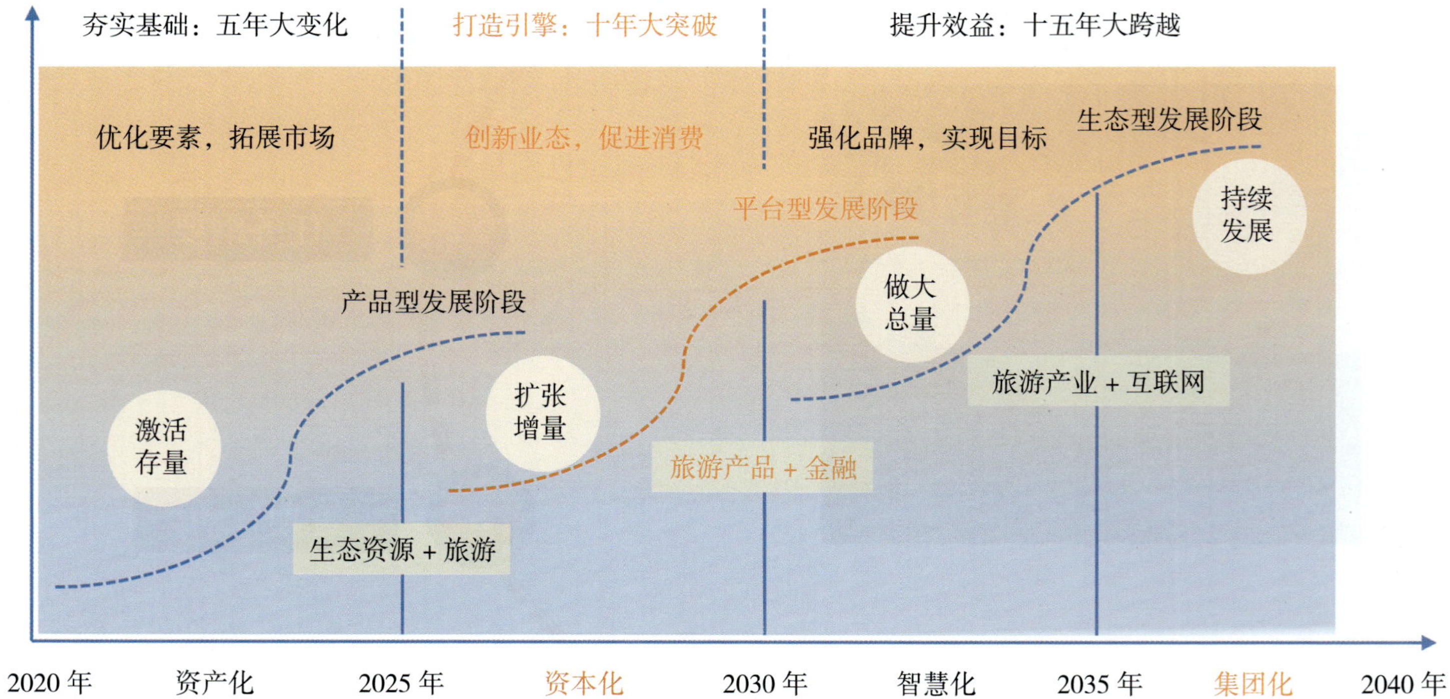

资产化、资本化、智慧化——跨越 S 曲线的三阶段

二、任务纲要

六大任务

- 1. 夯实基础
  - 三网先行：路网贯通、电网通达、电信网覆盖
- 2. 优化要素
  - 平台运营
    - 吃：墨脱餐饮业协会：星级饭店、主题酒店、特色餐厅、农家乐
    - 住：墨脱住宿业协会：星级饭店、经济型酒店、客栈、民宿
    - 行：喜路公司旅游交通运输部：旅游大巴车队、电动环保车队
    - 游：喜路公司景区运营部：导游中心、工程队、保洁队、安保队
    - 购：喜路公司旅游购物中心：集散中心购物店、景区购物店
    - 娱：喜路公司文化创意中心：门珞民族艺术团、景区演艺队
- 3. 创新业态
  - 服务经济：县城旅游集散中心、2 个风情小镇、8 个景区园区、17 条线路、营地、驿站
  - 夜经济：墨脱县城门珞风情街区、2 个风情小镇、营地、驿站、民宿
  - 文创经济：门珞民俗文创基地、传统手工艺园区、特色商品工作坊
  - 绿色经济：门珞民族特色农产品、可再生性强的食材药材基地
- 4. 拓展市场
  - 通道地市场：参与西藏自治区、林芝市的整合营销，成为西藏游和林芝游的核心节点
  - 目的地市场：开展主题性的精准营销，成为中国乃至世界徒步、康养、自驾的旅游目的地
- 5. 促进消费
  - 增加游客接待量：以从林芝机场、林芝和波密火车站抵达的团队游客为主，以自驾游客为辅
  - 挖掘游客消费量：以 4 个景区为引领，以 4 个园区为主体，以夜经济和绿色经济为增长极
- 6. 提升效益
  - 提高旅游总收入：依托智慧旅游平台，实行预约制，着力构建吃、住、行、游、购、娱的供给链
  - 严控运营总成本：加强运营团队建设，依托智慧旅游平台，增强智能移动终端的消费功能

三、近期行动

近期行动计划

时间	基础设施 三网，六个融合	公共服务 预约制导流系统	功能布局 六个业态集群	产品营造 三个产品系列	创新业态 五个特别行动
第一年	扎墨公路以及沿线、运营景区的电力保障，有线电信全覆盖	智慧旅游平台的线上导览服务系统	墨脱县城旅游集散中心的产品集群	仁钦崩文化景区 嘎隆拉雪山景区 墨脱疗养休闲度假区 自驾游线路	行摄墨脱 美食墨脱
第二年	县城、景区园区、风情小镇、营地、驿站、民宿具备手机移动支付能力	景区、园区、游线的线下导览标识系统	80K和背崩的旅游风情小镇产品集群	雪山峡谷丛林景区 背崩高山茶场度假区 墨脱石锅旅游产业园 徒步游线路	民俗墨脱 礼遇墨脱
第三年	派墨公路通车，着力解决产业融合、物流瓶颈、商贸短板和度假承载力等问题	墨脱县城旅游集散中心和智慧旅游平台	汽车营地、帐篷营地和徒步驿站的旅游产品	多雄拉生态景区 格当高山疗养度假区 骑行游线路 定制游线路	乐活墨脱

四、实施保障

1. 坚持市场经济，实施政府统筹

准确把握旅游市场的发展方向与发展趋势，全面深化改革，充分发挥市场在资源配置中的决定作用，积极转变政府职能，加强政策研究和规划引导，完善相关支持举措，推进全域旅游跨越式发展。

2. 坚持资源整合，实施产业联动

按照墨脱县旅游资源的赋存特色，对旅游资源进行优化整合，构建城旅融合、文旅融合、农旅融合、商旅融合的产业联动机制，实现共谋、共建和共享的创新发展。

3. 坚持重点突破，实施全面提升

加快建设重点区域、重点线路和重点项目，把控重点市场和重点政策的重要方面与关键环节，优化旅游产业结构，全面提升战略决策力、管理执行力、资源整合力、市场竞争力和经济收益力。

4. 坚持以人为本，实施绿色崛起

坚持“创新、协调、绿色、开放、共享”的发展理念，构建绿色旅游产业体系，走生态文明发展的可持续发展道路。坚持把人才作为旅游创新发展的根本，组建素质优良、结构合理的旅游经营管理队伍，实现高速度、高品质、高收益的人才引领型发展战略目标。

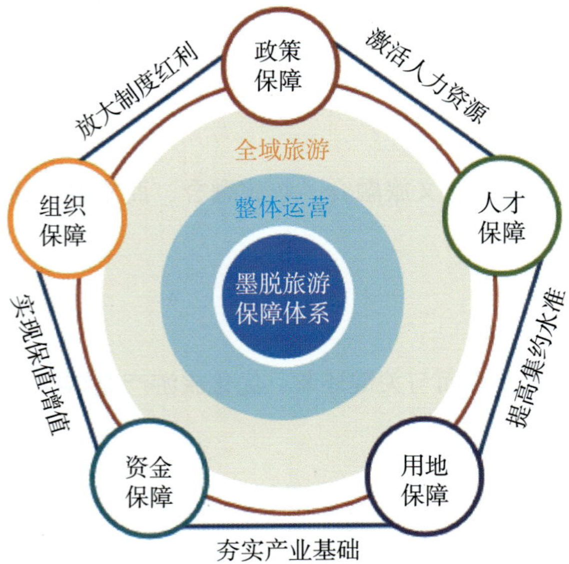

保障体系

1. 人力资源保障

（1）贯彻《国务院办公厅关于发展众创空间推进大众创新创业的指导意见》的精神，构建新型创新创业服务平台。

（2）建立开放机制，柔性引进知名专家、教授，成立墨脱发展智库。

（3）加强与对口援建单位建立战略联盟，合作培养一批在地化旅游管理、旅游服务、旅游运营人才。

（4）为特殊贡献者出台具体的奖励政策和扶持政策。

2. 财政支持保障

（1）设立旅游基础设施建设的专项基金，主要用于旅游区内的环境整治和维护、基础设施和公共服务平台建设等公共设施工程。

（2）充分利用上级政府旅游项目投资和运营的税收减免政策。

（3）推行当地居民参与旅游发展财税优惠激励政策，通过财税优惠的激励政策引导农牧民从事符合规划和相关法律法规的旅游经营活动。

（4）对因自然灾害等原因造成的旅游企业和注册旅游经营户损失，推行旅游发展风险的财政补贴政策。

（5）针对旅游企业和注册旅游经营户，推行奖励性税收优惠政策。

3. 旅游用地保障

（1）在林芝市土地利用规划的指导下，多规合一，形成以旅游土地利用规划为龙头的专项土地利用规划。

（2）适度放宽和灵活规范自驾车营地、季节性旅游接待设施的供给。

（3）严格控制居民用地的新建或扩建，鼓励分散居住的居民搬迁，采取集中发展的方式，发挥规模效益。

（4）明确各种土地的权属关系，制定居民土地流转的使用权的收益或补偿机制，严格执行土地法和规划法。

第十章

墨脱县旅游发展的节点项目

完善和提升墨脱生态旅游重要节点项目的落地建成，包括但不限于 K52 游客服务中心、K62 喜荣沟、K80 自驾营地、K113 林多大拐弯、仁钦崩寺、藤网桥、果果塘大拐弯、背崩自驾营地以及其他政府所有及政府控制的景点或配套设施，以对近期旅游业的发展尽快形成良性支撑。

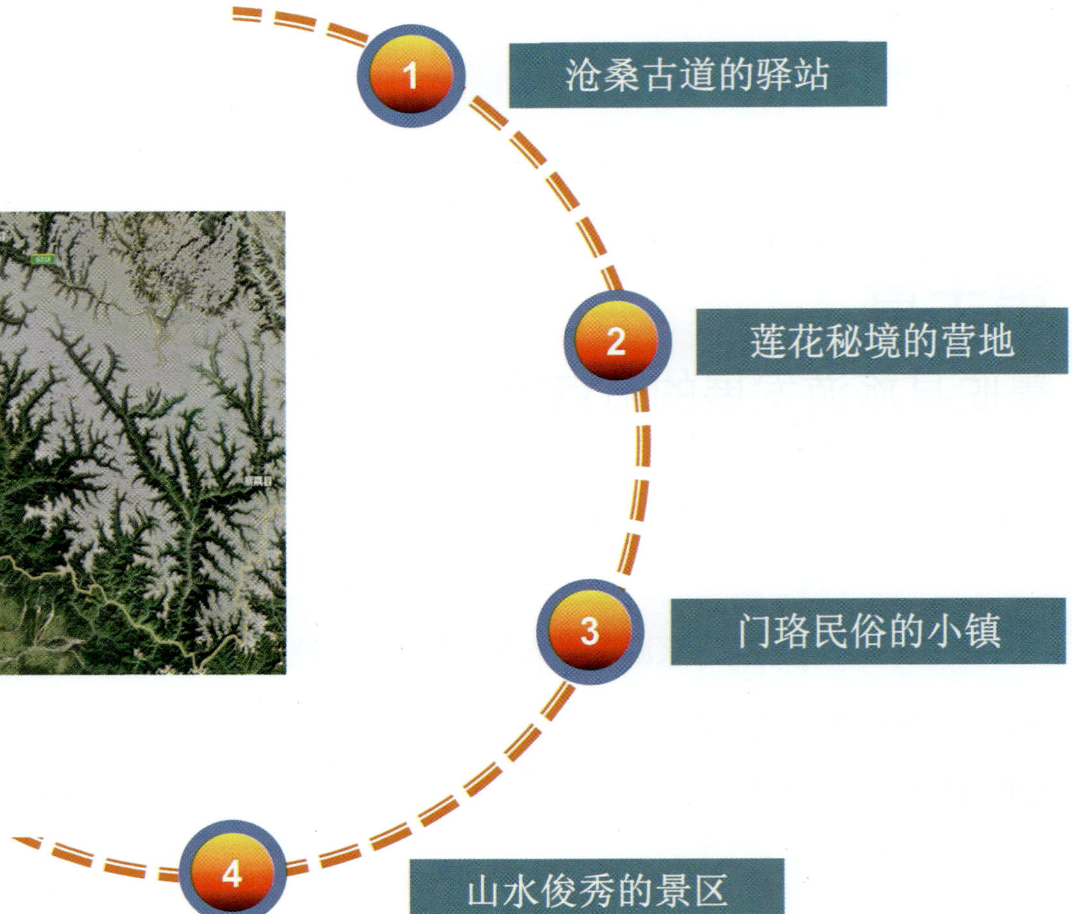
1
沧桑古道的驿站
2
莲花秘境的营地
3
门珞民俗的小镇
4
山水俊秀的景区

一、沧桑古道的驿站

墨脱县位于喜马拉雅山脉南坡，东部与察隅县接壤，南部以喜马拉雅山脉山麓线为界与印度毗邻，西部、北部与米林县、巴宜区和波密县相邻，中间被喜马拉雅山脉阻断。它是全国最后一个通公路的县，历来被称为“莲花秘境”。

截至 2020 年，墨脱县所辖范围，包括 8 个乡镇，即墨脱镇、甘登乡、加热萨乡、达木珞巴民族乡、帮辛乡、格当乡、德兴乡、背崩乡，共 45 个行政村。地理坐标为东经 93°46′—96°05′，北纬 27°34′—29°56′，总面积约为 3.4 万平方公里。

在公路没有贯通之前，从西藏境内进入墨脱县城的路为 6 条蜿蜒于山坳谷底的沧桑古道，其中 3 条为穿行于雅江峡谷中崎岖险峻的骡马古道，还有 3 条为游走于雪峰密林中险象环生的背夫古道，如今，这些古道已成为科学考察和徒步探险的著名线路。

雅江峡谷的骡马古道

第一条线路：从米林县派镇出发，沿雅鲁藏布大峡谷入口处顺江而下，经大渡卡、格嘎到加拉，再继续往下走便是无人区。到白马狗熊后翻越西兴拉山口，沿一条支沟直下，抵达位于雅鲁藏布江大拐弯旁的鲁古村，过溜索至东岸的甘登乡，再顺江而下，经加热萨乡、帮辛乡、达木珞巴民族乡后，前往墨脱县城。这条线路最危险，徒步大约需要 15 天。

第二条线路：从川藏线上的巴宜区排龙乡出发，沿帕隆藏布下游河谷下行，经过 3 天行程可抵达雅鲁藏布大峡谷顶端的扎曲村，再沿雅鲁藏布江而下，到大拐弯下方的巴玉村，然后往前走一段翻越各布拉山口至鲁古村，过溜索至东岸的甘登乡，与第一条线路汇合，前往墨脱县城。这条线路也很难走，徒步大约需要 12 天。

第三条线路：从波密县古乡出发，过帕隆藏布后，经过一个湖，再翻越随拉山口，继续向西南下行，穿过一条长长的“天梯”，直达雅鲁藏布江边的加热萨乡，与前两条线路汇合，前往墨脱县城。这条线路，徒步大约需要 6 天。

雪山览胜徒步线

加热萨驿站

帮辛驿站

＋ 乃登帐篷营地

丛林探险徒步线

雪峰密林的背夫古道

墨脱的“前门”。从米林县派镇出发，经过松林口，翻越多雄拉山口，再沿拉格、汗密、阿尼吊桥、工布拉山间悬空栈道、老虎嘴、“一线天”、阿尼铁索桥、解放大桥、背崩，进入墨脱县城。多雄拉山在每年的 7 月中旬开山，10 月中旬封山，一年之中只有 3 个月可以通行。这条背夫古道被称为墨脱的“前门”，徒步大约需要 4 天。

墨脱的“中门”。从波密县扎木镇出发，乘车至嘎隆寺，24K 是过去乘车进入墨脱境内的终点，在尚未修筑扎墨公路以前，要翻越嘎隆拉山口，沿嘎隆拉南坡河流下行到卡布村，穿越地质结构复杂的嘎隆曲和金珠曲河谷，沿途山高沟深，年降雨量 2500 毫米，热带雨林里蚂蟥活动猖狂，泥石流、山洪滑坡、雪崩等自然灾害特别严重。嘎隆拉隧道修通之后，可以乘车进入墨脱境内，经过 52K、80K、100K、113K，沿扎墨公路前往墨脱县城。过去，背夫走这条古道要翻雪山、过冰川、涉沼泽、穿密林，徒步大约需要 4 天。

墨脱的“后门”。从波密县达兴村出发，过帕隆藏布后，沿着达兴河上溯到源头，再翻越金珠拉山口，从南坡下山到提琴牧场，沿金珠曲下行，经过兴开村和布龙村，抵达格当乡，然后经过达木珞巴民族乡，再前往墨脱县城。1950 年以前，这条全长 150 公里的背夫线路是前往墨脱县城的重要通道，徒步大约需要 5 天。

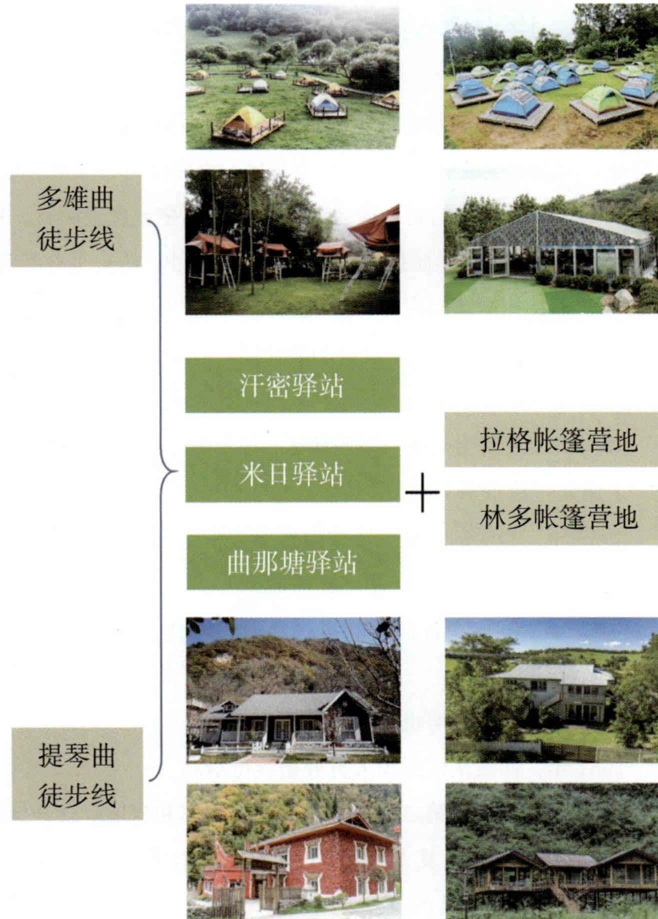

二、莲花秘境的营地

墨脱县所在的藏东南雅鲁藏布大峡谷的珞渝（在藏语中意为“南方之地”）地区，地势北高南低，逐级下降，接近平原地区，海拔仅为 300 米。海拔 7782 米的南迦巴瓦峰，高耸入云，终年白雪皑皑，蔚为壮观。加拉白垒、念金岗日、错嘎日等一座座充满奇异神话色彩的山峰，给墨脱披上了一层神秘的面纱，历史上称其为“雪域孤岛”。

从波密县扎木镇向南行，沿嘎隆拉北曲直上，到达嘎隆拉山口。嘎隆拉雪山被当地人称为“神山”，这是到墨脱县的必经路之一，每年 11 月至来年 4 月，大雪封山，墨脱当地人出行极其不便。

1881 年，波密土王统一珞渝地区，在今墨脱县背崩乡地东村（地东在藏语中意为“宝藏”）建立“地东宗”。

1933 年，当时的西藏地方政府剿灭波密土王，将宗政府由地东村迁往墨脱村（墨脱在藏语中意为“鲜花”），更名“墨脱宗”。

1952 年，解放军首次进驻墨脱县做珞巴族、门巴族、藏族群众的启蒙工作。1957 年撤回米林县。

1959 年，中央政府批准成立墨脱县。

1961 年，西藏军区组织人员开始线位踏勘。

1962 年，解放军第二次进驻墨脱县，驻军和当地群众开始修建骡马道。经过多年的努力，在雅鲁藏布江及其支流上架设了多座钢索吊桥，并在途中设立多个季节性的兵站，显著缩短了进入墨脱县的行程。

1963年，国家决定在墨脱县背崩乡的雅鲁藏布江上架设钢索大桥。1964年国庆节，“解放大桥”建成。

1973年，墨脱县委县政府从马尼翁迁到墨脱村。

1975—1981年，墨脱公路开始修建，中途因故停建。

1987年，国家再次批准墨脱公路的修建，西藏自治区选定从扎木镇到墨脱镇的路线，长141.7公里。

1989年，墨脱公路第四次开工修建，利用10年前的路基开山劈石，好不容易修通，一场暴雨又使公路垮塌得面目全非。

1993年，初具公路雏形的“毛路”打通至墨脱县城。

1995—1996年，西藏自治区人民政府拨款2000万元，修整墨脱公路损毁段，恢复约27公里路段。实现分季、分段通车的目标。

2000年，易贡湖溃决，墨脱境内大部分的简易公路、桥梁、骡马驿道、溜索遭到毁灭性破坏。

2002年开始，国家对墨脱公路线位进行全面前期勘查。

2007年，国家对嘎隆拉隧道、地质灾害治理、环境保护等课题开展系列研究。

2008年，国务院批准重建墨脱公路。路线起于波密县扎木镇318国道川藏公路与老扎墨公路的交汇点，先后跨越波堆藏布、金珠曲、西莫河等6条江河，经嘎隆寺，以隧道穿越嘎隆拉山，经米日村和玛迪村到达墨脱县城，路线全长117.278公里，其中嘎隆拉山实施3315米隧道新建方案，与原翻山路段相比，缩短里程约24公里，有效避免雪崩等自然灾害对交通的影响，新建桥梁29座、涵洞227道。建设工期36个月，国家全额投资9.5亿元。

2009年4月20日，墨脱公路第五次开工建设。

2010 年 12 月 15 日，墨脱公路打通了最重要的控制性工程——嘎隆拉隧道，创下了 7 个世界之最。与原翻山路段相比，嘎隆拉隧道不仅缩短里程约 24 公里，还有效避免了雪崩等灾害影响，将原来年通车时间由三四个月提高到八九个月。嘎隆拉隧道的贯通标志着我国最后一个不通公路的县——墨脱县结束了不通公路的历史。

2013 年 10 月 31 日，墨脱公路通车仪式顺利举行，墨脱县正式摆脱“全国唯一不通公路县”的历史，世代墨脱人期盼的“快捷平安走出大山”的梦想终于实现。

由于监测站点长期缺失，这一地区的水文、气象、地震监测资料几乎是空白。扎墨公路沿线降水量之大、峡谷之深、横坡之陡、河水对边坡冲刷之强烈、板块构造活动之频繁和断裂之多、坡体之松散饱和、边坡稳定程度之低、敏感程度之高、地质灾害之多，不仅是国内之最，也是世界之最。就目前，当地还有许多自然规律没有被认识。

2015 年，进入墨脱的第二条公路——派墨公路开始修建，于 2021 年 5 月通车，这条路最大的难点就在于穿越多雄拉山。随着派墨公路与扎墨公路形成一道环线，雅鲁藏布大峡谷区域将形成一条世界级的旅游环线。

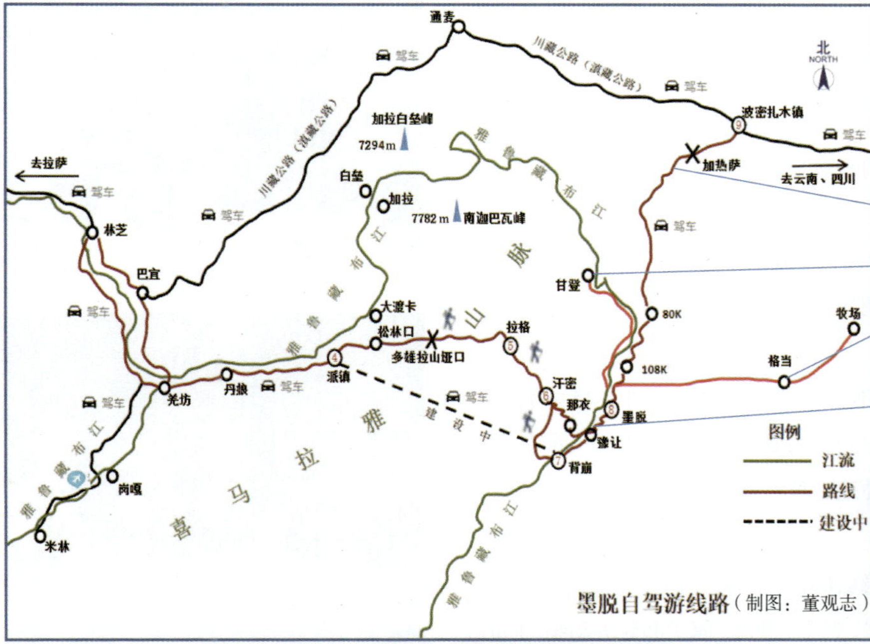

墨脱自驾游线路（制图：董观志）

世界自驾的终极胜地

52K 汽车营地	+	扎墨公路自驾游线
甘登乡汽车营地	+	雅江峡谷自驾游线
格当乡汽车营地	+	金珠曲自驾游线
果果塘汽车营地	+	派镇—背崩自驾游线

三、门珞民俗的小镇

高山雪峰拥抱，密林峡谷阻隔，素有“雪域孤岛”的墨脱县，是一个让无数人魂牵梦绕的神秘之地。墨脱县云谲波诡，风光万千，不仅有独特性的自然环境和多样性的生物资源，还有地处高山峡谷的珞巴人和门巴人。

世代封闭，让珞巴族和门巴族的社会形态呈现出原始社会与奴隶社会交替时期的许多特征。他们信奉万物有灵，多以氏族血亲关系而聚集，居住的碉堡式竹木楼掩映在绿树和香蕉林中。喜欢用自制的石锅烧饭做菜，以鸡爪谷和玉米为主食。

珞巴族和门巴族还保留着母系氏族外婚制的习俗。不管男孩还是女孩，到了 15 岁就可以交往异性朋友。这里还有传统的试婚制，就是青年从求婚到结婚要经过几个月甚至几年的试婚阶段。试婚期间，男方可住女方家，帮助女方父母砍柴种地、狩猎捕鱼，翻山越岭背运物资，这是男方对女方因为嫁女造成损失的一种劳动补偿。

珞巴人和门巴人都崇拜自然，认为高山峻岭是乌佑隐居的处所，对神山十分虔诚。进山狩猎前后要进行 7 次祭献，有图腾崇拜，严禁伤害山中的老虎、野牛、老鹰、鸽子和蛇等动物。同时，禁止到有藤本植物生长的地方，禁止吃藤本类和辛辣的食物。

珞巴族物候历的十一月一日过第一个新年，十二月一日过视为大年的第二个新年，元月一日过第三个新年。门巴族通用藏历，一年过三个新年。藏历十二月、二月为小年，休息 5 天；正月为大年，休息 10 天，身着盛装，共享佳肴，欢度佳节。

（一）墨脱县门巴族和珞巴族的文化矩阵

门巴族和珞巴族的文化简介

民族		门巴族		珞巴族	
文化层面		传统文化	现代文化	传统文化	现代文化
物质文化	生产方式与工具	因地域差异，生产方式有精细锄耕和刀耕火种，有畜牧业和部分手工业。工具为大量的木质工具和部分铁质工具	随着民族政策和兴边富民行动的实施，生产条件和社会经济得到快速改善和发展	生产方式主要是以采集、狩猎和刀耕火种为主的原始农业，直到20世纪50年代，生产工具还是以木质为主	随着民族政策和兴边富民行动的实施，生产条件和社会经济得到快速改善
	生活方式与用具	传统生活方式繁忙而单调，内部活动主要是农业生产和狩猎，还要给宗本和措本支差干活；外活主要是外出交换物品和翻山背运物资。男性擅长竹编和藤编，以“帮穷”享有盛名。女性主要进行棉花脱粒、纺线和织布等活动。手工业品有竹藤器、石器、金属器和手工造纸等，木碗深受藏区群众喜爱	饮食观念、饮食结构和饮食习惯日益丰富，炊具、餐具和饮具变化大，不仅有古老石锅、铝锅、酥油桶、木碗等器皿，还有高压锅、电饭煲、燃气灶、玻璃制品、不锈钢炊具和餐具	传统的居室陈设及日用物品极为简单，长期缺少卧具和家具，夜晚全家人围绕三角灶石头垒搭的火塘和衣席地而眠	如今有床和被褥等卧具，有铁制或垒搭带烟道的火灶甚至液化气灶具，有箱柜桌椅等家具以及家用电器。日常生活随处可见传统与现代的混合交融
	居住建筑	大都是低矮狭窄、室内陈设简陋的碉房式石楼，干栏式木屋	新盖房屋保持着民居传统风格，高大美观，室内宽敞明亮，经久耐用的白铁皮或蓝铁皮取代了木板瓦	供氏族家庭和家长制家庭居住的长屋，一般长屋内居住着同一家族的若干小家庭，每一家庭占一居室，自立火塘。有的部落是类似“风篱”的古老地居式住宅	社会产生深刻变化，家长制家庭已经解体，长屋不复存在。每一家庭均为宽敞明亮房屋
	服饰	女性穿土布缝制的白色内衣，外罩红色或黑色氆氇外套，围白色氆氇裙，戴红黑相间“巴尔霞”缺边小帽。男性喜穿白色内衣，外罩用羊毛纺织称为“白”的长外套。长外套以红色为主，系红氆氇腰带	服饰保持浓郁的民族特色，但是质地、款式和种类更加丰富。汉族和藏族服饰影响不断扩大	女性穿野生植物纤维织成的土布缝制的上衣和筒裙，佩戴项饰、腰饰和腕饰，饰物多用海贝、兽骨、兽牙或玉石等磨制或用细藤蔑编制而成。男性上身内穿自制的野牛皮、山羊皮或藏式氆氇长袍，外罩山羊毛纺织的黑色套头大坎肩，戴熊皮盔帽	服饰保持浓郁的民族特色，但是质地、款式和种类更加丰富。汉族和藏族服饰影响不断扩大

续表

民族		门巴族		珞巴族	
文化层面		传统文化	现代文化	传统文化	现代文化
非物质文化	社会结构	传统社会结构是封建农奴制与原始村社组织结合形成的一种复合社会形态。门巴族外部三大领主占有主要生产资料和掌握民众的部分人身自由；门巴族内部地缘组织的村社取代了血缘组织的氏族，生产资料公有制与普遍存在的个体家庭私有制并存	1951 年西藏和平解放和 1959 年民主改革，废除了封建领主所有制，村社和家族结构被人民政权机构和新型社会组织所取代，西藏走上了现代社会的发展道路	传统社会结构是以父系家长制家庭为基本单位的氏族部落社会。在氏族生活的区域内，所有山林、土地归氏族所有。家庭中以男性家长为中心，家族承袭以父系延续，实行父子连名制。许多部落传说父系祖先是阿巴达尼。传统社会虽有血统等级而无阶级对抗	1951 年西藏和平解放和 1959 年民主改革，氏族和部落结构被人民政权机构和新型社会组织所取代，原来标识社会地位的血统等级退出了历史舞台
	婚姻制度	婚恋比较自由，父系血亲与母系姨表亲戚之间的婚姻严格禁止，姑舅表婚享有优先权	姑舅表可优先婚配、交换婚和服役婚现象已经消失，实现了婚恋自由，婚礼日趋简化	实行部落内婚氏族外婚，在婚姻缔结上是买卖婚，男性根据财力可以娶多妻，彩礼的多少主要看女方的血统和家庭的贫富	已经冲破部落内婚和血统等级内婚，只要男女相爱，各民族都可以通婚
	家庭关系	家庭中男女地位比较平等	男女地位平等，已经形成自由、平等、和谐的新型婚姻家庭关系	男性在家庭和家族中拥有绝对权威，女性地位低下	以男性为中心的氏族社会和家长制家庭已经解体。男女地位平等，父子连名基本消失，多为汉名和藏名

续表

民族		门巴族		珞巴族	
文化层面		传统文化	现代文化	传统文化	现代文化
非物质文化	宗教信仰	原始宗教信仰、本教信仰和藏传佛教信仰的互融共生、交融共存，是门巴族宗教信仰的显著特征	人们的宗教信仰得到切实尊重和保护，崇尚科学和推崇理性蔚然成风。年轻人视野开阔、思想活跃、宗教观念逐渐淡薄	信仰原始宗教，万物有灵观念是信仰基础，及至生老病死、凶吉祸福、庄稼丰歉都由精灵“乌佑”主宰。原始宗教有丰富的内容和多种崇拜形式，有繁多的祭祀仪式，对社会生活影响深刻	人们的宗教信仰得到切实尊重和保护，随着交通改善和对外交往，崇尚科学和推崇理性蔚然成风
	民间文艺	文学艺术主要门类有神话、传说、故事和诗歌。在民间诗歌创作中，有特色浓郁的《萨玛酒歌》，有叙事长诗《太波嘎列》，还有民间戏剧门巴戏	交通、教育、影视、通信等对外联系扩大，深受外来文学和艺术的影响	民间文学有神话、传说、诗歌、故事、史诗、谚语和谜语等类别。神话是主要形式，大致有创世神话、图腾神话、祖先神话和文化起源神话等，其中创世神话和祖先神话的数量多、影响大、特色浓，流传最广的是父系祖先神话《阿巴达尼》。史诗主要有反映母系氏族社会生活的《斯金金巴巴娜达萌》，反映狩猎和祭祀的英雄史诗《金岗岗日》	交通、教育、影视、通信等对外联系扩大，深受外来文学和艺术的影响
	实践知识	因复合社会形态而呈现出从原始社会到封建社会的“过渡型”文化特征，传统文化表现出物质文化形式简单而精神文化内涵丰富的总体特征	随着交通改善、对外交往和教育普及，传统实践知识快速融入现代实践知识	曾长期滞留在原始社会，原始的生产方式和社会关系结构使珞巴族传统文化具有原始文化的鲜明特征	随着交通改善、对外交往和教育普及，传统实践知识快速融入现代实践知识

（资料来源：董观志教授根据陈立明《门巴族珞巴族的传统文化及其在新时期的变化》、刘佳和过伟敏《门巴族珞巴族传统文化研究综述》、罗洪忠《莲花圣地：世界第一大峡谷人文风情解读》的相关内容整理。）

（二）背崩门巴族文化风情小镇和 80K 珞巴族文化风情小镇

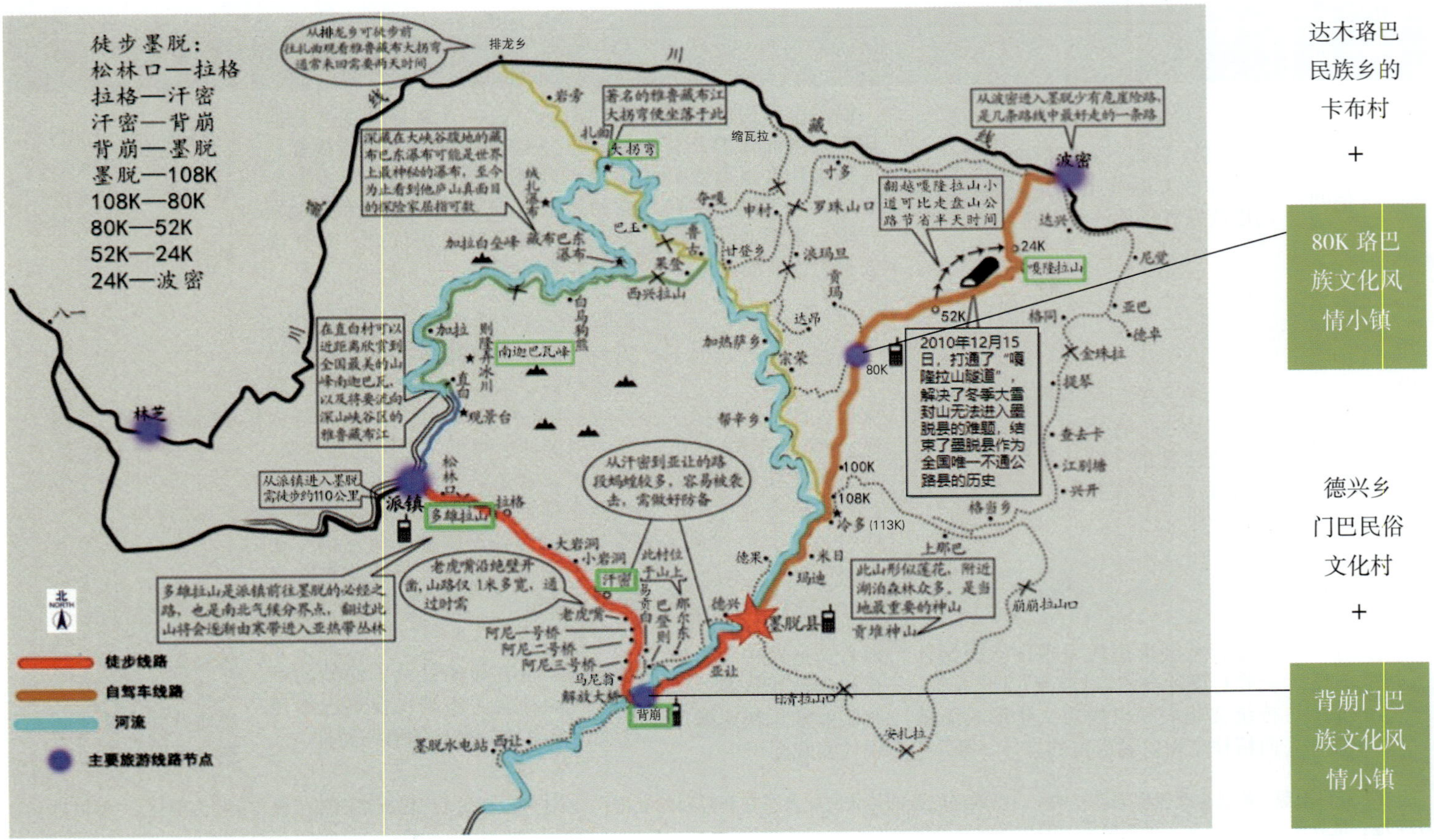

80K 珞巴族文化风情小镇　　+　　达木珞巴民族乡的卡布村

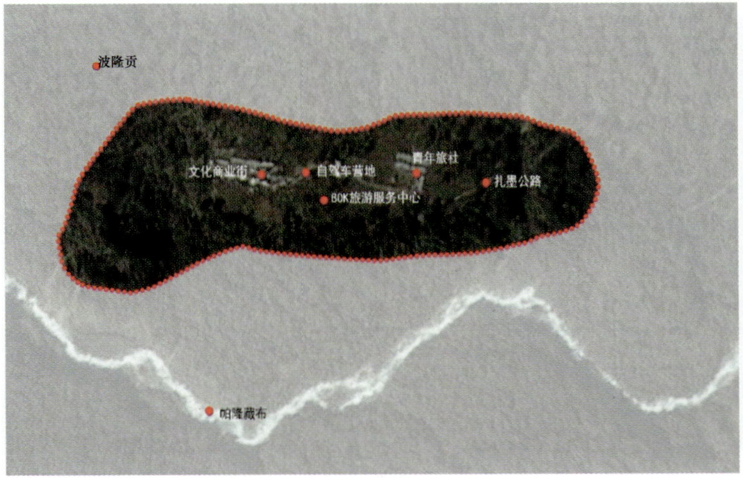

功能性的珞巴族文化风情小镇

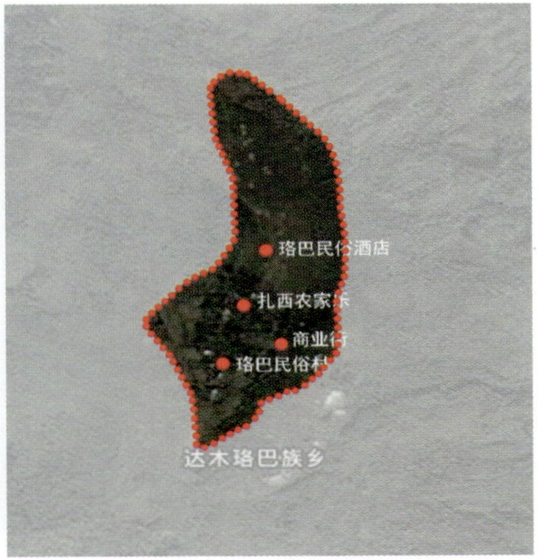

原真性的珞巴族文化村

意象文化建筑

传统文化民居

背崩门巴族文化风情小镇 ＋ 德兴乡门巴民俗文化村

功能性的门巴族文化风情小镇

原真性的门巴族文化村

意象文化建筑

传统文化民居

四、山水俊秀的景区

墨脱景区类型简介

业态类型	产品名称	地理区位	主题内容
科学考察景区	冰川天池	达木珞巴民族乡的嘎隆拉山	雪线、冰舌、水位、水质等环境变化
	雪山峡谷	加热萨乡的西兴拉山、果布拉山、雅鲁藏布江	雪线、冰舌、水位、水质、流量、植被、动物、地质灾害等环境变化
	前门高悬	德兴乡的多雄拉山	气候、植被、动物、地质灾害等环境变化
研学体验景区	佛之净土	墨脱镇的仁钦崩寺、贡雄山	藏传佛教的宁玛派文化
	珞巴风情	达木珞巴民族乡	珞巴族民俗文化风情
	石锅之乡	帮辛乡南迦巴瓦峰、西登村	墨脱石锅旅游产业园
康养度假景区	秘境之城	墨脱县城	中国最精致的魅力山城
	天禅茶韵	背崩乡的布裙湖、德阳沟	高山茶场的疗养休闲度假地
	诗画天籁	格当乡的高山草场	高山草场的疗养休闲度假地

科学考察景区

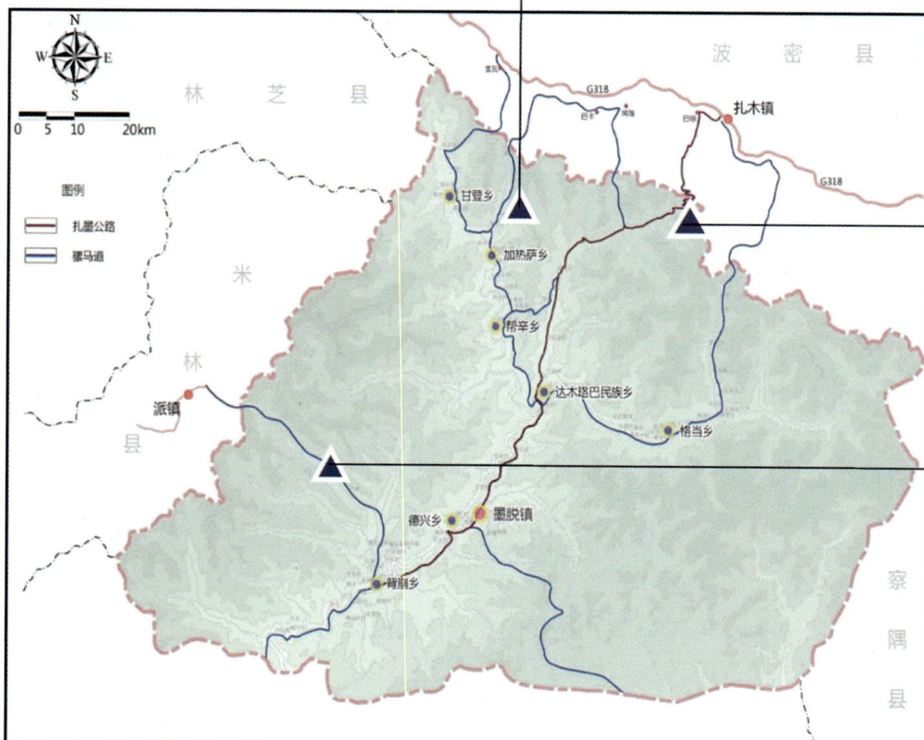

雪山峡谷

冰川天池

前门高悬

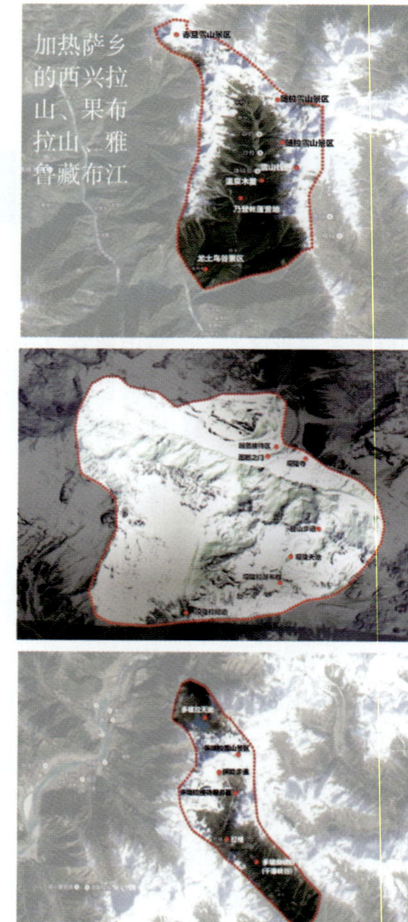

研学体验景区

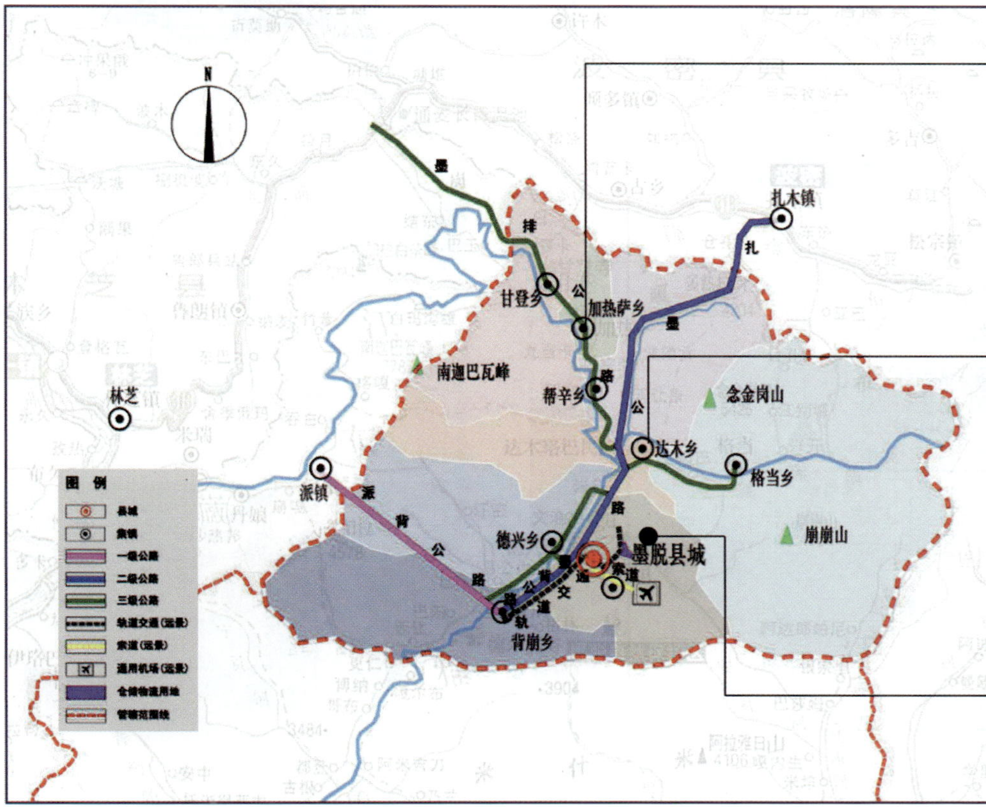

石锅之乡

珞巴风情

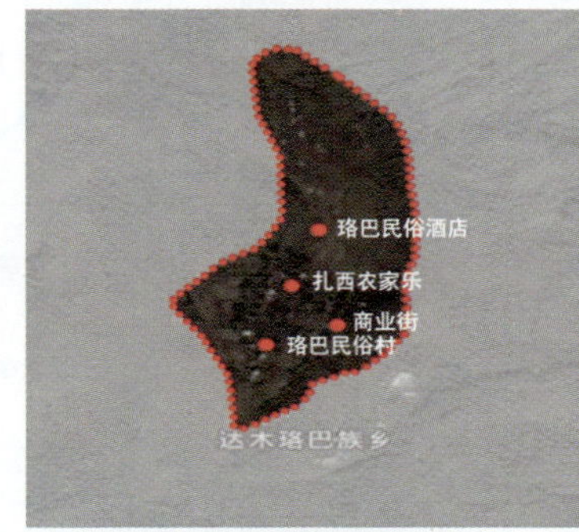

佛之净土

康养度假景区

波密县
扎木镇
墨脱镇
甘登乡 村庄数 1 户数（户） 67
加热萨乡 村庄数 5 户数（户） 136
帮辛乡 村庄数 6 户数（户） 239
达木珞巴民族乡 村庄数 4 户数（户） 286
格当乡 村庄数 6 户数（户） 142
德兴乡 村庄数 7 户数（户） 295
墨脱镇 村庄数 7 户数（户） 458
背崩乡 村庄数 9 户数（户） 424
诗画天籁
秘境之城
天禅茶韵
高山疗养基地
帐篷营地
河谷游览步道
4S农场
赛马场
农家风味餐饮区
放养场

第十一章 墨脱县旅游发展的人力资源

明确墨脱县旅游业发展的人力资源战略，编制旅游业发展的人力资源总体规划，确定旅游业整体运营的组织架构与管理体系，提出旅游人力资源的培训模式与开发策略。根据墨脱县旅游业发展不同阶段的经营管理任务，有针对性地提出人力资源的解决方案，从而保障墨脱县旅游业高质量地实现跨越式发展。

1. 人力资源发展战略
2. 人力资源组织架构
3. 人力资源规划与管理
4. 人力资源培训与开发

一、人力资源发展战略

- 人力资源发展战略
  - 保障运营
    - 发展模式：生态 + 文化 + 旅游 + 互联网
    - 运营策略：品牌优势 + 产业集群 + 集成创新
  - 服务目标
    - 第一个五年：提升墨脱目的地知名度；苦练“内功”，以产品和服务打开通路，以通路创造规模，以规模产生效益
    - 第二个五年：突破墨脱本地接待经济规模，在打开通路的基础上，发展并购策略，高速提升成长效益
    - 第三个五年：成为墨脱旅游市场上接待服务最优质、配备最齐全、满意度最高的旅游综合企业

墨脱县旅游业人力资源的招聘与储备：政策性与运营性结合。

基层员工以本地招聘为主：

· 了解本地风土人情
· 鼓舞原有人员士气
· 员工队伍人心稳定
· 误用人才风险较小
· 有扶贫工作绩效

存在一定不足：

· 难以做到才职相称
· 不利于引进新思想
· “近亲繁殖”
· 选才范围有限

核心岗位外部招聘：

· 选才范围广泛
· 有利于引进新思想、新观点
· 有利于吸引优秀人才
· 较快开展和推进工作

存在一定难度：

· 位置偏远不利于引才
· 需要构建长效激励方案
· 员工结构合理分布有挑战性

专业人力资源赋能助力

1. 整合优编，能岗匹配，助力人力资源共享
2. 扶贫 + 门珞民族文化，助力高质量发展
3. 产学研深度合作，深耕“外脑”、深度助力
4. 灵活用工机制，助力优化管理模式
5. 突显核心品牌，助力多元管理思维

人力资源管理的价值贡献

让组织始终充满活力

人力资源管理要通过实现组织持续的熵减与开放，祛除积弊、焕发活力，保证在业务方向大致正确时高效执行，在业务方向发生偏差时及时纠偏，保障公司在业务上实现持续的商业成功，在适应时代的变迁上实现优先进化

赋予组织的远大抱负与使命感

- 公司的使命与愿景
- 共同的核心价值观
- 团队的发展远景与使命感
- 各类员工的工作动机

形成面对变化的感知与响应力

- 对变化与需求的洞察力
- 决策发生失误后的纠偏能力
- 鼓励担责、宽容试错的文化氛围

具备应对变化的创造与整合力

- 个体与团队的创造力
- 战略与组合的决策力
- 内外资源的整合能力
- 持续的开放学习能力
- 确定方向后的执行力
- 组织灵活性与运作速度
- 鼓励冲锋的激励驱动机制

二、人力资源组织架构

组织架构原则：

- To B 端：面向各类业态和服务运营商的人力资源管理层面。
- To G 端：面向制度保障的政府、行业监管、行业协会服务层面。
- To C 端：面向各类产品和服务的终端消费与管理层面。

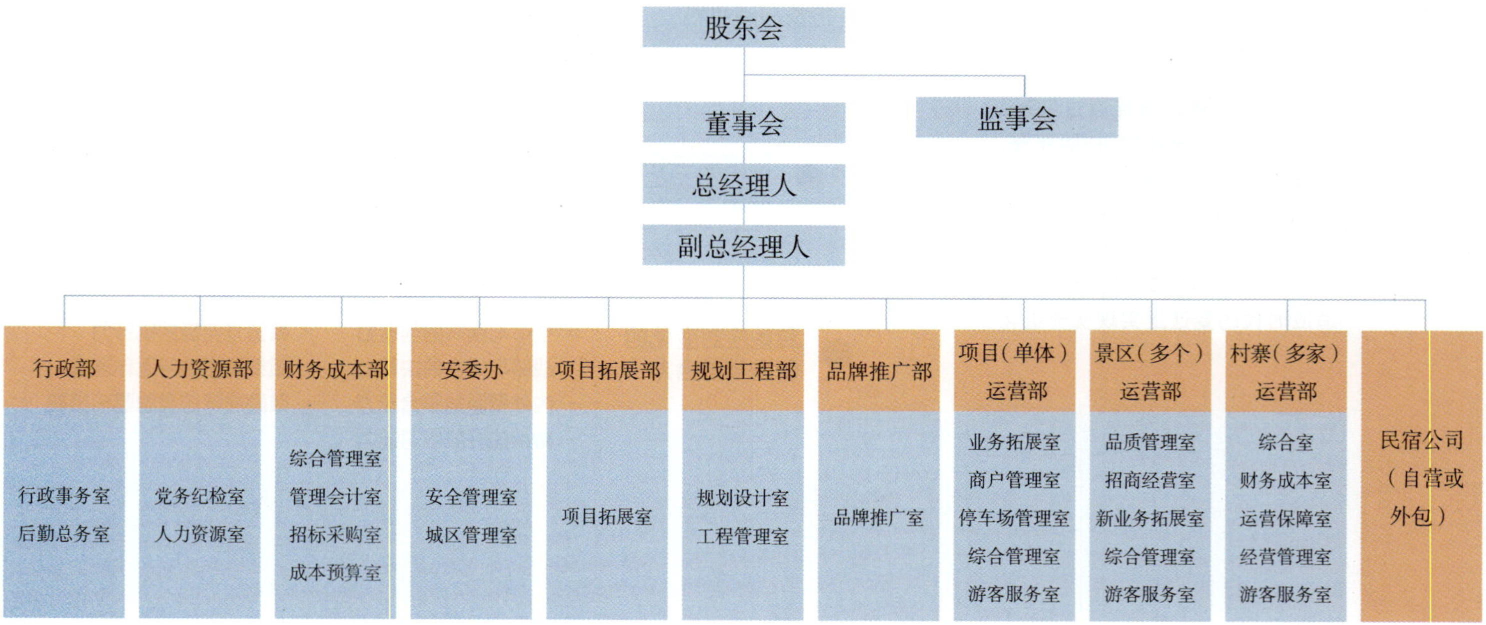

三、人力资源规划与管理

人力资源规划的基础

（1）收集数据，细致分析现有团队员工队伍结构，包括员工年龄结构、性别结构、受教育水平结构、民族构成等；同时分析所需岗位特点、类型、数量等，开展职位分类的，确定企业所需人力资源的数量和质量。

（2）结合企业发展定位与战略，进行定岗定编，做好人力资源规划工作，切实做到企业人力资源的供需平衡。

在人力资源管理实践中高度重视以下关系：

（1）处理好长期用工与短期用工的关系；

（2）处理好管理人才与基层员工的关系；

（3）处理好员工数量与员工质量的关系；

（4）处理好固定用工与灵活用工的关系；

（5）处理好员工绩效与薪酬体系的关系。

旅游企业用工原则：差异化、特色化、主题化

多元渠道招聘，确保墨脱各景区、各旅游项目如期开放与正常运营。

通过与劳务外包公司、实习院校、本地旅游企业员工群合作，采用灵活用工模式，满足项目淡、旺季基层用工、特色化用工需求等，确保墨脱各旅游接待项目如期开放。

通过共建、共治、共享和谐局面，为当地村民就业开拓渠道，提前发布信息并收集面试资料，暑期旺季提供大量运营、一线服务、安保、保洁等岗位，可有效解决当地村民就业，给居民带来“被需要”的满足感，让项目建设运营更有温度。

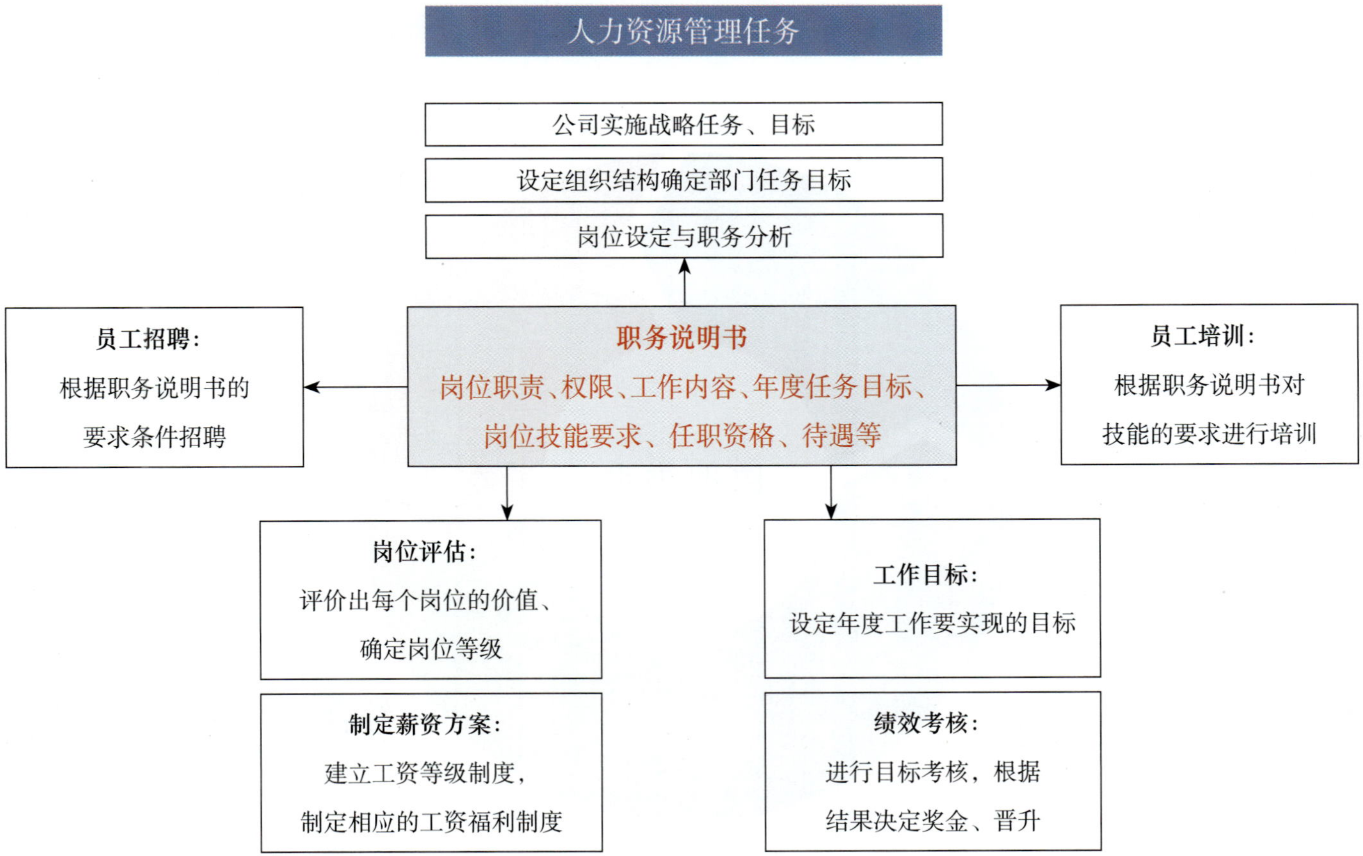
人力资源管理任务
公司实施战略任务、目标
设定组织结构确定部门任务目标
岗位设定与职务分析
员工招聘：
根据职务说明书的
要求条件招聘
职务说明书
岗位职责、权限、工作内容、年度任务目标、
岗位技能要求、任职资格、待遇等
员工培训：
根据职务说明书对
技能的要求进行培训
岗位评估：
评价出每个岗位的价值、
确定岗位等级
工作目标：
设定年度工作要实现的目标
制定薪资方案：
建立工资等级制度，
制定相应的工资福利制度
绩效考核：
进行目标考核，根据
结果决定奖金、晋升

四、人力资源培训与开发

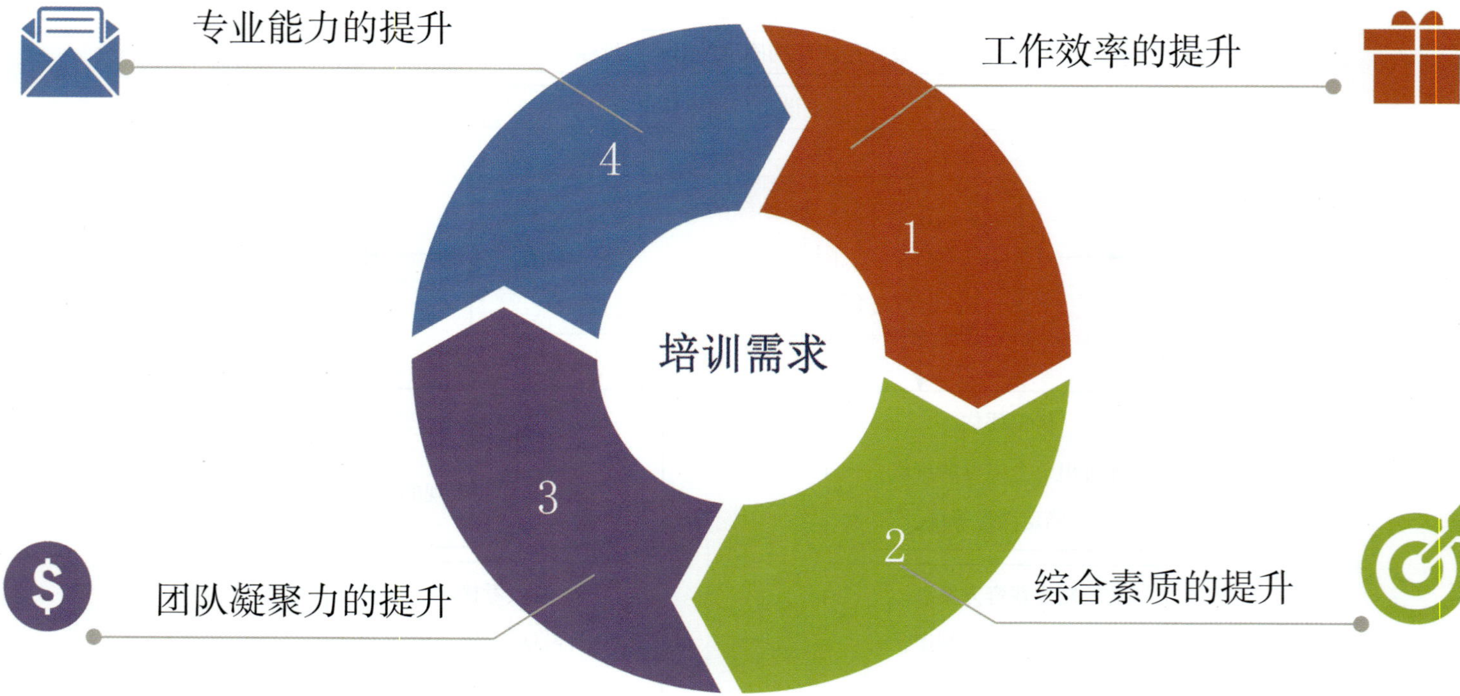

人力资源培训工作内容和年度培训计划

<table>
<tr><th rowspan="2">工作内容</th><th colspan="4">年度培训计划</th></tr>
<tr><th>第一季度</th><th>第二季度</th><th>第三季度</th><th>第四季度</th></tr>
<tr><td>党建工作</td><td colspan="4">持续推进主题教育学习，不断创新多元学习方式</td></tr>
<tr><td>×××项目</td><td>人员招聘
建立规章制度
食堂、宿舍</td><td>开业前培训
工服</td><td colspan="2">不断完善行政、人事、后勤相关工作</td></tr>
<tr><td>行政日常工作</td><td colspan="4">持续推进文件管理，会议保障，内部宣传，公司接待，食堂、宿舍管理，用品采购，法务纪检等</td></tr>
<tr><td>培训工作</td><td>企业文化
民族文化
三级安全教育
……</td><td>总监大讲堂
时间管理
公文写作
……</td><td>服务礼仪
财务管理
标准化管理
……</td><td>总监大讲堂
民俗与服务
沙盘模拟培训
……</td></tr>
<tr><td>团建活动</td><td>党员主题日</td><td>上半年生日会</td><td>党员主题日</td><td>下半年生日会</td></tr>
<tr><td>完善相关制度</td><td colspan="4">制定或修订完善《×××公司员工考勤休假管理制度》《×××公司管理人员管理制度》《×××公司文件材料归档办法》《×××公司员工宿舍管理制度》，××××年度将持续完善×××公司行政、人力资源各项管理制度等</td></tr>
</table>

HR 团队的专业能力包括制定政策、流程、制度、方案，以及引进并运用相应的工具的能力。

构建墨脱旅游企业人力资源体系，应本着开放的态度，学习并引进业界最佳的各种管理方案与工具，与本企业的管理理念及业务实践相结合，建立适用于本企业所特有的专业能力体系。

HR 核心管理

组织形态管理	· 薪酬福利	· 用人标准管理	任职资格管理	· 人才获取规划
组织规模管理	· 奖金个税	· 继任与任用管理	学习设计与开发	· 招聘管理
组织绩效管理	· 长期激励	· 人才资源池管理	学习技术与平台	· 调配派遣
			学习引导	

绩效目标管理　　**绩效工具与程序管理**　　**员工关系管理**

第十二章
墨脱县旅游发展的市场营销

明确墨脱县旅游的市场定位，并提出主题形象和宣传口号，包括针对专项客源群体的形象和口号。明确总体营销策略、营销职能分工、主要分销手段等。根据不同的市场群体，有针对性地提出近期、中期、远期的市场营销策略，使墨脱县旅游适应市场的需求，实现跨越式的发展。

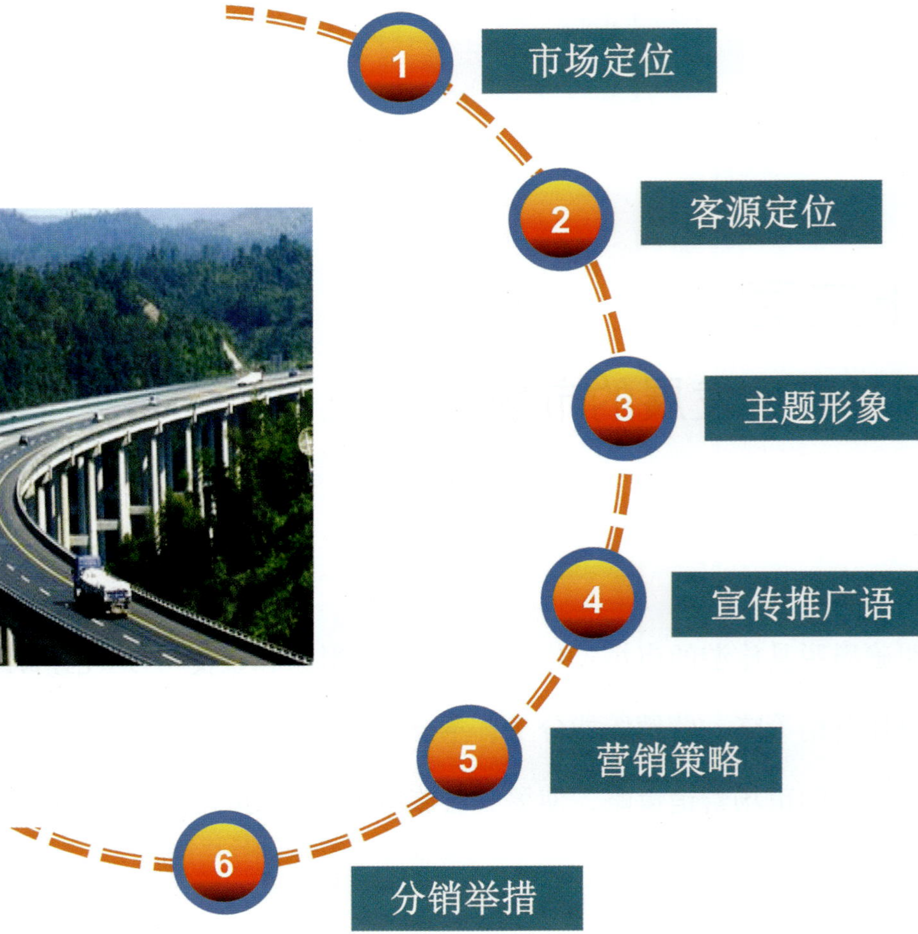
1
市场定位
2
客源定位
3
主题形象
4
宣传推广语
5
营销策略
6
分销举措

一、墨脱旅游的市场定位

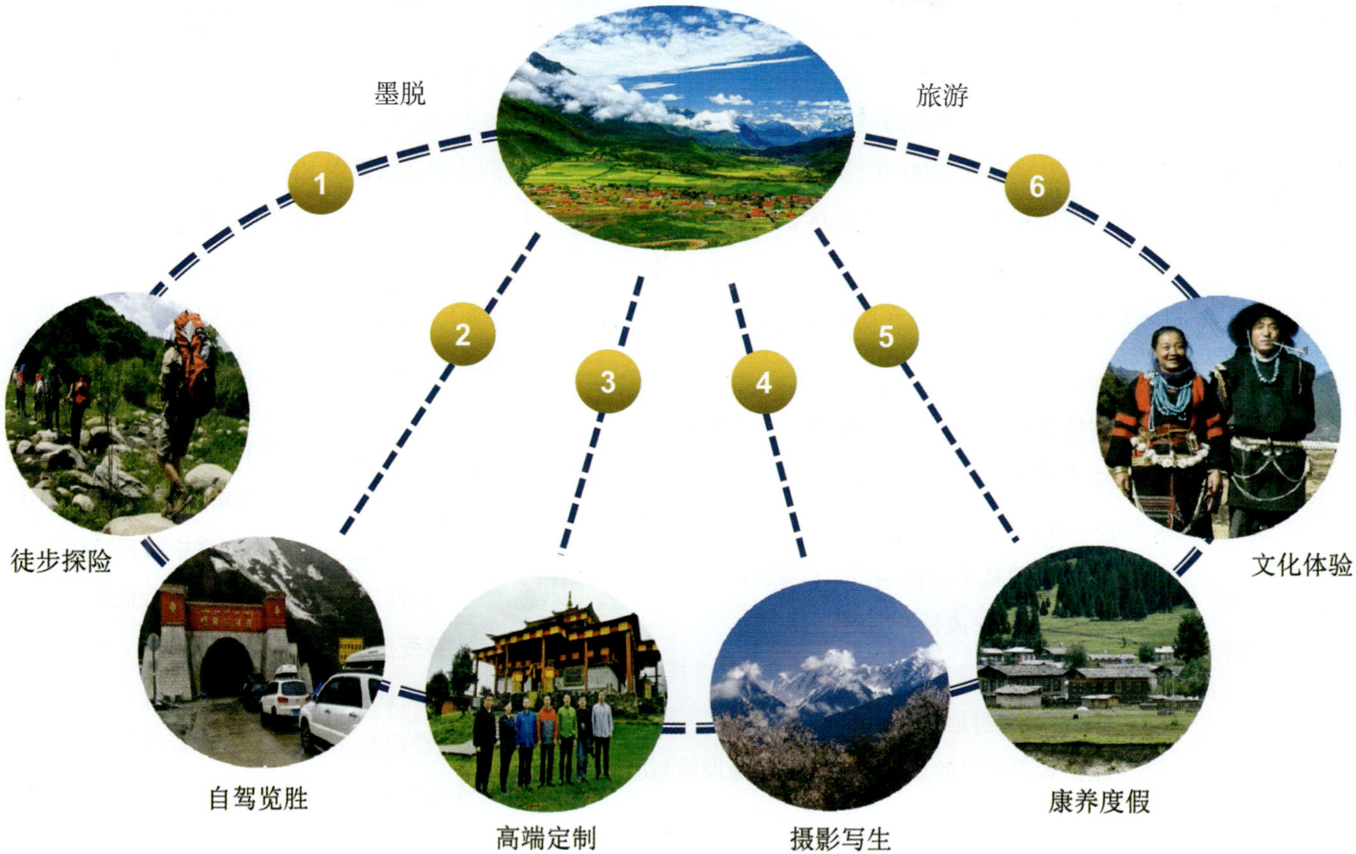

墨脱旅游市场定位、现状和发展趋势

市场定位		市场现状	发展趋势
1	徒步探险旅游市场	（1）徒步旅游是一种新的健康运动方式，成为社会时尚。 （2）徒步爱好者有1800万—2500万人，市场前景广阔。 （3）客源市场多为经济发达地区，消费潜力大。 （4）客源以青年人居多，求新求异，猎奇心理较强。 （5）参与时间主要集中在周末和黄金周	（1）旅游活动的组织形式、信息交流形式网络化。 （2）危险性低、体验型、休闲型等方式将会受到旅游者的喜爱。 （3）旅游活动的内容多样化，如登山、漂流、极限运动等。 （4）产品组合多元化，如强化与文化体验、研学教育等主题融合
2	自驾览胜旅游市场	（1）整体市场潜力大，出游踊跃，频率较高。 （2）中青年为市场主体，驾车者以男性居多，市场主体收入水平和旅游花费较高。 （3）出游类型基本为休闲型，以家庭或小团体结伴出游为主，多利用周末或长假出游。 （4）旅游者偏好自然风景型旅游地，多选择周边地区或远距离城市型旅游地；旅游过程自主性强、灵活性大。 （5）旅游者需详尽的道路交通、目的地设施与服务信息，乐于通过网络了解信息	（1）出行时间长、空间范围更大。 （2）家庭市场的出游距离适当、产品主题鲜明、休闲时间充足、住宿以家庭旅馆和民宿为主。 （3）女性市场开发要注意年龄段划分，如年轻女性喜爱探险、拓展训练等内容，成熟女性偏好美容、美食等内容。 （4）带动汽车旅馆、旅游装备制造、汽车维护服务等相关产品市场的发展

续表

市场定位		市场现状	发展趋势
3	高端定制旅游市场	（1）在富裕客群消费迅速增长的情况下，保证高端旅游广阔的市场增长潜力。 （2）在经济发达地区，出游方式多为个人或小团体定制旅游线路。 （3）客源主要以白领阶层、高端商务人群等为主。 （4）旅游者偏好个性化、品质化的旅游方式，重视对隐私的保护。 （5）标准产品与弹性定制产品相结合	（1）定制游客需求的特色旅游行程。 （2）提供主题内涵体验和个性化服务的“精品”旅游产品。 （3）主要针对高成本、高价值的私人和少数群体“高端”旅游市场。 （4）旅游资源整合和游客管理的要求更高。 （5）改变传统的旅游目的地经营管理体系
4	摄影写生旅游市场	（1）市场主体多为中青年专业爱好者，文化素质较高。 （2）旅游者专业性较强、重游率高、季节性强。 （3）旅游者更关注目的地的图像信息，倾向从网络和专业杂志中获取信息。 （4）旅游者偏爱拍摄自然风光或人文景观，旅行时间长	（1）针对游客做好旅游产品类型划分，可分为散客、团体、节事活动性质的兴趣爱好者。 （2）突出旅游产品的层次性。结合地方资源，开发主体鲜明的旅游线路。 （3）重视观景平台、摄影写生点（基地）的建设。 （4）强化市场引导，实现区域目的地的联合营销

团队和自助游客源市场为林芝机场、拉萨机场通航的城市群。青藏铁路和川藏铁路沿线城市属于增长型客源市场。

自驾游客源市场为川藏线、青藏线、滇藏线连接的国道沿线城市。

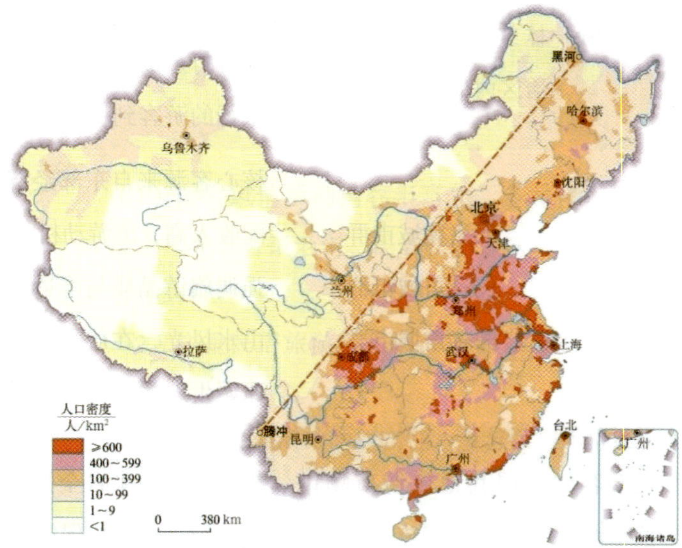

注：左下角图片来源于《中华人民共和国国民经济和社会发展第十四个五年规划和 2035 年远景目标纲要》。

审图号：GS（2019）1870 号

按年龄和出游能力将旅游市场细分为四个目标市场时，要以中青年的中高收入者为基础，同时积极开发银发市场和学生市场，不放弃低收入者。

按年龄和出游能力细分市场

年龄阶段	主要特征	出游能力
25 岁以下	旅游者基本属于学生市场，学生思想活跃，接受新生事物较快	旅游者收入较低，其出游能力受到一定的限制
26—35 岁	旅游者有一定的经济基础、工作压力较大	部分旅游者有公费旅游的机会，所以其出游能力较强
36—55 岁	旅游者有出游经历，对其中的高收入人群要通过开发高档次旅游产品来吸引他们的注意	旅游者收入较高，出游能力强
56 岁以上	旅游者属于离退休人员，也就是现在的银发族，时间充裕，应针对老年人的特点开发一些旅游产品	旅游者收入不高，消费能力较弱

按职业细分市场，学生出游机会较多，出游愿意比较强烈，所以应在学生市场大力进行宣传促销。从现状分析中可以看出，来墨脱旅游的人多为行政、事业单位人员以及企业管理人员等中高收入者。根据墨脱的旅游现状，在较长时间内，仍应以行政、事业单位人员以及企业管理人员等为主要目标市场，以学生为次要目标市场。

三、墨脱旅游的主题形象

墨脱密码

墨脱情结

徒步者的探险秘境

墨脱徒步线，被称为“中国第一徒步旅游线”，在许多人眼里，它代表着纯净。之所以被称为“第一”，不仅是因为其路线的难度，更多是因为它在人们心中精神层面的意义。几乎每个向往西藏的人，都有“墨脱情结”。墨脱在徒步者的心中，就相当于登山者心中的珠穆朗玛峰。墨脱是一个能让人心灵净化，让人们对人性、对自己信心坚定的地方。每个来过的人对墨脱都有自己的理解，但相同的是“墨脱情结”，一种“没去过想去，去了还想再去”的情结。

墨脱魅力

自驾者的荣耀象征

由于地质构造不稳定、自然条件恶劣和自然风光奇特，从波密经扎墨公路进入墨脱成为非一般自驾者可以挑战的自驾旅游线路。再加上保护性开发对进入车辆的限制，使得自驾进入墨脱成为自驾者心中的荣耀。随着派墨公路的修通，自驾游墨脱更成为自驾者抵达理想彼岸的荣耀象征。

墨脱本色

与世隔绝的神秘地带

墨脱平均海拔 1200 米，地势北高南低，四面环山。在平均海拔超过 4000 米的青藏高原，是海拔较低、环境较好的地方。雅鲁藏布大峡谷将印度洋湿润气流源源不断地送进藏南地区，使得墨脱四季如春、植物多样、雨量充沛，年降水量在 2300 毫米以上，被誉为“雪域江南”。因为海拔低，围绕在墨脱周围高耸的雪山，像一道巨大的屏风挡住了山外的一切资源。墨脱县境内有 7782 米的南迦巴瓦峰和 7294 米的加拉白垒峰，这两座山峰是东喜马拉雅山脉较高的两座山峰。再加一条中印边境线和雅鲁藏布大峡谷的圈围，仿佛切断了墨脱与外界的联系，使其成为一个相对与世隔绝的“孤岛”。

墨脱记忆

最后一个通公路的县

墨脱县是全国 2800 多个县级辖区中，最晚通公路的县。地处世界最高的喜马拉雅山脉东端，世界最深的雅鲁藏布大峡谷贯穿全境，海拔由北部高达 7782 米的南迦巴瓦峰，急速过渡到峡谷地带的海拔 200 米，落差超过 7500 米，频发的地震、滑坡、塌方、泥石流，以及常年高雨量和局部强降雨将墨脱屏蔽成一个相对与世隔绝的“孤岛”。墨脱各乡镇之间交通仅靠骡马驿道相通，部分村之间只有羊肠小道。70% 以上的乡村道路完全靠步行，从距离县城最远的乡往返一次需要一个多星期的时间。从牙膏到水泥、钢筋等所有物资都必须靠人背马驮的方式运进去。随着 2013 年贯通嘎隆拉隧道，墨脱公路才基本通达。

墨脱，藏语意为“隐秘的莲花”，古称“白玛岗”，是藏传佛教信徒向往和朝拜的“莲花圣地”，墨脱也被称为“莲花秘境”。通过公众对墨脱旅游目的地形象的百度搜索量进行分析，当前将以宗教文化形象为代表的“神秘的莲花圣地”、以徒步旅游形象为代表的“中国第一徒步旅游线”、以休闲探秘游为代表的“雅鲁藏布江”、以自驾游为代表的“最后一个通公路的县”作为地域文化符号，“佛之净土白玛岗，圣地之中最殊胜”的墨脱，已经具备旅游目的地形象的识别性和号召力。

基于墨脱独特的自然和文化元素以及与其他旅游地的差异性，根据墨脱旅游形象元素与旅游者感知形象，对墨脱旅游的主题形象进行定位，即“醉美林芝，秘境墨脱”。

“醉美林芝，秘境墨脱”的主题形象定位在借势营销上叠加了“醉美林芝”的知名度，在精准营销上强化了“秘境墨脱”的美誉度，在整合营销上突出了“醉美林芝”与“秘境墨脱”的响应度。

四、墨脱旅游的宣传推广语

主题形象	醉美林芝，秘境墨脱
品牌定位	徒步探险的人间秘境 中国康养的净土天堂 世界自驾的终极胜地
整合营销	挥墨雅鲁藏布，超脱喜马拉雅

营销推广

爱不是相互凝望，而是一起凝望同一个方向：莲花圣地，秘境墨脱。

每一位旅游者的心中都有一个梦：转山转水转墨脱，不负韶华不负卿。

心若有爱，山高路远都是天堂，用“爱”来统领墨脱县旅游的整体形象。

墨脱是爱的方向，人生征途漫漫，只为途中与你相见；
墨脱是爱的梦想，人生逆旅维艰，只为守候你的到来；
墨脱是爱的见证，人生星辉斑斓，只为佑你喜乐平安。

品牌营销

设计墨脱旅游形象识别系统，设计墨脱旅游标识系统，制作宣传视频和在 App 推送主题片，拍摄影视片，推广“醉美林芝，秘境墨脱”品牌形象。

网络营销

拥抱互联网科技，利用社会网络媒体，引导移动自媒体，建立墨脱旅游官网和旅游企业官网，全方位宣传推广墨脱旅游品牌形象。

体验营销

邀请林芝机场通航城市的主流媒体、头部旅行社、旅游行业协会、高等院校的师生社团、专业性社会团体的主要成员到访墨脱采风踩线。

节庆营销

利用国家法定节假日、民俗节庆、主题活动，整合资源，组织节庆营销活动，把林芝桃花节、墨脱徒步节、门珞露营音乐节、自驾挑战赛、科考探险赛等打造为优势节庆活动品牌。

六、墨脱旅游的分销举措

墨脱县国土面积大、海拔落差大、环境差异大的旅游场景特征，决定了其旅游运营具有空间分散性、季节波动性、需求差异性、游客流动性、消费即时性和风险多样性等基本特征，从而形成了旅游分销的“六个痛点”——游客管理难、渠道构建难、订单统筹难、人工检票难、权益管控难、风险应对难，因此需要综合解决方案。

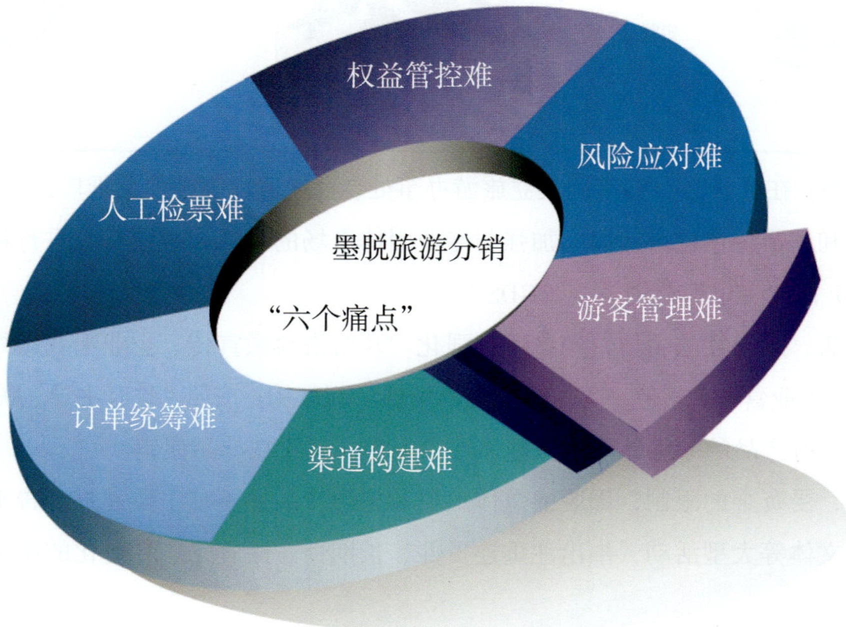

提升墨脱旅游分销系统的整合和管理能力，对接同业、OTA 平台以及旅行社等旅游上下游企业，构建属于墨脱旅游产业链的综合服务平台，提供旅游资源整合、旅游产品分销、旅游业态对接、旅游管理服务的系统解决方案。

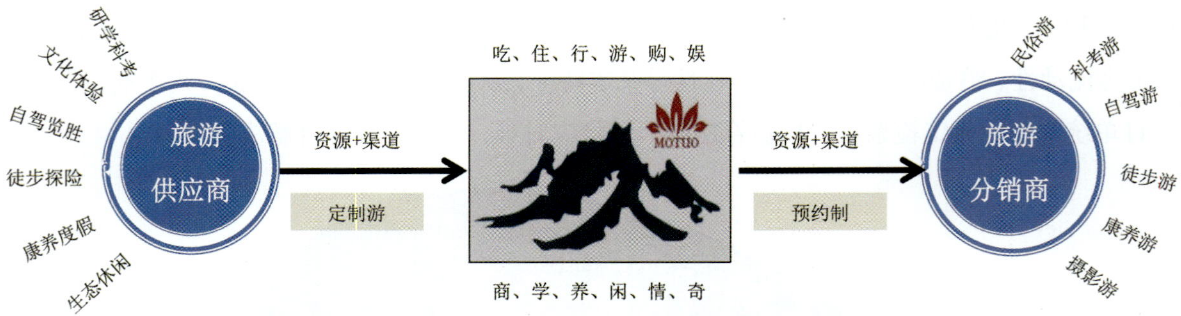

建立完善的分销体系：在各核心目标市场设立旅游办事处，直接进行旅游形象推广；委托中间商代理旅游产品；与专业旅行社共同开发和销售特色旅游产品；加强与专业团体市场的联系，直接对其进行特色旅游产品的营销；建立中央预定系统（CRS），加入全球分销系统（GDS）。

发挥景区、宾馆饭店、旅行社的主体营销作用，强化“政府搭台做宣传、企业唱戏做终端”的新营销之路，形成政府宣传、行业推广、企业营销“三位一体”的旅游市场推广新架构；按照“政府主导、联合推介”旅游整体形象，企业主体“捆绑营销”旅游产品的原则，既注重整体形象宣传，又重视产品促销。

由于广告成本过高，受资金的限制，墨脱的总体形象和旅游产品并不是主要通过广告来传播，而是要走事件营销的途径，借助经贸、文体等大型活动，推出注重连贯性、长期性、品牌化、专业化的旅游形象推广活动，造就市场声势、吸引社会关注。

1. 线上线下结合，以线上为主

2. 直销分销结合，以分销为主

3. 小众大众结合，以大众为主

4. 同质定制结合，以定制为主

5. 自助预约结合，以预约为主

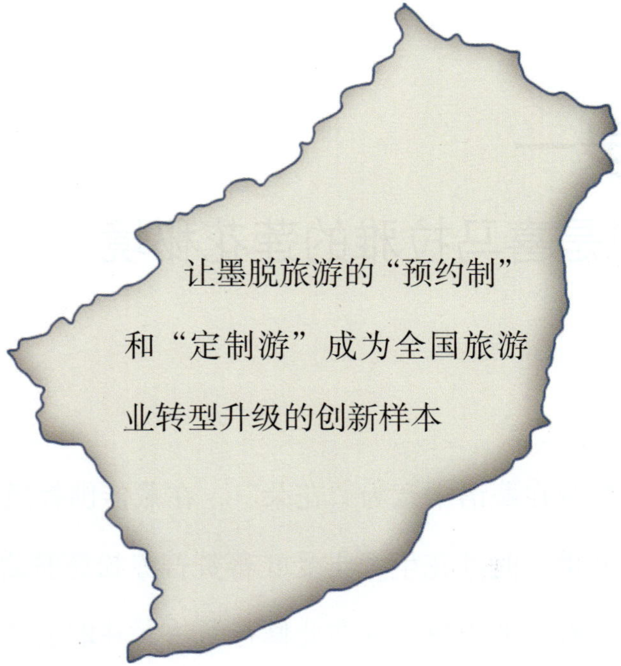

附录一

墨脱是喜马拉雅的莲花秘境

墨脱在藏语中意为“花朵”，在藏传佛教经典中有“白玛岗”之称，藏语意为“隐藏的莲花”。相传 8 世纪时莲花生大士受吐蕃赞普赤松德赞之邀遍访仙山圣地，来到这里发现此处如一朵盛开的莲花，有圣地之象，遂在此修行弘法，并取名“白玛岗”。

第一节　墨脱是莲花秘境之地

一、墨脱的建制沿革

原始社会时期，此地是珞巴人居住地。8 世纪时，墨脱名为白玛岗。18 世纪前期，门巴人陆续从门隅、主隅地区迁入墨脱，最早迁入并在这里生活的移民已有 12 代人，最晚迁入的移民也有 8 代人了。约在 19 世纪后半叶，门巴族和珞巴族之间因争夺土地和猎场发生纠纷，进行械斗。波密土王先后在墨脱地区建立了地东宗和嘎朗央宗，势力扩展至下珞瑜地区，进而统治了墨脱及大峡谷地区。约在清光绪辛巳年（公元 1881 年），噶朗王（波密土王）旺秋绕顿为将统治势力伸入白玛岗，在地东建立了地东宗，首任宗本是门巴族的诺诺拉。后因地东缺水，将宗政府迁至墨脱，并改地东宗为墨脱宗。1927 年至 1930 年，噶厦政府与波密土王之间爆发战争，波密土王战败，墨脱直接归西藏地方政府统辖。噶厦政府将墨脱分封给色拉寺、倾多寺和松宗寺，三寺各自建宗，一直延续到西藏和平解放。1959 年 7 月，建墨脱县，属塔工地区。1964 年，划归拉萨市管辖。1986 年 2 月，划归林芝地区管辖。2015 年 3 月，撤销林芝地区，设立地级林芝市，墨脱县属林芝市管辖。

二、墨脱的资源条件

墨脱县是西藏自治区林芝市下辖的一个县，位于西藏东南部，地处雅鲁藏布江下游，位于喜马拉雅山脉东段南麓

卧的圣体——耸立在雅鲁藏布江大拐弯的那座云雾缭绕、难以一睹风采的南迦巴瓦雪峰，就是这位女神俊俏的容颜；东部一带密布的森林和地势平缓的沃土，是她柔软的腹部；修竹遍野、江水碧蓝的仰桑河流域是她的下身；墨脱的山山水水，都是这位女神躯体的组成部分。

仰桑河位于墨脱南部，是一条从东向西流入雅鲁藏布江的河流。那里曾经是波密土王设立的嘎朗央宗的县治之所，专门管理珞巴族的行政事务。据墨脱当地人讲，这里水色特别美丽，清澈发蓝；水质极佳，味道甘甜，素有牛奶河之称。在这美丽的河流旁，有一块被称为“甲穷”的巨石，像一只威武的雄鸡。每当夜色降临，这巨石周围的绿林丛中，鸟儿的鸣唱格外悦耳动听，清脆婉转的鸟叫声像是在呼唤众神的名字，召唤神明的降临，为远道来的朝拜者赐福。正是这些美妙的传说，吸引着藏区的广大信徒到此朝拜。这些虔诚的朝圣者认为，人若在有生之年到此地朝拜一次，可保此生幸福平安。如果虔诚的信徒在朝拜圣地途中遇有不测，在弥留之际，亦要面对仰桑河的方向默默祈祷，以了却平生心愿。

四、墨脱的精致县城

1974 年 4 月，经国务院批准，墨脱县城由马尼翁迁至墨脱乡墨脱村东部。20 世纪 90 年代末，整个墨脱县城只有 40 多间木头平房，县委、县政府、县人大、县政协四块牌子都挂在同一大门上。那时的墨脱，没有汽车的喧嚣，也没有小商小贩的吆喝，整座县城里仅有一家国营商店，并且商品更是少得可怜。墨脱县城绝对是当时全国最袖珍的县城了，政府机关更是已精简得不能再精简了，全县的干部仅有百余人。

进入 21 世纪后，尤其是 2013 年墨脱公路实现通车后，一座座现代化楼房拔地而起，环城路、东布路、莲花广场以及墨脱新村路的修建，使墨脱县城出现了像模像样的街道，墨脱终于结束了有县无城的历史。有线电视、移动通信、互联网的开通让墨脱人民感受到了现代化带来的方便。

五、墨脱的“六个最”

1. 最优越的气候条件

墨脱属喜马拉雅山东侧亚热带湿润气候区，四季如春，雨量充沛，年均气温 18.4℃。全县平均海拔约 1200 米，植被茂盛，无缺氧之虞。受印度洋暖湿气流的影响，墨脱的气候接近沿海城市，这在西藏绝无仅有。优越的气候条件和肥沃的土地，使墨脱成为西藏为数不多的适宜种植热带、亚热带经济作物（水稻、甘蔗、香蕉、菠萝、橘子、枇杷、柠檬等）的地区，全县经济以农业为主，盛产水稻、鸡爪谷、黄豆、棉花、芝麻等。农业发展和休闲旅游开发前景广阔。

2. 最充沛的水利资源

“西藏之水润中国，墨脱之水冠西藏”。墨脱水资源特别丰富，年降水量 2330 毫米以上，处于雅鲁藏布江下游，另有其他河流 38 条，全年径流总量约 1380 亿立方米。雅鲁藏布江从米林县派镇到背崩段水平距离只有 40 公里，落差却高达 2000 米，据长江水利委员会的考察，该段可建电站的装机容量高达 3825 万千瓦，年发电量 1988 亿千瓦时。

3. 最丰富的林业资源

墨脱林业资源极为丰富。林芝位于我国三大林区之一的西南林区，拥有我国最大的原始森林区，森林覆盖率达到

53.6%，而墨脱的森林覆盖率更是高达 79.2%。全县林地面积为 41137236.4 亩，活立木总蓄积量 8914 万立方米，森林蓄积量居全国各县之首。

4. 最原始美丽的旅游资源

墨脱非常美丽，而且基本保留了最原始的状态。墨脱拥有神秘巍峨的南迦巴瓦峰，以及举世闻名的雅鲁藏布大峡谷和雅鲁藏布江大拐弯等世界顶级自然景观，人们可以同时领略高山寒带的雪山、冰川、高原湖泊和热带的雨林、瀑布群等千姿百态、气象万千的立体自然景观。此外，这里还有气息浓郁、引人入胜的人文风情，独具成为旅游胜地之条件，开发潜力极其可观。

5. 最丰富多样的生物资源

由于自然条件独特，墨脱的动植物资源具有种类多（尤其是珍稀、特有种类多）、储量大、经济价值高的特点。墨脱有着丰富的动植物资源，拥有多种国家级重点保护珍稀植物，高等植物就有 2000 多种；属国家重点保护的野生动物有 42 种。县内生物物种繁多，生长着楠木、樟木、乌木、铁木、红豆杉和有“天然活化石”之称的桫椤等名贵植物，又有孟加拉虎、熊、云豹、小熊猫、羚牛等国家珍稀动物栖息于此。更难能可贵的是，墨脱完整保留了几千年甚至上万年原始不变的自然生物链条，具有极高的科研和开发价值，这是上天赐予墨脱的宝贵财富。

6. 最神秘独特的文化资源

墨脱是西藏极具神秘性的地方之一，拥有独特的门巴、珞巴族民俗文化风情，门巴族、珞巴族的建筑、音乐、舞蹈、绘画、服饰、饮食和民俗丰富多彩，并且远未被外界所充分了解。随着新兴文化的发展，墨脱也被赋予了更多的神秘符号，吸引着各地的探险者。

墨脱，被誉为“隐秘的莲花圣地”，极高的森林覆盖率与交通不便，使其成为中国“最初及最后的秘境”。

第二节　人文景观类旅游资源

一、仁钦崩寺景区

仁钦崩寺位于墨脱县城东南方向约 6 公里处的卓玛拉山上，属藏传佛教的宁玛派寺庙，是墨脱县修建较早和规模较大的寺庙，共计三层，拥有十二墙角和东西南北四门，为石木结构，寺内有镀金铜佛及珍贵文物。仁钦崩寺是墨脱当地门巴、珞巴人民进行宗教活动的重要场所。

相传，仁钦崩寺是多吉帕姆女神化身中心腹部的所在地，是众多佛教信徒向往的圣地。寺庙僧人每年都要在此举行一次大规模的法事活动。

从县城出发乘车前往墨脱镇巴日村，拾级而上，步行约 7.5 公里，即抵达仁钦崩景区，全程均为铺设石梯，注意体力分配可以较为轻松地抵达，仁钦崩寺海拔约 2038 米。

仁钦崩寺景区一日游共 15 个看点。

1. 仁钦崩寺

仁钦崩寺始建于六世达赖喇嘛仓央嘉措年间，由活佛甘布巴（藏族，山南市加查县人，俗称卓堆林巴）主持修建而成，仁钦崩寺建筑风格奇特，庙宇有十二棱角，该寺在我国西藏地区，甚至在印度、不丹、尼泊尔、缅甸等国家都颇具影响。但不幸的是，仁钦崩寺于 1950 年在地震中被毁，1983 年经西藏自治区民族宗教事务委员会批准后修缮，我们现在所能看到的就是重新修缮的寺庙。

2. 三柱洞

三柱洞距离仁钦崩寺约 1000 米，这个石洞由 3 座基石上架着 1 个大石块构成，整体被诸多树木包围，洞内贴满了佛像图，传言洞内佛像与此福地的双重加持，会让在此修行之人得百倍之功德。

3. 多娜隆葬台

这个葬台形似大象的鼻子，因此被称为多娜隆。根据墨脱的习俗，人去世后必须抬至此处，送葬的人抬着逝者遗体绕此葬台三圈，然后用绳子的一端拴住逝者的脖子，另一端拴在形似大象鼻子的葬台上，让逝者遗体平躺在葬台前，送葬的人再进行念经祈福，仪式完毕后将逝者遗体抬走进行后续丧葬流程。人们希望通过这样的仪式，消除逝者生前的罪孽，增加逝者的功德。

4. 大雕石

大雕石是天然形成的，形似一只大雕。传言这只大雕是从天竺（今印度）的佛祖身边飞来的，因此被人们称为神鸟，在大雕石的下端有一个石眼，当有人身患疾病时，人们会将酥油放在石眼内，然后再绕大雕石念经祈福，祈福完毕后将酥油取出涂抹于患者伤痛之处。

5. 八功德圣水

八功德圣水相传是由天上流淌而下，水质清澈明亮，味道清冽爽口，来仁钦崩寺朝圣的人，往往都会在这里取水饮用，并用容器将水带回与家人朋友分享，据他们所说，这里的圣水不仅能预防各类疾病，还有一定的辅助治疗效果。

6. 莲花生大师修行地

莲花生大师曾在此地修行，相传他以佛法加持了这里的土地，以前在此干农活的人们，吃这块地上的土就能填饱肚子，而且还能防治各种疾病，久而久之，知道的人越来越多，地面被人挖空而坍塌下去。随着西藏的和平解放，人们的生活逐渐富裕起来，人们不再需要吃这里的泥土果腹，神奇的是，修行地旁边的两棵大树的树根下很快形成了两个天然的泉眼，汩汩地冒出甘甜的泉水，人们尝试饮用之后，发现它与从前的泥土一样，有着预防疾病的功效，于是这里的泉水与八功德圣水一道，成为朝圣者带给家人的重要礼物。

7. 康卓益西措加的灶台

传言这里是康卓益西措加使用的灶台，莲花生大师修行时，康卓益西措加在此为莲花生大师煮茶做饭。现在灶台中间流淌的圣水，传说是莲花生大师离开墨脱时遗留下的茶水，当你抛开一切杂念，静静地坐在水流边上时，仿佛还能听到莲花生大师在这里品茶诵经的声音。

8. 圣石

在这个被经幡包围的圣石上印有莲花生大师的手印，相传莲花生大师曾在此发下宏愿，普度众生，并以此手印为誓，抚摸这手印，可以祈求莲花生大师的庇佑，祈求一生平安。

9. 量身石

所谓量身石，就是指丈量身高的石头。据说在康卓益西措加时期，人的身高有这座大石那么高，但当时的人只需要吃下面这个小石头大小的饭量，而且营养充足。通过比对，我们可以看到，现在人们的身高是不及这块量身石的，但我们的饭量却又大于那个时候。藏传佛教认为，这是因为现代人逐渐在物欲横流的社会里迷失了，现代人虽然进食很多，但身体却不如以前的人们。

10. 中阴崖

仁钦崩景区内有两处中阴崖景点，中阴崖分为入口处和出口处，相传无论体型如何，只有心地善良的人才能够从中阴崖中穿越，可以使来生福祉盈门。

11. 白玛同椎

白玛同椎，传说是莲花生大师的帽子，跟随莲花生大师走过了很多地方，早晚听经，也就有了灵性，来此朝佛的人向白玛同椎供奉了很多神塔小像，传说这样可以给人带来好运。

12. 宝物窟

这个天然形成的宝物窟十分有意思，手能够伸进去，却看不见里面的东西。传言将手伸入其中，可以抓到不同的东西，预示着不同的好运。抓到种子寓意着来年会五谷丰登，抓到牲畜毛发寓意着来年会家畜兴旺，抓到泥土寓意着来年身体健康、事事顺心。

13. 格萨尔王的栓马杆

据说这是格萨尔王征战至此，稍作休息时栓马的木杆，后化为了一棵树，当地人认为这棵树寄托着格萨尔王的强壮与英勇，于是人们在这里朝圣时，都会切下一小块树皮随身携带，以期有格萨尔王加持。日久天长，这棵树就只剩下了树根，但它依旧存活着。

14. 康卓益西措加修行洞

这里是康卓益西措加的修行洞，洞口上端有一块大石，当地的小孩子和年轻人来到此处，都会争相跳上去摸那块大石，传言你能够跳多高，就说明你今后对父母有多孝顺，相应的，跳跃的高度也象征着父母福气的多寡。

15. 海螺石

石块形状似海螺，因此被称为海螺石，传说这块海螺石上印有莲花生大师的大拇指印，该指印是莲花生大师亲手拿过此石的痕迹。在藏传佛教中，海螺称为“东嘎”，是权威的象征，海螺吉祥的号声可以祈祷平安的降临。同时，此处刚好是绕仁钦崩寺一圈的地标。

二、藤网桥

早在清代，康藏边地史学家刘赞廷就在《西南野人山归流记》中记载了这样一段文字：“白玛岗界，其地气候温和，森林弥漫数千里，花木遍山，藤萝为桥，诚为化外之桃园。”白玛岗，自然就是指墨脱，而藤萝为桥，说的就是墨脱

代表了女性对青春与美丽的渴望。我们可从女性佩戴的首饰，看出其家庭出生和社会地位，金银首饰代表富贵。

达旺一带的门巴女性穿一种竖条纹花布做成，圆领、长袖、长花上衣，在劳动时，在后颈下部围一个白色圆垫肩，称为“林巴”，在腰部及臂部以下批挂一块红氆氇或黑氆氇围垫，下身穿“辛嘎”筒裙。墨脱门巴女性喜欢穿白色的小上衣，一般不穿外罩衣服，天气较冷时，穿无领无袖，从头上套下的宽大褂子。宽大褂子是由红、绿、花条纹组成的长衣。下身穿花筒裙，筒裙的两侧各有 3 道褶皱，有的会在裙上挂小铃铛，走路时叮当作响，清脆悦耳，腰间还佩戴小腰刀。

女性辫子的下部直到辫梢衬以红、黄、白、绿等各色棉丝或丝线，两条辫子垂落下来，好似布满了盛开的野花。她们一般都喜欢把辫子盘在头上或缠在帽子上，所戴的小帽别具特色，门巴语叫“巴尔霜”。门巴族女性的装饰品有耳环、项链、腰带、手镯、戒指等。

四、珞巴部落文化

我国珞巴族目前现有人口约 3000 人，主要分布在西藏东南地区，是全国人口较少的少数民族之一，在西藏，东起察隅西至门隅之间的珞渝地区，以米林、墨脱、察隅、隆子、朗县等地人口较为集中。珞巴族内部部落众多，主要有“博嘎尔”“宁波”“邦波”“德根”“阿迪”“塔金”等。

“珞巴”是藏族对他们的称呼，意为“南方人”。珞巴族没有文字，之前他们有 2 种记事方法：刻木结绳法、木棍缠羊毛法。通过烟火传递信息，珞巴族信奉所有的神，信奉原始巫教。

珞巴族的节日丰富多彩，主要有隆洛德节、莫朗节、棱隆社节、巴洛萨节等，礼仪习俗也别具特色。

五、村寨建筑与民俗

1. 墨脱吊脚楼

在墨脱，我们随处可见的这些民居是门巴族居住的传统民居——吊脚楼，它以当地盛产的各种竹子为原材料，除基底用石块垒砌，地板、横木、横梁与门窗用木材外，屋顶用竹瓦叠成，墙壁用竹片编成，其余均用竹子制成。屋顶呈八字形，大门向东，房屋为方形或长方形，分三层，中层住人，下层关牲畜，顶层为角楼，存放部分粮食和杂物。

2. 手工艺品

门珞人民擅酿酒、喜饮酒。休差，是外出劳作、走亲访友、宴请宾客时用于盛酒的一种特制容器。其结构分为内外两层，内层为天然形成的大竹筒，留其竹节，在竹节一端开一小孔，用于酒液的倒出；外层选择坚固的藤竹细条，用天然染料染出缤纷色彩后，再由当地的手艺人手工编织而成。

墨脱藤竹背篓用墨脱特有的实心藤竹表皮，以门珞人民口耳相传的古老技法编制而成。

墨脱乌木筷子是门珞人民的传统餐具，以乌木为原料，加工制作而成，其质地坚硬、手感厚重、色泽黑润、美观耐用。

邦穹为墨脱最具代表性的传统手工艺品，邦穹分为上下两个部分，上盖较下碗略大一圈，可以较为严实地闭合在一起，路途颠簸也不会打开。

墨脱石锅用材为雅鲁藏布江沿岸独有的稀有的天然岩石——皂石，经人工打制而成。

3. 墨脱特产

墨脱红米是当地门珞人民所喜爱的主食，外皮呈紫红色，内部呈红色的特色产品；红色米质较好，营养价值也较高，微有酸味，味淡，可做饭粥，可做汤羹，也是当地百姓酿酒的原材料。

墨脱柠檬，个头大，香味浓，维生素 C、糖类、钙、磷、铁、维生素 B1、维生素 B2、烟酸等营养成分的含量更高。

墨脱有机茶，按照有机农业的方法，由当地门珞人民进行生产加工，在其生产过程中，不使用任何人工合成的化肥、农药、植物生长调节剂、化学食品添加剂等物质。

墨脱香蕉，虽个头较小，但口感滑腻，香甜可口，且淀粉含量十分丰富。

4. 墨脱美食

门珞人民喜爱饮酒，所饮之酒由玉米、鸡爪谷等酿造而成，因酒液略呈黄色，故外人称黄酒。黄酒具有益气的功效，对祛湿气和肠胃疾病的治疗有一定的作用。

“拉瓦巴蒙岗当”是门巴语，是指用野生菌类做成的菜肴，例如凉拌的獐子菌。獐子菌是一种珍稀名贵的野生食用菌，是十大名菌之一，将其凉拌后食用，能够最大限度保留食材的天然口感与味道。又如科嘎宗嘎岗当石锅炖菜，即用墨脱特有的皂石石锅进行烹饪，其配料较为讲究，党参、手掌参、枸杞、白果、松茸、鸡块、各种菌菇等都是常用的配料。

阿香板是指将较嫩的玉米粒进行炒制之后，加入食盐和大蒜，放入木臼中用槌捣制成的薄片，一般作为零食。

这些食品既健康又富有营养，深受当地人的喜爱，也得到了外来游客的认可和欢迎。

第三节　自然景观类旅游资源

一、嘎隆拉景区

嘎隆拉山位于波密县与墨脱县之间，距扎墨公路的起点扎木镇约30公里，嘎隆拉景区就隐藏在嘎隆拉山的垭口之上，由嘎隆拉山、嘎隆拉天池、嘎隆拉寺组成。

嘎隆拉山海拔约4200米，山顶处常年冰雪覆盖，因此也形成了独特的冰川景观，远看银装素裹、近看晶莹剔透，展现出一种浑然天成、冰清玉洁的独特风貌；嘎隆拉天池由三个独立的湖组成，中间的湖还有两个小岛，犹如镶嵌在这冰雪世界中的明珠一般，神秘而高雅；嘎隆拉寺是一座藏传佛教红教寺院，已有300多年的历史，寺内有资深喇嘛5人，小喇嘛数十人，原始的古寺在1950年8月的大地震中受损，后有信徒出资进行修缮，并新建了一座大殿和一些禅房。嘎隆拉寺是冰川景观的绝佳观景点，每年7—9月，冰川消融，还能看到独特的冰积湖与冰水溪流的景观。

相传嘎隆拉景区一带是莲花生大师的修行地之一，他曾在这里修行了很长的一段时间，受他的影响，这里的山水都具有了灵性。这在嘎隆拉天池得到了很好的印证，据说，心诚的信徒可以看到三个天池分别呈现出茶青色、酒黄色、奶白色这三种颜色。茶青色的池水是莲花生大师赐予的好茶，人畜饮用后可以消除疾病；酒黄色的池水是莲花生大师赐予的美酒，人饮用后可以忘却烦恼，牲畜饮用后可以强壮躯体；奶白色的池水是莲花生大师赐予的鲜奶，人饮用后可以醒脑明目，牲畜饮用后可以增加奶水产量。

云雾之间，美不胜收。

相传雅鲁藏布江最早并不从此处经过，关于大拐弯的形成，当地人还口耳相传着这样一个传说故事：有一年，果果塘一带大旱，庄稼颗粒无收，人们无水饮用，很多人口渴而死，天神见此情形，派一条神蛇下凡，救助百姓。神蛇来到果果塘后，看到干涸的土地与受苦的百姓，十分难过，于是它鼓足力气，直奔向奔涌的雅江，将雅江水吸入肚中后，又奔袭到果果塘，滋润这里的土地。但是土地已经干裂多时，神蛇一次能吐出的水又十分有限，它只能不分昼夜地来回奔波在果果塘与雅鲁藏布江之间。终于，筋疲力尽的神蛇，最后一次吸饱水来到果果塘后，却再也没有力气将水吐出，重重地倒在了地上，死去了。但奇怪的是，它的身体依旧保持着环绕果果塘的形状，躯体却逐渐裂开，体内的水流淌了出来，并引来了雅鲁藏布江。原来，天神将一切都看在了眼里，为了褒奖神蛇的功绩，让它化作雅鲁藏布江的一段，永远滋润和守护着果果塘，从此果果塘一带风调雨顺，植被丰茂，再也没发生过干旱。

四、布裙湖

布裙湖景区位于墨脱县城西北方向的背崩乡境内，面积约为580平方公里，湖面约11.5平方公里，呈不规则椭圆形。绿荫环绕，云蒸雾腾，布裙湖犹如镶嵌在墨脱这片秘境中的一颗明珠。清澈透明的湖水为绿色的群山环绕，一年四季百鸟争鸣，花果满山，湖中常年栖息着天鹅、野鸭等珍禽，湖边树林中经常有野兔、长尾叶猴、羚牛、赤斑羚等野生动物，这里是热带雨林景观和珍稀动物的保护地。据当地人说，这里还曾发现过传说中的喜马拉雅野人的踪迹，无疑更为这颗秘境明珠增加了更多神秘的色彩。

附录二

墨脱是雅鲁藏布的璀璨明珠

在祖国西南边陲的雪域高原上镶嵌着一颗璀璨的绿色明珠，她就是西藏自治区林芝市的墨脱县，以“人间净土，莲花秘境”而享有盛誉。

隐藏在喜马拉雅山南麓深山密林里的墨脱县，不仅是中国最后一个通公路的县，而且徒步攀登雪山高峰穿越密林峡谷进出墨脱也是极其困难的。自古以来，墨脱县就被世界称之为“高原孤岛”，神秘而美好。

2013 年 10 月 31 日，从波密县扎木镇到墨脱县墨脱镇的扎墨公路建成通车，标志着这个古老而神秘的“雪域明珠”从此向世人揭开了神秘的面纱，款款走向了世界。

2021 年 5 月 16 日，从米林县派镇到墨脱县背崩乡的派墨公路建成通车，标志着驾车翻雪山、越重岭，进出墨脱县只有一条道的历史一去不复返。派墨公路全长 67.22 公里，是继扎墨公路之后第二条由西藏林芝市巴宜区通往墨脱县的交通要道。通车后，从林芝市巴宜区至墨脱县城的道路里程，将由原来经波密县城的 346 公里缩短为经米林县派镇的 180 公里，通行时间由 12 小时缩短为 4 小时左右，并与现有的扎墨公路形成进出墨脱县的环线，解决了过去进出墨脱县的“单双号”限行问题。沿扎墨公路和派墨公路，两次穿越喜马拉雅山脉和雅鲁藏布江的美丽大循环公路，让“佛之净土白玛岗，圣地之中最殊胜”的墨脱县更加无与伦比。

墨脱县“一秘五最”：历史悠久的莲花秘境文化，最充沛的水利资源、最丰富的林业资源、最优越的气候条件、最原始且美丽的旅游资源、最丰富多样的生物资源和神秘独特的文化资源，奠定了“雪域明珠”的至高经典。“一山有四季，十里不同天”，这里拥有雪山冰川、高山寒带、热带雨林、瀑布峡谷、江河激流、飞禽走兽、奇花异草，气象万千的墨脱县就是一个天然博物馆和生物资源库。

第一节　自然地理特征

一、地理位置

墨脱县位于西藏自治区东南部，地处雅鲁藏布江下游、东喜马拉雅山—岗日嘎布山的南坡。东邻察隅县，南与印度交界，西接米林县、隆子县和错那县，北连波密县、巴宜区。墨脱县是雅鲁藏布江进入印度阿萨姆平原前流经我国境内的最后一个县，也是西藏东南部最为偏远的一个县。

墨脱县的地理位置为北纬 27°34′—29°56′，东经 93°46′—96°05′，全县南北长约 262 公里，东西宽约 227 公里，总面积约 3.4 万平方公里。

二、地质地貌

墨脱县位于雅鲁藏布江大拐弯下游，喜马拉雅山脉南麓，山高谷深、山峦起伏、地势险峻、森林广布，境内地面溪河与山川呼应，呈树枝状分布，地貌类型复杂多样。

墨脱县东、西、北三面环绕着高山，雅鲁藏布江自北向南穿过全境，形成向南开口的马蹄形地势，北部为岗日嘎布山脉，西部和西北部属喜马拉雅山脉高山地段，南部为雅鲁藏布江河谷地段。最高峰南迦巴瓦峰海拔 7782 米，山顶常年积雪，山势陡峭；最低地段为雅鲁藏布江出口处巴昔卡，海拔约 155 米；墨脱县平均海拔约 1200 米。

由于高山冰雪融冻侵蚀和河流的切割，全县绝大部分山地的切割密度大，切割深度多在 2000 米以上，有的甚至达 6000 多米，尤其是雅鲁藏布江大拐弯更形成了世界上最深、最长的大峡谷。

墨脱县所在的雅鲁藏布大峡谷地区，正处在印度板块向欧亚板块俯冲碰撞的东北挤角部位。雅鲁藏布大峡谷大拐弯内侧及其顶端的加拉白垒峰在内的广大地区，均属于印度板块中较古老的前寒武纪古陆。这一古老地层主要出露于东喜马拉雅山脉东段，呈北东走向的山岭，由出露于山脊部位的早元古代高角闪岩相深变质岩和出露于山体部位的元古代片麻岩与片岩组成。有关机构测定最古老岩层的 Pb-Sr 同位素年龄为 7.49 亿年，这是迄今为止我国境内喜马拉雅山脉所发现的最古老地层。在雅鲁藏布大峡谷地区出现的沿谷地呈带状分布的宽狭不等的富含石榴子石的各类片岩、片麻岩、变粒岩，其间还夹有大量变基性火山岩及变基性超基性岩，主要是板块缝合带上强烈挤压作用的结果。测定加拉莎和马尼翁等地变质岩的年龄为 0.123 亿年，主要形成于中生代。

墨脱县所在的雅鲁藏布大峡谷地区地质断裂构造比较发育，存在着北东、东西、北西和北北西 4 组方位和兼有逆冲、斜冲和扭性平移 3 种属性。最主要的构造带属于雅鲁藏布大峡谷断裂带，这是一个复杂断裂构造系统，西自米林、羌纳到大渡卡一带，至直白—加拉，经鲁朗，绕加拉白垒峰北麓转向南东，过扎曲至达木后再转为南西直抵墨脱和地东。地带内部还发育了一系列次级断裂或剪切断裂，是地热异常区，出露大量温泉，同时也是现代地震强烈活动区，1950 年 8 月 15 日在这一构造带发生了 8.6 级大地震。根据岩层分析，以南迦巴瓦峰为中心的雅鲁藏布大峡谷地区，是喜马拉雅山地隆升最剧烈的地段，年平均上升值为 3 厘米。

雅鲁藏布大峡谷地区现代地表形态是第四纪以来，在以强烈抬升为主体的内营力作用下，东喜马拉雅山脉尤其是其主峰南迦巴瓦峰以及北侧的加拉白垒峰和岗日嘎布山脉的急剧隆升和以强烈河流侵蚀为主体的外营力作用下，以及雅鲁藏布江与帕隆藏布等支流追踪构造，急剧下切而形成的。其以高差巨大的高山峡谷地貌为特色。

南迦巴瓦峰海拔 7782 米，是雅鲁藏布大峡谷地区也是东喜马拉雅山脉的最高峰，其对面矗立着加拉白垒峰，海拔 7294 米，两山形成大峡谷地区最壮丽的雪岭、冰峰景观。雅鲁藏布江自西向东奔腾，硬是在两座高峰之间劈开一条通道，然后环南迦巴瓦峰作一奇特的马蹄状回转，再折向西南，贯通墨脱县全境，沿东喜马拉雅东南斜面奔流而下，注入印度阿萨姆平原。在此形成了长 504.6 公里，极值深度 6009 米，单侧最深值 7057 米，核心地段平均深值 2673 米，最窄江面 35 米的世界最雄奇、壮观的第一大峡谷。使原被誉为世界第一大峡谷的美国科罗拉多大峡谷（长 370 公里，极值深度 2133 米），和欲在极值深度上与之争雄的秘鲁科尔卡大峡谷（极值深度 3200 米）及尼泊尔的喀利根德格大峡谷（极值深度 4403 米）黯然失色。除此之外，由于该地区隆升速度远远大于河水下切速度，在雅鲁藏布江大拐弯西侧峡谷干流中，还出现了四组瀑布群，巨量的江水从仅有 62 米宽的河床上跌落下来，发出震耳欲聋的轰鸣，形成气势磅礴的瀑布奇观。

雅鲁藏布大峡谷核心地段谷地最低处仅有 500 米，而两侧山脉主脊线大多在 5000 米左右，其间还林立着许多 6000 米以上的雪峰，所以山地垂直地域分异明显，山麓谷底为流水作用带。其中游段谷地呈现出险岸陡立的嶂谷景观，仅在其上游段与下游段谷地中有阶地发育，支沟口常见有洪积扇和泥石流堆积扇。这里气候条件比较优越，是大峡谷地区传统的农业地带及居民集中居住区域。在森林线到谷坡之间的中山地带，多生长有茂密的森林，该带为流水与重力作用地带，流水形成的冲沟、切沟与瀑布随处可见，因重力作用形成的石流、倒石堆、滑坡比比皆是。在林线以上到雪线间的地区则为寒冻风化地带，岩屑坡、雪蚀洼地等冰缘地貌类型较为常见。此外，冰碛垄、冰川湖等古冰川遗迹也时有所见。雪线以上的地区为高山冰雪作用带，由于大峡谷地区年降水丰沛，高山有发达的海洋性冰川，山脊部位冰川侵蚀形成的角峰、刃脊、冰斗等冰蚀地貌十分常见，山脊两侧坡面布满众多的雪崩滑槽，山麓多雪崩堆。由于雅鲁藏布大峡谷地区降雪丰富、冰川发育良好且山势陡峻，该地区极易发生冰雪崩塌、冰川湖溃决、冰川泥石流等山地冰雪灾害。所以当地在修建交通道路、森林防火巡护路、自然保护区巡护线路和其他基础设施时极易受到影响和遭到破坏。

三、气候特征

墨脱县地貌类型多样，以高山深切峡谷地貌为主，由于地势高差大（相对高差 7000 多米），山地出现了明显的气候垂直变化。雅鲁藏布江大拐弯的南面多雄拉山地，从终年冰雪覆盖的寒带向下，相继出现了山地亚寒带、山地温带、山地亚热带和山地热带等垂直气候带。

墨脱县属喜马拉雅山东侧亚热带湿润气候区。四季如春，雨量充沛，年均温 18.4℃，年降水量在 2330 毫米以上。

自帮辛乡的帮辛村以西顺雅鲁藏布江而下，经墨脱县德兴乡至背崩乡，在这个区域内的河谷地带，属于热带季雨林向亚热带气候过渡区，年平均气温 18℃—22℃，日平均气温≥ 10℃，积温 5900℃—7500℃，最热月（7 月）平均气温 25℃—28℃，最冷月（1 月）平均气温 12℃—16℃，全年无霜或偶有轻霜。年降水量 2000—3000 毫米（1982 年在县城内测定为 3200 毫米）。冬季雨水稀少，有一短暂的干旱时期，年平均相对湿度 70%—80%。

背崩乡西让村以南地区为海拔 500 米以下的低山、平原和山麓，沿雅鲁藏布江下游峡谷向上可达布金附近。这里具有冬季少雨多雾、夏季高温多雨的气候特点，年平均气温在 22℃以上，日平均气温≥ 10℃，积温 7500℃。最热月（7 月）平均气温 28℃，最冷月（1 月）平均气温不低于 6℃，极端最低气温不低于 5℃。年降水量在 3000 毫米以上，冬季虽雨少，但常有浓雾和露水，因而干旱期不明显，年平均相对湿度大于 80%，属于热带雨林。

自帮辛乡往东北方向的地区，即加热萨乡和格当乡。该地区为亚热带湿润气候区，平均温度 16℃—18℃，日平均气温≥ 10℃，积温 5000℃—5500℃，最热月（7 月）平均气温 20℃—25℃，最冷月（1 月）平均气温 5℃—8℃，极端最低气温－ 3℃，1—2 月有轻霜。年降水量 1500—2000 毫米，多集中在 6—9 月，冬季雨水稀少，有一段干旱时期，年平均相对湿度 70% 左右。

经检测，墨脱县大气中的有害元素如铅、砷、硒、镍、溴等含量非常低；硫、氯、汞等元素也低于我国或世界已知的洁净地区。各种元素主要来自当地岩土，受大气环境影响微弱。

墨脱县的主要气候特征是由雅鲁藏布大峡谷地区的气候特征决定的。雅鲁藏布大峡谷地区位于东喜马拉雅山脉、念青唐古拉山脉和伯舒拉岭形成的向南开口的马蹄形山环的内侧。在此，雅鲁藏布江与其支流帕隆藏布切穿了其北缘的山地屏障，形成了印度洋暖湿气流北上高原的最重要水汽通道，位于水汽通道核心部位的雅鲁藏布大峡谷地区深受其惠，成为北半球同纬度水热条件最优越的地区。由于地形对水汽输送的影响颇大，大峡谷南北之间相差不足一个纬距，但气候却产生了明显的分异。其以横亘于雅鲁藏布大峡谷地区中北部的东喜马拉雅山脉和岗日嘎布山脉为界，南部为湿润的热带、亚热带山地气候，北部则为半湿润的亚热带、温带山地气候。

即使是雅鲁藏布大峡谷最南部地区，其地理位置也已在北纬 29° 以北，超过热带气候带北界——北回归线。按道理应属于亚热带的范畴。但由于雅鲁藏布大峡谷特殊的水汽通道作用，夏季在青藏高原内陆热低压的诱导下，强大的印度洋暖湿气流沿通道源源不断地涌入雅鲁藏布大峡谷地区，并经此北上，带来丰富的降水和热量；冬季其北部又有高大的山地屏障，使之免受寒流的侵袭，因此，该地区低海拔谷地形成了独特的热带北缘湿润气候，而在山地坡面上形成了我国较完整的由五个主要气候带组成的山地垂直气候带谱。

1. 低山热带北缘湿润气候带

此气候带分布于海拔 1100 米的雅鲁藏布江与其支流谷地。年平均气温 16.5℃—20℃，冬季气温可达 10℃以上，年降水量 2500—3000 毫米。发育着低山热带半常绿季风雨林生态系统。

2. 山地亚热带气候带

此气候带分布于海拔 1100—2400 米的雅鲁藏布江与其支流谷坡。年平均气温 11℃—16.5℃，最冷月气温 4℃—6℃，冬季有霜冻但不严重，年降水量 2000—2500 毫米，冬季有降雪。发育着中山亚热带常绿、半常绿阔叶林生态系统。

3. 亚高山温带湿润气候带

此气候带分布于海拔 2400—4000 米的雅鲁藏布江与其支流谷坡。年平均气温 2℃－11℃，年平均降水量 3000—3200 毫米，冬季有降雪。发育着亚高山温带常绿针叶林生态系统。

4. 高山亚寒带湿润气候带

此气候带分布于海拔 4000 米的林线之上至 4800 米雪线附近。年平均气温－5℃—2℃，年平均降水量 2000—3000 毫米，冬季积雪时间长达 6 至 8 个月。发育着高山亚寒带灌丛草甸生态系统与高山亚寒带冰缘生态系统。

5. 高山寒带冰雪气候带

此气候带分布于 4800—5000 米的雪线之上。气候极端寒冷，年平均气温在－5℃以下，年降水量 2000—3000 毫米，除山坡极陡处和多风处，大部地区终年为冰雪所覆盖。发育着以藻类及地衣为主的冰雪生态系统。

雅鲁藏布大峡谷北部地区由于受山地的雨影效应的影响，印度洋暖湿气流影响减弱，发育着亚热带、温带山地气候。其山地垂直气候带基带为山地亚热带气候带，上部依序分布着亚高山温带湿润气候带、高山亚寒带湿润气候带和高山寒带冰雪气候带。其各带温度指标与南部十分相似，只是降水有较大差异，各垂直气候带界线因受水热平衡的影响，大部分都上升 200—300 米，例如，北部山地亚热带气候带的年降水量仅有 600—800 毫米，其生态系统由山地亚热带硬叶常绿阔叶林生态系统组成；亚高山温带湿润气候带年降水量也降至800—1600毫米，在亚高山温带常绿针叶林生态系统中云杉林替代了铁杉林成为本带的下半亚带的顶级群落。在高山亚寒带湿润生态系统中，年降水量也降至800—1000毫米。高山亚寒带灌丛草甸生态系统的组成产生明显变化。

四、水文特征

雅鲁藏布江被视为西藏自治区的“摇篮”和“母亲河”，是西藏最长的河流，又是世界上海拔最高的河流。其在我国境内全长2057公里，其流域面积24.6万平方公里。从流域面积来看，在我国各大河流中，雅鲁藏布江排在长江、黄河、黑龙江和珠江之后。其年平均流量约每秒4425立方米。

墨脱县降水量充沛，地表切割密度大，水系发育旺盛，河流均为外流水系，湖泊都是淡水湖。由于受海洋性气候的影响，所形成的冰川均为海洋性冰川。全县水域总面积683.35平方公里，占总面积2.18%；其中，河流面积220.47平方公里，占水域面积32.26%；湖泊面积23.79平方公里，占水域面积3.48%；滩涂面积28.92平方公里，占水域面积4.23%；冰川及永久积雪面积410.17平方公里，占水域面积60.02%。

1. 河流

墨脱县境内有众多的河流和小溪，分布如网，因地势由北向南倾斜，河水都流入雅鲁藏布江，向南流出境。本地区河流主要属雅鲁藏布江水系，大的支流有金珠曲、嘎隆曲、多雄曲、墨脱河、西工河、德尔工河等。

2. 温泉

由于大断裂充分发育，地热出露点多，墨脱地区形成众多温泉。墨脱县有五大温泉，即果登温泉、甘登温泉、达木温泉、阿尼桥温泉、加热萨温泉。

3. 湖泊

墨脱县境内湖泊大小可谓千差万别、形态各异。海拔较高的高山湖泊面积一般很小，为“微型湖泊”。海拔较低的亚热带或热带雨林中，由于雨量充沛，地表河水补给充足，湖泊的面积较大。东喜马拉雅山脉各大山口，如多雄拉、那木拉、德阳拉；岗日嘎布山脉各大山口，如多热拉、金珠拉、崩崩拉、日清拉、安扎拉等，都有小型湖泊，面积一般在 500 平方米以下。山口以下的山凹、山腰附近或高原平面上，也常出现大小不一的湖泊，如贡堆湖、朝俄错、玛仁错、疙瘩错等，还有不计其数不知名的小湖。背崩乡有几个面积较大的湖泊，如西工湖、布裙湖等。

4. 瀑布

墨脱县境内雅鲁藏布大峡谷，长约 504.6 公里，从海拔 7782 米的南迦巴瓦峰至海拔约 155 米的巴昔卡，落差超过 7000 米。在长 2.9 公里，宽 35.70 米的基岩河道内的多吉帕姆谷地，坡降达 75.35‰，分布着 2 组共含有 10 余个 10 米以上落差的瀑布群。

5. 冰川

墨脱县北部的冰蚀高山、极高山，是全县海拔较高的部分，海拔多数在 5500 米以上，多为角峰、刃脊。高寒的气候条件使大量的天然降水以固体的形式降于高山之上，年久堆积，雪线以上，终年积雪不化，山顶现代冰川发育良好。墨脱县境内冰川主要为南迦巴瓦冰川、加拉白垒冰川和嘎隆拉冰川三大冰川。

五、土壤特征

墨脱县所在的雅鲁藏布大峡谷，土壤形成的生物气候条件复杂、土壤类型多样、土壤资源丰富，在地理分布上土壤的水平与垂直分异明显，主要由 8 种类型组成。

1. 砖红壤性黄壤

砖红壤性黄壤主要分布于雅鲁藏布大峡谷南部地区 1100 米以下的谷坡与阶地。土层较浅，多为 20—40 厘米，层次较为分明，土体呈灰黄或棕黄色。土壤表层有机质含量约为 3.35%，全剖面 pH 为 5.0—6.0，呈酸性反应。氧化铝有表层富集现象，而氧化铁则有向下淋溶趋势。该土类有较强的富铝化作用。

2. 山地黄壤

山地黄壤主要分布于海拔 1100—1900 米的山地。在缓坡、阶地处土壤发育良好，发生层次也较为明显，土壤颜色以黄色为主。表层有机质含量可达 8%—10%。土壤含氮量较高，一般在 0.2%—0.4%。全剖面 pH 为 5.5 左右，呈酸性反应。土壤属壤质土，有一定侵蚀与淋溶作用，有淋溶淀积现象。

3. 山地黄棕壤

山地黄棕壤主要分布于海拔 1900—2300 米的山地，土壤发育程度较好，层次较分明，枯枝落叶层可达 5 厘米。表层有机质含量约为 10%。脱硅富铝化作用较弱，多属砂壤。

4. 山地棕壤

山地棕壤主要分布于海拔 2300—2800 米的山地。表层枯枝落叶层很浅，腐殖质层 10—20 厘米，下面有棕色淀积层。

其有机质含量较高，表层可达 50% 左右。土壤 pH 约 5.0。土壤中氧化物与半倍氧化物含量稳定，且分布均匀。

5. 山地灰化土

山地灰化土分布于海拔 2800—4100 米的山地。土壤表层凋落物质厚 3—10 厘米，腐殖质厚 5—10 厘米，多为黑棕色壤土。层下可见灰白色或灰色淀积层。其有机质含量较高，表层有机质含量可达 8%—16%。土壤 pH 约 5.0。

6. 亚高山灌丛草甸土

亚高山灌丛草甸土主要分布于海拔 3600—3900 米的山地。一般发育有灌木与草本植物根系形成的紧实草皮层，厚达 3—10 厘米。有机质含量一般在 5% 以上，高者可达 17%。土壤淋溶作用强烈，特别是铁的淋溶较强。土壤 pH 为 4.0—5.0。

7. 高山草甸土

高山草甸土广泛分布于 3800—4600 米的山地。土壤形成过程以有机质积累为主，土层上部根系多以原形累积起来，形成毡状草皮层，土层厚度约 50 厘米，上部有 8—15 厘米的腐殖质层，颜色为灰黑色。表层有机质含量在 15% 左右。土壤 pH 为 4.6—5.1。土壤淋溶作用较弱，多为砂壤。

8. 高山漠土

高山漠土主要分布于海拔 4800 米以上的雪线上部地区。土壤处于原始状态，土层很浅，一般不超过 15 厘米。在局部有植物聚集的小环境处，土壤表层有机质可达到 2.8%。土壤 pH 为 5.5—6.0。大部分地区的土壤发育不良且含有大小不一的石块。

六、植被类型

墨脱县处在特殊的水汽通道位置，在青藏高原局地环境与复杂的高山峡谷地表形态综合作用下，形成的多样的气候直接导致了该地区生物群落栖息地生态环境的多样性。这种多样性在大峡谷特殊的生命演变历史中，造就了墨脱县复杂多样的生态系统类型以及各生态系统内多样的生态学过程。在这里，最为奇特的就是热带北缘湿润山地生态系统的垂直与水平分异非常明显。

墨脱县所在的东喜马拉雅山脉南麓湿润地区，是整个印度洋季风控制区域内具有较优越水热组合条件的地区。在该地区内，夏季印度洋季风盛行之时，大量暖湿气团沿雅鲁藏布江下游纵向谷地向北源源不断地涌来，气团流经该地区时由于受到横贯东西的东喜马拉雅—岗日嘎布山脉的阻挡，暖湿气团被迫沿坡上行，攀越山脊和山口而过。在这一过程中，气团所携大量水汽凝作雨水落下，使整个南麓地区得到了无比丰沛的降水和大量凝结潜热。该地区水热组合条件最好的是 1100 米以下的谷地，热带北缘的半常绿季风雨林生态系统沿雅鲁藏布江河谷向北一直分布到北纬 29°30′附近的地区，所达位置远远超出了该类型生态系统所应分布的纬度，因此成为整个北半球分布最北的雨林。该地区拥有我国山地生态系统较完整的垂直类型组合系列，其由低山热带北缘半常绿季风雨林，中山亚热带常绿、半常绿阔叶林，亚高山温带常绿针叶林，高山亚寒带灌丛草甸和高山亚寒带冰缘 5 个垂直顶极生态系统类型组成。

墨脱县境内受印度洋暖湿气流的强烈影响，距海洋远近不同的地方，其水热条件有明显的差异，由南至北由热带雨林过渡到湿润的亚热带气候，在这种气候条件下，各种植物四季均能旺盛生长，到处都是一望无际的原始植被和次生林木。

从南到北相继出现热带雨林、热带季雨林和亚热带雨林，植被种类繁多，高山深切峡谷地貌，相对高差大，气候的垂直变化明显，因而出现相应的植被垂直分布规律，从低热河谷的热带季雨林到寒漠荒凉的高山稀疏垫状植被带，中间依次出现有常绿阔叶林、针阔混交林、暗针叶林、灌丛草甸及高山草甸等植被垂直带。植被的水平分布与垂直分布紧密地结合在一起，导致了墨脱县植被的复杂多样性。

1. 低山热带北缘半常绿季风雨林生态系统

低山热带北缘半常绿季风雨林生态系统分布于东喜马拉雅—岗日嘎布山脉南翼海拔 1100 米以下的前山和低山地区。所在地具有较优越的气候条件，年平均气温 16.5℃—20℃，年均降水量高达 2500—3000 毫米，全年基本无霜，土壤为砖红壤性黄壤。与赤道的热带雨林生态系统相比，因其分布纬度较高，热量条件变劣，降水亦具有显著季节变化，一层乔木由半常绿树种组成的，为此我们称其为半常绿季风雨林生态系统。

该系统分布在本地区海拔 500—1100 米的雅鲁藏布江及其支流谷地，主要由千果榄仁（*Terminalia myriocarpa*）、阿丁枫（*Altingia excelsa*）等顶极群落，以及中平树（*Macaranga denticulata*）、山枇杷果（*Ficus semicordata*）、尼泊尔桤木（*Alnus nepalensis*）、斑茅（*Saccharum arundinaceum*）、菅（*Themeda villosa*）等演替群落组成。千果榄仁和阿丁枫等群落一层乔木，几乎全部由在旱季末期集中换叶的半常绿树种组成，而林下二层乔木如小叶榕（*Ficus concinna*）、厚壳桂（*Cryptocarya chinensis*）、马蛋果（*Gynocardia odorata*）则为常绿阔叶乔木，所以尽管群落一层乔木有明显的季相变化，但群落外貌终年仍保持常绿，为此我们称之为半常绿季风雨林。该类森林的一层乔木高 30—45 米，胸径为 80—150 厘米，树冠郁密。整个乔木层郁闭度为 0.6—0.7，林下阴暗潮湿，木质藤本植物如刺苞省藤（*Calamus acanthospathus*）、垂子买麻藤（*Gnetum pendulum*）、扁担藤（*Tetrastigma planicaule*）等攀折缠绕于林际，附生蕨类如长叶巢蕨（*Neottopteris phyllitidis*），各种附生兰如密花石斛（*Dendrobium densiflorum*）、密花石豆兰（*Bulbophyllum odoratissimum*）

等悬挂其上蒙络摇缀，树干还爬满了毛过山龙（*Rhaphidophora hookeri*）。林下灌木稀少，草本植物不甚发育，以血红蕉（*Musa sanguinea*）、疏伞楼梯草（*Elatostema laxicymosum*）和尖苞柊叶（*Phrynium placentarium*）为多。林中板根和茎花现象明显。

该生态系统植物区系十分丰富，仅次于常绿季风雨林。整个系统生物生产量很高，是大峡谷地区热带生物物种集中分布的系统。由于该系统所在地人类生产活动十分频繁。原始植被遭到较大破坏，仅有少量分布于陡峻山坡和偏僻支流河谷的原始植被得以保存，大部地区为次生演替群落所覆盖，其内的生物区系组成远不如原始林丰富，且常受到人类刀耕火种的威胁。

2. 中山亚热带常绿、半常绿阔叶林生态系统

中山亚热带常绿、半常绿阔叶林生态系统分布在海拔 1100—2400 米的谷坡。所在地气候温暖潮湿，年平均气温 11℃—16.5℃，年均降水量 2500—2700 毫米，无霜期 200—330 天，土壤为山地黄壤和山地黄棕壤。植被由山地常绿与半常绿阔叶林组成。前者分布于海拔 1100—1800 米的山坡，所在地与低山热带北缘半常绿季风雨林一样，是人类生产活动较为集中的地区，大片森林均被辟为农地，现有植被大都是树龄不足 30 年的次生林。后者则因分布于 1800—2400 米的谷坡，海拔较高。山谷人类活动不如山坡频繁，所以仍保留有较大面积的原始林。

常绿阔叶林生长地位于山地云雾线以下，因气温较高、蒸发强烈，气候有些干旱。植被主要由瓦山栲（*Castanopsis ceratacantha*）、刺栲（*Castanopsis hystrix*）及西藏栎（*Quercus lodicosa*）等群落组成。上述群落在遭到人为破坏以后，恢复较快。经过 30 年的生长，即可郁闭成林，树木一般高 15—20 米，乔木层其他树种很少，常见者有马蹄荷（*Exbucklandia populnea*）、锈毛山龙眼（*Helicia vestita* var. *longipes*）等。群落层次不分明。乔木密度大，林下阴湿，灌木和草木层

主要由毛果柃（*Eurya trichocarpa*）、美果九节（*Psychotria calocarpa*）和楔苞楼梯草（*Elatostema cuneiforme*）组成。林中野生动物较多。这类群落多发育在远离村庄的偏僻地，大部地区则生长着树龄15年以下的次生林，一般林高不足20米，常与演替的中间群落如野桐、大花水东哥（*Saurauia punduana*）、野蕉（*Musa balbisiana*）、蕨（*Pteridium aquilinum*）等群落复合分布。

半常绿阔叶林位于山地云雾线之上及最大降水带下部，与常绿阔叶林在1800米处分界。该类森林具有明显的季相变化，每到4月份，林中一层乔木的树叶在短短的一个月之内全部落光，与此同时，新叶亦出，这种森林与常绿阔叶林和落叶阔叶林都有所区别，是1983年考察时首次发现的，发现者称其为半常绿阔叶林。该类森林主要由薄片青冈（*Cyclobalanopsis lamellosa*）、西藏青冈（*Cyclobalanopsis xizangensis*）、通麦栎（*Quercus tungmaiensis*）等群落组成，这类树木可高达30—40米，胸径一般为60—120厘米，树冠半球形；林下二层乔木主要由马蹄荷、西南木荷（*Schima wallichii*）、西藏山龙眼（*Helicia tibetensis*）组成，林内十分阴湿，长满空竹（*Cephalostachyum latifolium*）等各种藤状竹类。草木层以楔苞楼梯草（*Elatostema cuneiforme*）、假楼梯草（*Lecanthus peduncularis*）为主。苔藓层片发育极好，因此，也有人称其为“苔藓林”“雾林”。此类森林面积很大，而且冬季林下积雪较少，是南翼高山野生动物主要的越冬场所。在陡峻的山坡，半常绿阔叶林常因塌方、泥石流和山崩受到破坏，而出现由乔松（*Pinus wallichiana*）群落组成的演替中间群落，二者常呈复合分布，乔松群落多占据阳坡。在被泥石流全部摧毁的裸地则生长着尼泊尔桤木（*Alnus nepalensis*）组成的演替群落。

3. 亚高山温带常绿针叶林生态系统

亚高山温带常绿针叶林生态系统分布在海拔2400—4000米的亚高山地区。所在地位于山地最大降水带的中部和上部，气候温凉湿润，年平均气温 2℃—11℃，年均降水量 3000—3200 毫米，无霜期 85—210 天，整个冬季林内常有 0.5 米以上的积雪。土壤为暗棕壤和漂灰土。其植被为亚高山常绿针叶林，由云南铁杉（*Tsuga dumosa*）、墨脱冷杉（*Abies delavayi* var. *motuoensis*）两种植物群落组成。前者分布在海拔 2800 米以下的地区，建群种云南铁杉高 60—80 米，胸径可达 2—3 米，形成高大茂密的森林。林中一层乔木很少有其他树种，二层乔木主要有长喙厚朴（*Magnolia rostrata*）、毛柄钓樟（*Lindera villipes*）和各种乔木状杜鹃如巨魁杜鹃（*Rhododendron grande*）、紫玉盘杜鹃（*Rhododendron uvariifolium*）等组成，有时亦生长着茂密的竹丛。林内阴暗潮湿，草本植物以短叶瘤足蕨（*Plagiogyria decrescens*）、灰背瘤足蕨（*Plagiogyria glaucescens*）为主。苔藓层片发育极好。后者分布在海拔 2800—4000 米的地段，由墨脱冷杉构成的森林远不如云南铁杉林高大，一般仅有 30—50 米高，但乔木层密度较大，一层乔木伴生树种还有苍山冷杉（*Abies delavayi*）及云南铁杉等，林内状况与前者相似，乔木杜鹃为多，苔藓覆被甚厚。林内各种真菌、细菌组成的分解者十分活跃，很多树木未至成年即枯朽腐烂，林下倒木纵横，地表腐殖质积累较厚。亚高山常绿针叶生态系统远离人类生产活动区，少受人为破坏，还保存有较大面积的过熟原始林，是众多哺乳动物、鸟类的栖息地。

4. 高山亚寒带灌丛草甸生态系统

高山亚寒带灌丛草甸生态系统分布在海拔 4000—4400 米的高山地区。所在地气候寒冷、湿润，年平均气温 2℃ — 1℃，年均降水 2000—3000 毫米，无霜期不足 85 天，一年积雪时间长达 6 个月以上，积雪厚度 1—5 米。土壤为高山灌丛草甸土。作为该生态系统第一生产者的植被与前述各系统不同，它是由灌丛和草甸两个呈复合分布的植被类型组成，其中灌丛植被占有较重要的地位，它广泛分布在土层较厚的山坡、山口和山顶平台，以黄杯杜鹃（*Rhododendron wardii*）、火红杜鹃（*Rhododendron neriiflorum*）、毛冠杜鹃（*Rhododendron laudandum*）、鳞腺杜鹃（*Rhododendron lepidotum*）、绿柱杜鹃（*Rhododendron brachyanthum subsp. hypolepidotum*）、平卧杜鹃（*Rhododendron pronum*）等群落，以及各种垫状柳如黄花垫柳（*Salix souliei*）、扇叶垫柳（*Salix flabellaris*）、毛叶小垫柳（*Salix pilosomicrophylla*）、尖齿叶垫柳（*Salix oreophila*）等灌丛群落为主。在靠近林线附近，由黄杯杜鹃组成的灌丛形成高 1—2 米的稠密丛林，人难以通行。随着海拔增高，灌丛高度渐低，在近山口处，由垫状柳、岩须（*Cassiope selaginoides*）等组成的灌丛，已成伏地状，高不足 20 厘米。草甸植被多分布在积雪凹地、冰碛垄，以及陡峭的岩壁之上，主要由细茎驴蹄草（*Caltha sinogracilis*）、近多鳞鳞毛蕨（*Dryopteris komarovii*）、岩白菜（*Bergenia purpurascens*）、叶状柄垂头菊（*Cremanthodium phyllodineum*）、丛生荽叶委陵菜（*Potentilla coriandrifolia* var. *dumosa*）和纤莛粉报春（*Primula glabra* subsp. *genestieriana*）等以阔叶杂类草为主的群落构成。与前述森林植被构成的生态系统相比，高山灌丛草甸生态系统气候条件较严酷，全年积雪时间长，植物生长期短，生物生产量较低，但是这里夏季草木茂盛，牧草营养价值高，加之又少有人类侵扰，所以是许多野生食草动物夏季的主要栖息地。

5. 高山亚寒带冰缘生态系统

在由生物群落与环境共同构建的生态系统中，高山亚寒带冰缘生态系统处于其垂直类型组合系列的最上部，分布于海拔 4400—4900 米的恒雪线下部地区。所在地气候极端严酷，年平均气温 − 2℃— − 5℃，几乎全年都可能有霜冻出现，年降水量为 2000—3000 毫米，多以固体形式落下，全年大部时间地表都处在厚厚的积雪覆盖之下，一年中地表出露的时间仅有 2 至 3 个月。这里寒冻风化作用十分强烈，崩塌岩块形成大片流石坡，除此之外便是陡壁悬崖和各种冰碛垄。土壤发育原始，为高山寒冻土。植被由各种先锋植物群聚组成，它们散布在各类相对较好的小生境中。比较常见的有山蓼（*Oxyria digyna*）、冰岛蓼（*Koenigia islandica*）、长梗蓼（*Polygonum griffithii*）、长鞭红景天（*Rhodiola fastigia-*

ta）、柴胡红景天（*Rhodiola bupleuroides*）、单花荠（*Pegaeophyton scapiflorum*）、矮小白珠（*Gaultheria nana*）和由地衣、苔藓、菊科、虎耳草科、石竹科、十字花科的各种植物组成的先锋植物群落。

七、生物类型

墨脱县面积占西藏自治区的 1.8% 和占全国面积的 0.23%，境内共有维管束植物 2117 种，苔藓植物 161 种；哺乳类动物 70 种，鸟类 291 种，爬行动物 46 种，两栖动物 34 种，昆虫 2000 余种。这里被生物学家称誉为中国生物资源的“基因库”。

八、自然灾害

墨脱县地处喜马拉雅山脉东端，雅鲁藏布江贯穿全境，位于喜马拉雅断裂带和墨脱断裂带上，地质活动频繁；加之海拔垂直跨度大，气候潮湿多雨，地震、滑坡、塌方、泥石流、雪崩等成为这里的频发的主要自然灾害。

1. 地质风险特点

墨脱县位于喜马拉雅山脉南麓，地处雅鲁藏布江大拐弯，是地质风险高发区，这给当地的生态环境建设带来很大的挑战。其地质风险特点如下：

从风险类型看，墨脱县存在的地质风险主要为滑坡、泥石流及地震等，且复合型地震灾害发生概率大。

从时间分布看，地质灾害风险发生高发期在 5—9 月。

从空间分布看，地质灾害风险发生高发区域为雅江峡谷地区，土质薄弱、地势落差大的地区。

从灾害情况看，地质灾害多数情况会对有道路交通、村庄、房屋的居民活动密集的区域造成严重的损失。

从发生成因看，墨脱复杂独特的地质构造地貌类型、马蹄形的地势特征，以及降水充沛且集中的气候特征等都是诱发地质灾害发生的原因。

2. 水文气象风险特点

墨脱地区沟谷纵横，加之受印度洋暖湿气流的影响，降水丰沛，故水系较发达，河网稠密。气候类型的垂直变化、空间分异和季节差异均比较显著，是水文气象风险高发区。具体特点如下：

从风险类型看，墨脱的水文气象灾害风险主要是暴雨、洪灾、冰雹等，结合墨脱独特的地形地势特征，复合水文气象灾害风险发生的概率也比较大。

从时间分布看，暴雨高发期集中在 6 至 9 月，冰雹灾害风险集中在当年 11 月至来年 2 月。这与墨脱地区气温降水量分布特征相关。

从空间分布看，水文气象风险在气温和降水方面的变化在帮辛、背崩、加热萨和格当等地发生概率较大。

3. 自然保护区风险特点

雅鲁藏布大峡谷自然保护区在墨脱境内由四大核心区、两大缓冲区和两大实验区组成。其中，保护区内主要保护对象是以热带北缘半常绿季风雨林生态系统为基带的我国较完整的湿润山地森林生态系统垂直类型组合系列与生存其间的众多珍稀、濒危生物物种。

自然保护区构成

功能区		范围	面积 / 平方公里	主要保护内容
核心区	南迦巴瓦—加拉白垒核心区	南以白母西日曲与央朗藏布分水岭为界，北至东久河和拉月曲；西以则巴弄西侧山脊、白努弄巴东北山脊，南迦巴瓦峰西北山脊和西南山脊，东抵帕隆藏布和雅鲁藏布江西岸山坡	1745	世界第一的峡谷奇观、南迦巴瓦峰东南和西北两坡完整的山地生态系统，以及加拉白垒保护区的东久赤斑羚等珍稀物种
	德阳沟核心区	南西以泸公河西南侧分水岭为界，北东至比西日与多雄曲的分水岭；东北起动喜马拉雅主脊线，西南抵朗司令、嘎隆拉和比西热一线	718	热带半常绿季风雨林和亚热带常绿、半常绿阔叶林生态系统，以及珍稀的保护动物羚牛
	布裙湖核心区	南和东以恩姆拉河与西工河分水岭为界，北至西工河；西抵西工河与尼勒河和德尔工河分水岭——尼隆浦，北至背崩至墨脱的马行道	204	珍稀药材和珍稀水生动植物
	达木核心区	南以金珠曲北岸谷坡 2500 米等高线为界，北至岗日嘎布山脉主脊线；西自嘎隆曲，东达美依弄巴与提琴曲分水岭	448	孟加拉虎等野生动物

续表

<table>
<tr><th colspan="2">功能区</th><th>范围</th><th>面积 / 平方公里</th><th>主要保护内容</th></tr>
<tr><td rowspan="2">缓冲区</td><td>南迦巴瓦缓冲区</td><td>南迦巴瓦—加拉白垒核心区南侧，其北部为核心区的南部边界，西南为多雄曲与白母西日曲分水岭，东南为满玛拉</td><td>243</td><td>有效地保护好南迦巴瓦—加拉白垒核心区</td></tr>
<tr><td>达木缓冲区</td><td>位于达木核心区的西南与南侧</td><td>115</td><td>允许群众在不妨碍孟加拉虎生存环境的情况下，继续从事如耕种、采集等生产活动</td></tr>
<tr><td rowspan="2">实验区</td><td>旅游发展亚区</td><td>由墨脱谷口生态旅游区、雅鲁藏布大拐弯生态旅游区、多雄曲峡谷生态旅游区、波墨公路生态旅游区、墨脱中段河谷生态旅游区和易贡湖生态旅游区 6 个生态旅游区组成</td><td>4806</td><td>—</td></tr>
<tr><td>科学实验亚区</td><td>分布在保护区南部地区</td><td>792</td><td>—</td></tr>
</table>

第二节　自然资源特征

一、生物资源

墨脱县的生物资源与所在的雅鲁藏布大峡谷国家级自然保护区的生物资源基本相同。根据相关调查和资料不完全统计，雅鲁藏布大峡谷国家级自然保护区内共有维管束植物 5039 种、苔藓植物 512 种、大型真菌 686 种、锈菌 209 种，分别占西藏自治区维管束植物总种数的 65%、苔藓植物总种数的 65%、大型真菌总种数的 78%、锈菌总种数的 77%，以及占全国维管束植物总种数的 13%、苔藓植物总种数的 25%、大型真菌总种数的 17%、锈菌总种数的 24%。哺乳类动物 63 种，鸟类 232 种，爬行动物 25 种，两栖动物 19 种，昆虫 2000 余种。雅鲁藏布大峡谷国家级自然保护区生物种类之丰富完全可与我国生物种类较丰富的海南岛及西双版纳相媲美，如果与北半球相同纬度地区比较，该区域则可位居榜首。因此，它被生物学家们称誉为中国生物资源的种质库。

二、植物资源

在墨脱县众多丰富的生物多样性资源中，植物资源占有较重要的地位，它不仅种类丰富，还蕴藏量大，应用范围广。据其用途可分为材用植物、药用植物、观赏植物、油料植物、纤维植物、果树植物、芳香油植物、树脂植物、树胶植物、染料植物、手工艺品原料植物等。

pronum），花色鲜红、呈乔木状、高达7—14米的树形杜鹃（*Rhododendron arboreum*），20余朵粉红色花朵呈总状伞形花序簇生于枝顶的林生杜鹃（*Rhododendron lanigerum*），花色从黄橙色至淡乳黄色多变的乳突杜鹃（*Rhododendron papillatum*），色泽鲜黄、花朵硕大的宏钟杜鹃（*Rhododendron wightii*）和弯果杜鹃（*Rhododendron campylocarpum*），较耐干旱的小型杜鹃，如具紫色花冠的雪层杜鹃（*Rhododendron nivale*）、具粉白半透明花冠的髯花杜鹃（*Rhododendron anthopogon*）等，还有令人称奇的是具有芬芳香气的白喇叭杜鹃（*Rhododendron taggianum*）和滇隐脉杜鹃（*Rhododendron maddenii* subsp. *crassum*）等。与杜鹃花齐名的喜马拉雅野生花卉还有报春花属、龙胆属和马先蒿属花卉，这三属植物在世界上各有500—600种，在大峡谷地区分别有50余种，约占世界总种数的10%，其中许多是色泽艳丽、花形优雅的珍贵种类。报春花属的花卉如暗紫脆蒴报春（*Primula calderiana*）、粗齿紫晶报春（*Primula odontica*）、察日脆蒴报春（*Primula tsariensis*）、球花报春（*Primula denticulata*）、中甸灯台报春（*Primula chungensis*）、山南脆蒴报春（*Primula jucunda*）、钟花报春（*Primula sikkimensis*）、苣叶报春（*Primula sonchifotia*）、石岩报春（*Primula dryadifolia*）等。龙胆属花卉如无尾尖龙胆（*Gentiana ecaudata*）、蓝玉簪龙胆（*Gentiana veitchiorum*）、大花龙胆（*Gentiana szechenyii*）、七叶龙胆（*Gentiana arethusae var. delicatula*）等。马先蒿属的花卉花形奇特、花色多变、色泽鲜艳，极具观赏价值。其中比较珍奇的有台氏管花马先蒿（*Pedicularis siphonantha var. delavayi*）、团花马先蒿（*Pedicularis sphaerantha*）、鹅首马先蒿（*Pedicularis anas chenocephala*）等。

总之，雅鲁藏布大峡谷地区蕴藏着极为丰富的观赏植物资源，只有科学、合理、有计划地开发，才会对我国园林及花卉产业产生巨大的效益，同时也会有力地促进当地经济的发展。

4. 油料植物

这里的油料植物资源非常丰富。这里所产的食用油料植物许多早已为当地居民所利用，如泡核桃（*Juglans sigillata*）、核桃（*Juglans regia*）、光核桃（*Prunus mira*）、破布木（*Cordia dichotoma*）、马蛋果（*Gynocardia odorata*）、水红木（*Viburnum cylindricum*）、青刺尖（*Prinsepia utilis*）、油葫芦（*Pyrularia edulis*）、油渣果（*Hodgsonia heteroclita*）等，上述这些油料植物除少数为当地居民有意识地栽培种植外，大部分处于半野生状态，其生长分散，产量低，利用价值也不高。

5. 纤维植物

这里的纤维植物种类也比较丰富，除本地区所产的云杉、冷杉、松等许多针叶树种为优良的造纸原料外，较有价值的属瑞香科的滇结香（*Edgeworthia gardneri*）、结香（*Edgeworthia chrysantha*）、长瓣瑞香（*Daphne longilobata*）、大花瑞香（*Daphne macrantha*），以及荛花属（*Wikstroemia*）的几种植物。这些植物树皮纤维坚韧是制造经纸、牛皮纸等高级纸张的原料。此外，本地区南部及北部亚高山常绿针叶林下均产多种竹类植物，如西藏香竹（*Chimonocalamus griffithianus*）、空竹（*Cephalostachyum latifolium*）、西藏牡竹（*Dendrocalamus tibeticus*）、喇叭箭竹（*Fargesia extensa*）、西藏箭竹（*Fargesia macclureana*）等均是很好的竹编及造纸原料，其蕴藏量比较丰富。重要的纤维植物还有荨麻科的长叶苎麻（*Boehmeria penduliflora*）、水麻（*Debregeasia orientalis*）等。梧桐科的昂天莲（*Amboroma augustum*）、藏苹婆（*Sterculia hamiltonii*）等也是很好的纤维植物，当地用以搓制绳索。棕榈科的刺苞省藤（*Calamus acanthospathus*）、多花省藤（*Calamus floribundus*）则可破成藤篾，编织成各种精美实用的背篓、箱盒及藤席，当地居民还用其藤条编成几十米甚至上百米的藤网桥。

6. 果树资源

这里的野生果树资源种类十分丰富。主要野生果树资源有山荆子（*Malus baccata*）、变叶海棠（*Malus toringoides*）、丽江山荆子（*Malus rockii*）、锡金山荆子（*Malus sikkimensis*）、滇池海棠（*Malus yunnanensis*），它们都可以选作苹果的砧木。除此之外，本地区北部所产的毛叶木瓜（*Chaenomeles cathayensis*）、西藏木瓜（*Chaenomeles thibetica*）还可以作为苹果、桃、李、樱桃的矮化砧木。粉枝莓（*Rubus biflorus*）、大花悬钩子（*Rubus wardii*）等十余种悬钩子的果实可生食和酿酒。杏（*Prunus armeniaca*）、光核桃（*Prunus mira*）、梅（*Prunus mume*）、川西樱桃（*Prunus trichostoma*）等许多野生李属植物可以通过选育和嫁接改变其品质。而沙棘（*Hippophae rhamnoides*）是富含维生素 C 的重要果树，在本地区北部有广泛的分布，适于在河滩、荒地上广泛栽培。除沙棘外，这类植物还有牛奶子（*Elaeagnus umbellata*）等胡颓子属植物。区内中山带所产的显脉猕猴桃（*Actinidia venosa*）也是一种富含维生素 C 的野生果树资源。南部还盛产许多北热带、亚热带野生果树，如绵毛水东哥（*Saurauia griffithii*）、大花水东哥（*Saurauia punduana*）、红萼水东哥（*Saurauia rubricalyx*），其果实香甜、别有风味。油葫芦（*Pyrularia edulis*）果肉可食，果核还可榨油。山枇杷果（*Ficus semicordata*）茎生果味道甘美。油渣果（*Hodgsonia heteroclita*）果仁如花生般香甜可口。毛果柿（*Diospyros variegata*）、黑枣（*Diospyros lotus*）均可以作柿子的砧木。本地区最有意义的野生果树为香橼（*Citrus medica*），其广泛分布在 1000—1800 米的山坡，尽管其果实较酸，但它是嫁接甜橙的好砧木，因此只要在原有野生果树上嫁接优良甜橙的接穗，即可成为优质柑橘树。

除上所述，这里的野生经济植物资源还有如可提取栲胶的多种壳斗科植物川滇高山栎（*Quercus aquifolioides*）、刺栲（*Castanopsis hystrix*）、瓦山栲（*Castanopsis ceratacantha*）、薄片青冈（*Cyclobalanopsis lamellosa*）、西藏青

冈（*Cyclobalanopsis xizangensis*）和桦木科的尼泊尔桤木（*Alnus nepalensis*）等，提取贵重芳香油的芳香植物如野桂花（*Osmanthus yunnanensis*）、素方花（*Jasminum officinale*）、岭南茉莉（*Jasminum laurifolium*）、矮探春（*Jasminum humile*）、松风草（*Boenninghausenia albiflora*）、通麦香茅（*Cymbopogon tungmaiensis*）长瓣瑞香（*Daphne longilobata*）、瑞香（*Daphne odora*）等。

三、动物资源

这里森林郁密、草场茂盛，繁育着种类繁多的动物，其中许多是国家和自治区重点保护的珍贵动物和有着较高经济价值、科研价值、保护价值的“三有动物”。

1. 珍稀动物

国家和自治区重点保护动物主要有长尾叶猴（*Presbytis entellus*）、金猫（*Felis temminckii*）、孟加拉虎（*Panthera tigris tigris*）、雪豹（*Panthera uncia*）、棕颈犀鸟（*Aceros nipalensis*）、熊猴（*Macaca assamensis*）、猕猴（*Macaca mulatta*）、金钱豹（*Panthera pardus*）、小熊猫（*Ailurus fulgens*）、水獭（*Lutra lutra*）、林麝（*Moschus berezovskii*）、黑麝（*Moschus fuscus*）、鬣羚（*Capricornis sumatraensis*）、赤斑羚（*Naemorhedus cranbrooki*）、羚牛（*Budorcas taxicolor*）、小爪水獭（*Aonyx cinerea*）、大灵猫（*Viverra zibetha*）、黑熊（*Selenarctos thibetanus*）、血雉（*Ithaginis cruentus*）、雪鹑（*Lerwa lerwa*）、棕尾虹雉（*Lophophorus impejanus*）、白尾梢虹雉（*Lophophorus sclateri*）、黑鹇（*Lophura leucomelana*）、暗腹雪鸡（*Tetraogallus himalayensis*）、大绯胸鹦鹉（*Psittacula derbi-*

ana）、蟒蛇（*Python molurus*）、尖裸鲤（*Oxygymnocypris stewartii*）、墨脱华鲮（*Sinilabeo dero*）等。

2. 药用动物

药用的动物主要有麝，其分泌的麝香为名贵药材；细脆蛇蜥（*Ophisaurus gracilis*）通体可入药，活血去湿；银环蛇（*Bungarus multicinctus*）幼蛇入药，主治风湿痹痛，半身不遂；眼镜王蛇（*Ophiophagus hannah*）的蛇毒可入药。因本区的许多药用动物都是国家重点保护动物，所以它们大部分仅是一种潜在的药用动物资源。

3. 毛皮动物与观赏动物

珍贵的毛皮动物有水獭（*Lutra lutra*）、石貂（*Martes foina*）、金钱豹（*Panthera pardus*）、云豹（*Neofelis nebulosa*）、雪豹（*Panthera uncia*）、青鼬（*Martes flavigula*）、豹猫（*Felis bengalensis*）等，不过现在数量已十分稀少。除国家重点保护的动物外，其他亦限猎，使这些资源得以永续利用。这里还有许多珍贵的观赏鸟类，如绯胸鹦鹉（*Psittacula alexandri*）、蓝喉太阳鸟（*Aethopyga gouldiae*）、火尾太阳鸟（*Aethopyga ignicauda*）、红嘴相思鸟（*Leiothrix lutea*），此外还有许多美丽名贵的蝴蝶。

四、微生物物种

这里的微生物资源种类繁多，尽管对许多门类的微生物还缺乏系统研究，但是仅研究较多的真菌资源就有野生食用菌 238 种，占该地区大型真菌总数 628 种的 37.7%，包括 80 属 31 科，占全国已知食用菌种数的 53.9%，其中有利用价值的至少在百种以上。当地藏族、门巴族和珞巴族采食的不到 20 种。

1. 食用真菌资源

口蘑科（Tricholomataceae）的食用菌有 45 种，像松口蘑（*Tricholoma matsutake*），这种优良食用菌产量多而群众普遍采食，主要分布在波密、林芝、米林高山松和高山栎混交林中。同时，这里还产鳞盖口蘑（*Tricholoma imbricatum*）、黄绿口蘑（*Tricholoma sejunctum*），其分布面积广且产量较多。鸡枞菌（*Termitomyces albuminosus*）、粗柄鸡枞菌（*Termitomyces robustus*）味鲜美，仅分布在雅鲁藏布江下游墨脱县境内海拔 1200 米以下的谷地。当地门巴、珞巴族村民普遍采食。蜜环菌（*Armillariella mellea*）和冬菇（*Flammulina velutipes*）这两种食用菌是大峡谷林带的广布种，前种产量更大。白粘环蕈（*Oudemansiella mucida*）和长根菇（*Oudenlansiella radicata*）较多分布于海拔稍低的林带。块根蘑（*Clitocybe conglobata*）、杯蕈（*Clitocybe infundibuliformis*）；肉色香蘑（*Lepista irina*）等这些食用菌中多属气香味鲜的种类，其中有的可选育栽培。

红菇科（Russulaceae）有食用菌 27 种，比较多见的有松乳菇（*Lactarius deliciosus*）、多汁乳菇（*Lactarius volemus*）、红汁乳菇（*Lactarius hatsudake*）、大白菇（*Russula delica*）、黄菇（*Russula lutea*）、绿菇（*Russula virescens*）、红斑黄菇（*Russula aurata*）、菱红菇（*Russula vesca*）、大红菇（*Russula alutacea*）、黑紫红菇（*Russula atropurpurea*）、花盖菇（*Russula cyanoxantha*）、褪色红菇（*Russula decolorans*）和粉红菇（*Russula subdepallens*）等。这些种类产量多，可采收加工。牛肝菌科（Boletaceae）有食用菌 17 种，其中优质的是美味牛肝菌（*Boletus edulis*）及小美牛肝菌（*Boletus speciosus*）。粘盖牛肝菌属（*Suillus*）的食用菌较多并以松林中最丰富。常见的有褐环粘盖牛肝菌（*Suillus luteus*）、亚褐环粘盖牛肝菌（*Suillus subluteus*）、点柄粘盖牛肝菌（*Suillus granulatus*）、黄粘盖

牛肝菌（*Suillus flavidus*）、灰环粘盖牛肝菌（*Suillus laricinus*）和粘盖牛肝菌（*Suillus bovinus*）等。另有黄疣柄牛肝菌（*Leccinum luteum*）以及松塔牛肝菌科（*Strobilomycetaceae*）的松塔牛肝菌（*Strobilomyces floccopus*）等。铆钉菇科（Gomphidiaceae）有粘铆钉菇（*Gomphidius glutinosus*）、铆钉菇（*Gomphidius viscidus*）、红铆钉菇（*Gomphidius roseus*）三种。卷边网褶菌（*Paxillus involutus*）是网褶菌科（Paxillaceae）极多见的食用菌。

侧耳科（Pleurotaceae）的食用菌达 12 种，全属木生菌。这里分布大量的豹皮菇（*Lentinus lepideus*），当地有采食，可引种驯化而大量栽培，多生于阔叶树木桩上。在针叶林带多有长柄侧耳（*Pleurotus spodoleucas*）、肺形侧耳（*Pleurotus pulmonarius*），以及小白侧耳（*Pleurotus limpidus*）、环柄侧耳（*Pleurotus sajor-caju*）、密褶亚侧耳（*Hohenbuehelia geognia*）。环柄侧耳仅分布于墨脱县海拔 1100 米以下的热带季风雨林带。裂褶菌（*Schizophyllum commune*）也是这里分布相当普遍的菌种并有采食。

蘑菇科（Agaricaceae）有食用菌 18 种，以白林地菇（*Agaricus silvicola*）、野蘑菇（*Agaricus arvensis*）、紫菇（*Agaricus rubellus*）、小白菇（*Agaricus comtulus*）、大肥菇（*Agaricus bitorquis*）、白鳞菇（*Agaricus bernardii*）、双环林地菇（*Agaricus placomyces*）等为主。这些食用菌可收集加工。金盖鳞伞（*Phaeolepiota aurea*）多产于针阔混交林中，也是一种优质食用菌。

球盖菇科（Strophariaceae）以砖红韧黑伞（*Naematoloma sublateritium*）、光帽黄伞（*Pholiota nameko*）为多，这两种木生菌属优良食用菌，目前已有人工栽培。其次是黄伞（*Pholiota adiposa*）、白鳞环锈伞（*Pholiota destruens*）等木生种类。

丝膜菌科（Cortinariaceae）的资源颇丰富，主要有高丝膜菌（*Cortinariaceae elatior*）、蓝丝膜菌（*Cortinarius caerulescens*）、粘腿丝膜菌（*Cortinarius collinitus*）、皱盖罗鳞伞（*Rozites caperata*）等，产量大味亦鲜美。上述种

类以铁杉林、冷杉林、云杉林及松林中多生长。

粪锈伞科（Bolbitaceae）的田头菇（*Agrocybe praecox*）和柱状田头菇（*Agrocybe cylindracea*）广布且味好。另有银丝草菇（*Volvariella bombycina*）和野生草菇（*Volvariella volvacea*）。

大峡谷地区多孔菌类食用菌种类虽不很多，但经济价值高且名贵者不少，如齿菌科（Hydnaceae）的猴头菌（*Hericium erinaceum*）、玉髯（*Hericium coralloides*）、猪苓（*Polyporus umbellatus*）、灰树花（*Polyporus frondosus*），均为重要的优良食用菌。猴头菌多见于波密、东久及墨脱等地。猪苓多产于帕隆藏布流域的桦木、杨、柳、栎等阔叶林地。上述几种菌类个体巨大，产量可观，值得重视。此科中的美味齿菌（*Hydnum repandum*）、褐盖肉齿菌（*Sarcodon fuligineoalbus*）、翘鳞肉齿菌（*Sarcodon imbricatus*）是针叶林中生长较多的重要食用菌。

革菌科（Thelephoraceae）的绣球菌（*Sparassis crispa*）和鸡油菌科（Cantharellaceae）的鸡油菌（*Cantharellus cibarius*）、疣孢鸡油菌（*Cantharellus tuberculosporus*）多产于混交林带，味道十分鲜美，此外，还有金号角（*Craterellus aureus*）和灰喇叭菌（*Craterellus cornucopioides*）。

珊瑚菌科（Clavariaceae）中金黄枝瑚菌（*Ramaria aurea*）、密枝瑚菌（*Ramaria stricta*）、棒瑚菌（*Clavariadelphus pistillaris*）、平截棒瑚菌（*Clavariadelphus truncatus*）等可食用种类出产很丰富，不过质脆易碎，不便收集、加工和运输。

木耳（*Auricularia auricula*）是大峡谷地区产量多且很普遍的食用菌，此外还有皱木耳（*Auricularia delicata*）、毛木耳（*Auricularia polytricha*）等种类。墨脱境内有野生银耳（*Tremella fuciformis*）但数量很少。该区金耳（*Tremella mesenterica*）、茶耳（*Tremella foliacea*）、黄耳（*Tremella frondosa*）、胶勺（*Phlogiotis helvelloides*）、虎掌菌（*Tremellodon gelatinosum*）分布广而比较多产。

上述各科食用菌均属担子菌门（Basidiomycotina），总数为231种，76属，28科。而子囊菌门（Ascomycota）的食用菌种数很少，该区以黑脉羊肚菌（*Morchella angusticeps*）和皱柄白马鞍菌（*Helvella crispa*）较多，唯前种经济意义比较大。归结以上各类食用菌，产于林带的种类占 80%—90%。

2. 药用真菌资源

这里的大型真菌中，属于我国传统药用、民间药用及国内外目前研究试验有药效的为 179 种，隶属于 71 属，28 科。其中以担子菌门的多孔菌和伞菌为主，属子囊菌门的仅 3 种。

冬虫夏草（*Cordyceps sinensis*）属子囊菌亚门麦角菌科（Clavicipitaceae）的重要药用菌，药用历史悠久且在国内外负有盛名，主要产于青藏高原。雅鲁藏布大峡谷地处青藏高原的东南缘，波密、林芝、米林海拔 3500 米至雪线以下的高山灌丛和高山草甸带出产冬虫夏草较多，当地历来会采集并外销。珊瑚虫草（*Cordyceps marlialis*）和蛹虫草（*Cordyceps militaris*）虽可药用，但产量少。仅发现于海拔 1800—2700 米的林带。与冬虫夏草相比，其显然有不同的生态环境。

担子菌门以生长于高山松等松属树木根部的茯苓（*Poria cocos*）最重要，在帕隆藏布流域较多。猪苓也是一味较重要的中药，分布广泛，其地下菌核少者一株可采 2.5—3 千克，多者可达 10—15 千克。以上两种在产地均未收集利用。该区出产比较多的木耳、毛木耳、茶耳、金耳，同样可用作药物。银耳野生者很少，但这些种能引种栽培，可利用当地条件而大力发展。

这里多产灵芝属（*Ganoderma*）真菌。以树舌灵芝（*Ganoderma applanatum*）、灵芝（*Ganoderma lucidum*）、松杉灵芝（*Ganoderma tsugae*）、裂迭灵芝（*Ganoderma lobatum*）亦多见。红缘层孔菌（*Fomes pinicola*）、药用拟层孔菌（*Fomes officinalis*）、黄多孔菌（*Polyporus elegans*）、黑管菌（*Bjerkandera adusta*）、硫磺多孔菌（*Tyromyces sul-*

phureus）、松木层孔菌（*Phellinus pini*）、缝裂木层针菌（*Phellinus rimosus*）、火木层孔菌（*Phellinus igniarius*）、红栓菌（*Trametes cinnabarina*）、冷杉囊孔菌（*Hirschioporus abietinus*）、云芝（*Coriolus versicolor*）、木蹄层孔菌（*Pyropolyporus fomentarius*）、桦剥管菌（*Pipktoporus betulinus*）、褐粘褶菌（*Gloeophyllum subferrugineum*）等资源相当丰富且有不同药用价值。另外，猴头菌（*Hericium erinaceus*）、翘鳞肉齿菌、褐盖肉齿菌、绣球菌这些食用菌亦可药用。多孔菌属共计有药用真菌 52 种。

伞菌中可供药用的有 102 种。其中大部分是食用菌。主要有冬菇、松口蘑、铆钉菇、裂褶菌、蜜环菌、白粘环蕈、褐环粘盖牛肝菌、豹皮菇、大白菇、黄伞等。另外，网纹灰包（*Lycoperdon perlatum*）、梨形灰包（*Lycoperdon pyriforme*）、灰钉（*Battarrea phalloides*）、褐灰锤（*Tulostoma bonianum*）、尖顶地星（*Geastrum triplex*）和白鬼笔（*Phallus impudicus*）等腹菌类的真菌多用于消炎、止血和解毒，其分布广又多产。

雅鲁藏布大峡谷地区的大型真菌中，根据报道的试验结果，对小白鼠肉瘤（S-180）和艾氏癌（EC）的抑制率为 60% 以上的 101 种。比如褐多孔菌（*Polyporus picipes*）、红栓菌、木蹄层孔菌、褐环粘盖牛肝菌、灰环粘盖牛肝菌、多汁乳菇、黑菇（*Russula adusta*）、大白菇、豹皮菇、长根菇、松口蘑、紫红蘑菇（*Agaricus subrutilescens*）、毛头鬼伞（*Coprinus comatus*）、田头菇、砖红韧黑伞、簇生黄韧伞（*Naematoloma fasciculare*）、野丝膜菌（*Cortinarius torvus*）、牛丝膜菌（*Cortinarius bovinus*）、虎掌菌、粉肉黑蹄（*Fomitopsis roseus*）、药用拟层孔菌、桦褶孔菌（*Lenzites betulina*）、漏斗大孔菌（*Favolus arcularius*）、美味牛肝菌、拟臭黄菇（*Russula laurocerasi*）、黄绿口蘑、翘鳞环锈伞（*Pholiota squarrosa*）及白粘环蕈等抑制率均在 80% 以上。而刺孢蜡蘑、金盖鳞伞、红汁小菇（*Mycena haematopus*）、大白菇、墨染离褶伞（*Lyophyllum semitale*）、紫绒丝膜菌（*Cortinarius violaceus*）、黄丝膜菌（*Cortinarius turmalis*）、晶盖粉褶菌（*Rhodophyllus clypeatus*）、冷杉囊孔菌、松针层孔菌、网纹灰包、墨汁鬼伞（*Coprinus atra-*

mentarius）等抗癌率均在 100%。抗癌物质主要为多糖，如云芝多糖、蛋白多糖体（PSK）、茯苓多糖、银耳多糖。木蹄层孔菌、猴头菇等则可用于治疗胃癌和食道癌等。

蜜环菌、白粘环蕈、桦剥管菌、黄伞、冬虫夏草能抑制有害细菌、真菌及病毒。毒蝇伞（*Amanita muscaria*）有安眠作用，黄褐丝膜菌（*Cortinarius brunneofulvus*）、圈托柄菇（*Amanita ceciliae*）可抗湿疹。翘鳞肉齿菌、蜜环菌、皱木耳、长根菇、灵芝、金耳等对心血管系统疾病有作用。灵芝、树舌灵芝、鸡油菌对呼吸系统的疾病有作用。灰钉、墨汁鬼伞、粪鬼伞（*Coprinus sterquilinus*）、尖顶地星等外敷消炎。由此表明，大峡谷地区大型真菌中可供药用的种类和药用范围相当广泛，资源十分丰富，尤其在筛选新药方面富有潜力。

五、湿地资源

这里的湿地类型主要包含永久性河流、永久性淡水湖、草本沼泽、森林沼泽、沼泽化草甸。

六、景观资源

这里的自然旅游资源按其属性可以分为以下 4 种类型：地文景观、水文景观、生物景观和气象景观。

1. 地文景观

一是雅鲁藏布大峡谷景区。雅鲁藏布大峡谷和雅鲁藏布江大拐弯在印度板块和亚欧板块闭合、碰撞的缝合线上，围绕南迦巴瓦峰作一奇特的马蹄形的转折，在地壳抬升及径流切割共同作用下形成。位于西藏自治区林芝市米林、墨脱两县境内，起点是米林县派镇大渡卡村，终点是墨脱县巴昔卡。全长 504.6 公里，平均深度 2268 米以上，最深处达 6009 米。

二是雪山景区。包括南迦巴瓦峰及其大本营风景区、加拉白垒峰及其大本营景区、多雄拉山口景区、嘎隆拉（多热拉）山口景区、各布拉山口景区等，可开发旅游项目有观光、登山、徒步、科考、探险等。

三是瀑布景区。包括雅鲁藏布江大瀑布群景区、多雄曲瀑布群、冷多大瀑布景区等，可开发为观光、徒步、科考、探险等旅游项目。

四是地震活动遗迹景区。这里至今仍是第四纪地质构造活动频繁的地区，地震多发，被称为“颤动的陆地”。1950 年 8 月 15 日发生了超强地震——8.6 级的察隅大地震。震中位于墨脱县背崩村至格林村附近，震中烈度为 12 度，村舍、寺庙全部被毁，人畜伤亡 90%—100%，地面隆起、下陷和形成巨大裂隙，山体崩塌，山坡滑落。雅鲁藏布大峡谷沿线其余村庄的烈度为 5 度至 6 度，房屋全部被毁，一些村庄被直接抛落江中，山崩地裂，河边喷水冒沙，森林夷平，冰川“跃动”，人畜伤亡 50%—80%。地震时山崩阻塞干流河道形成的巨大湖泊不久溃决，又引发了下游印度、孟加拉国境内的大洪水，人员、财产损失严重。至今在雅鲁藏布江大拐弯一带，当年地震留下的崩岸、裂陷、阶地等痕迹依然可见。

2. 水文景观

这里由于降水丰沛，不仅雅鲁藏布江干流水量巨大，还形成了众多支流、瀑布、冰川、湖泊、温泉等水域景观。在雅鲁藏布江干流上发现的三组巨大的瀑布群，即使在世界范围内也是罕见的。

一是河流景区，包括多雄曲、嘎隆曲、金珠曲等。

二是瀑布景区，包括雅鲁藏布江大瀑布群景区、冷多大瀑布景区等。

三是湖泊景区，这里有许多高山湖泊，著名的有墨脱县的布裙湖等。

四是温泉景区，大多分布在雅鲁藏布大峡谷沿线。

五是冰川景区，包括南迦巴瓦峰冰川、嘎隆拉（多热拉）冰川、加拉白垒峰冰川等。

3. 生物景观

生物景观是这里较具特色的旅游资源之一，包括完整的植被垂直分布带、丰富的野生动植物资源等生物景观。

4. 气象景观

南迦巴瓦雪山晚霞、加拉白垒雪山早霞、多雄拉山晚霞、墨脱云海、布裙湖晨雾等气象景观。

第三节　旅游资源特征

墨脱县旅游资源类型多样、品种丰富，人文资源与自然资源相辅相成。其中，雅鲁藏布大峡谷景观、山地垂直地带性两大自然资源和门巴族、珞巴族的民俗文化、藏传佛教遗产两大人文资源具有显著的特色。

墨脱县的旅游资源主要沿雅鲁藏布江分布，呈现从北到南的带状分布特征。

一、北部旅游资源分布区

墨脱县境内雅鲁藏布江上游的北部资源单体以及集合体有扎西农家乐、达木珞巴族聚居地、森林火灾观测点、卡布珞巴文化村、113K 大拐弯、雅鲁藏布江、雅鲁藏布大峡谷、鹿梦龙瀑布、80K 对面牧场、八玉村大峡谷观赏点、壁蜥山、62K 温泉、玛尼堆、帮辛门巴族聚居地、帮辛经堂、文化徒步线、52K–62K 高山冷杉林、55K 亲水瀑布、52K 牧场、岗玉溜索、雅鲁藏布江大拐弯、24K 嘎隆寺、宗荣溶洞、宗荣瀑布、24K 嘎隆拉山口、悬崖险道、加热萨乡铁索吊桥、嘎隆曲、增秋寺、加热萨乡游客服务站、当昂寺、嘎隆拉冰川、拉贡溶洞、嘎隆天石、龙土鸟谷、嘎隆拉天池、甘登温泉、鲁古溜索、蚂蟥山、辛扎巴原始森林、甘登寺、欧弄巴瀑布、乃登牧场、杜鹃丛林、高山草甸、白玛维林寺、南迦巴瓦峰观景、随拉山口、多卡折瀑佛光洞、加拉白垒峰观景、南迦巴瓦峰观景点、南迦巴瓦峰、南迦巴瓦峰大本营、林多大瀑布、金珠曲等，具有数量丰富和带状分布的基本特征。

二、南部旅游资源分布区

墨脱县境内雅鲁藏布江下游的北部资源单体以及集合体有德果村溜索、拉格瀑布、千年云冷杉、杜鹃林、老虎嘴栈道、老虎嘴瀑布、大古树、雅江晨雾、汗密瀑布、亚东水电站、观星月、好日子莲花广场、莲花阁、门珞民俗文化街、德兴民俗演艺厅、门巴文化展示厅、果果塘蛇形大转弯、藤编厂、德兴藤网桥、跨江铁索桥、德兴门巴民俗文化村、洛帮寺、仁钦崩寺、莲花生大士、马崩寺、马尼翁遗址、巴登古村落、茶场、布裙湖、背崩自驾游营地、徒步旅游背崩服务站、中国第一徒步线、地东天然水溶洞、地东古村落、德尔贡寺、墨脱 1950 年地震遗址、多雄拉山、多雄拉旗树、多雄拉疏林草地、多雄曲等，具有类型多样和块状分布的基本特征。

三、东部旅游资源分布区

墨脱县境内紧邻察隅县的东部资源单体以及集合体有桑真卡寺、格当寺、兴开寺、4S 农场、格当高山草场等，具有数量较少和散点分布的基本特征。

四、旅游资源单体等级划分

根据国家《旅游资源分类、调查与评价 GB/T18972—2017》中旅游资源单体评价的五级划分标准，从高级到低级为：五级旅游资源，得分值域：≥ 90 分；四级旅游资源，得分值域：75—89 分；三级旅游资源，得分值域：60—74 分；二级旅游资源，得分值域：45—59 分；一级旅游资源，得分值域：30—44 分；未获等级旅游资源，得分：≤ 29 分。墨脱县旅游资源单体等级可以划分如下。

1. 五级旅游资源

旅游资源单体有 2 个：南迦巴瓦峰、雅鲁藏布大峡谷。

2. 四级旅游资源

旅游资源单体有12个：莲花生大士、德阳沟羚牛保护区、中国第一徒步线、嘎隆拉天池、果果塘蛇形大转弯、仁钦崩寺、石锅、汗密瀑布、52K–62K高山冷杉林、赤旦雪山、多雄拉山、藏布巴东瀑布群。

3. 三级旅游资源

旅游资源单体有72个：雅鲁藏布江、嘎隆拉冰川、布裙湖、中国墨脱徒步旅游文化节、德兴藤网桥、石锅鸡、宗荣溶洞、地东天然水溶洞、德尔贡寺、西贡寺、113K大拐弯、嘎隆天石、金珠曲、4S农场、文化徒步线、新石器文化遗址、南迦巴瓦峰观景、锅庄舞、珞巴舞蹈、门巴舞蹈、藏传佛教、贡堆神山、卓玛拉山、墨脱门珞历史文化遗产博物馆、莲花阁、雅鲁藏布大峡谷文化旅游节、巴登古村落、地东古村落、黄酒制作、多雄曲、老虎嘴瀑布、拉格瀑布、杜鹃林、嘎隆曲、多卡折瀑佛光洞、甘登温泉、主巴大法会、墨脱梯田、六世达赖喇嘛仓央嘉措、墨脱文艺队、鹿梦龙瀑布、玛尼堆、帮辛经堂、东达拉的传说、八玉村大峡谷观赏点、神山、24K嘎隆拉山口、林多大瀑布、80K对面草原、24K嘎隆寺、80K自驾游营地、千年云冷杉、洛帮寺、马崩寺、德兴门巴民俗文化村、格当高山草场、以七叶一枝花为代表的药材、随拉冰川、随拉山口、辛扎巴原始森林、当昂寺、增秋寺、加热萨村、门巴服饰、竹手帕、好日子莲花广场、马迪新村、亚东水电站、原始崇拜、雅江晨雾、以藤竹背篓和藤竹拐杖为代表的藤竹制品，及以休差、休斯贡、邦穹、乌木筷为代表的手工艺品。

4. 二级旅游资源

旅游资源单体有62个：雅鲁藏布江大拐弯、帮辛温泉、岗玉溜索、62K温泉、南迦巴瓦峰大本营、扎西农家乐、老虎嘴栈道、德果村溜索、鲁古溜索、杜鹃丛林、河床瀑布群、绒扎瀑布群、秋古都龙瀑布群、甘丹跨江溜索、拉白垒峰观景、贡阿嘎布雪山观景、水库、双拥路和白玛岗路大古树、蝴蝶谷、墨脱莲花雕塑、索卡尔瓦、门巴族东迁、墨脱民俗文化艺术节、壁蜥山、宗荣瀑布、悬崖险道、帮辛门巴族聚居地、“耐”神石、千瀑峡谷、马尼翁遗址、背崩自驾游营地、徒步旅游背崩服务站、墨脱 1950 年地震遗址、泥石流多发点、55K 亲水瀑布、52K 牧场、茶场、达木珞巴族聚居地、卡布珞巴文化村、多雄拉疏林草地、多雄拉旗树、门巴文化展示厅、德兴民俗演艺厅、跨江铁索桥、甘登寺、白玛维林寺、桑真卡寺、格当寺、拉贡溶洞、欧弄巴瀑布、乃登牧场、高山草甸、龙土鸟谷、加热萨乡铁索吊桥、随拉山口雪山栈道、加热萨乡游客服务站、观星月、加林南布龙、以口琴为代表的乐器、门巴木楼、珞巴竹楼、以木碗和葫芦瓢为代表的厨房用具，及以有几、郭尔东、纳翁卡几为代表的弯刀。

5. 一级旅游资源

旅游资源单体有 5 个：皂石、森林火灾观测点、藤编厂、蚂蟥山、兴开寺。

（资料来源：根据《百度百科——墨脱县》《莲花秘境：西藏墨脱察隅生物多样性观测手册》《雅鲁藏布大峡谷国家级自然保护区总体规划》《西藏墨脱县林业发展中长期规划》《墨脱县旅游发展总体规划》《墨脱县旅游业中长期发展规划》《西藏墨脱定制旅游开发控制专项规划》等整理。）

参 考 文 献

[1] 中华人民共和国国家旅游局 . 中国旅游景区景点大辞典 [M]. 北京：中国旅游出版社，2007.

[2] 西藏自治区林芝地区旅游局 . 西藏林芝旅游一览通 [M]. 成都：成都地图出版社，2008.

[3] 郑燕玲，张和越，王晓晖 . 西藏自助游 [M]. 广州：广东省地图出版社，2002.

[4] 何马 . 藏地密码 [M]. 重庆：重庆出版社，2008.

[5] 周浙昆 . 墨脱植物考察追记 [M]. 昆明：云南科技出版社，2020.

[6] 刘务林 . 西藏自然保护区 [M]. 拉萨：西藏人民出版社，1993.

[7] 罗浩 . 莲花秘境 [M]. 北京：北京出版社，2016.

[8] 张宇航 . 心中有路——向着墨脱 [M]. 北京：作家出版社，2008.

[9] 罗洪忠 . 莲花圣地：世界第一大峡谷人文历史解读 [M]. 成都：电子科技大学出版社，2012.

[10] 罗洪忠 . 峡谷风云：世界第一大峡谷人文历史解读 [M]. 成都：电子科技大学出版社，2012.

[11] 罗洪忠 . 深峡淘金：世界第一大峡谷人文历史解读 [M]. 成都：电子科技大学出版社，2012.

[12] 陈立明 . 走入喜马拉雅丛林：西藏门巴族、珞巴族文化之族 [M]. 北京：中国藏学出版社，2002.

[13] 陈立明，曹晓燕 . 西藏民俗文化 [M]. 北京：中国藏学出版社，2003.

[14] 姚兆麟 . 西藏民族志 [M]. 北京：中国藏学出版社，2006.

[15] 廖东凡 . 雪域西藏风情录 [M]. 拉萨：西藏人民出版社，1998.

[16] 冀文正 . 珞巴族风情录 [M]. 成都：成都时代出版社，2002.

[17] 冀文正 . 门巴族风情录 [M]. 成都：成都时代出版社，2002.

[18] 冀文正 . 峡谷流风：莲花遗韵——墨脱记事 [M]. 成都：四川民族出版社，2011.

[19] 李坚尚 . 喜马拉雅寻觅 [M]. 济南：山东画报出版社，1999.

[20] 李坚尚，刘芳贤 . 珞巴族的社会和文化 [M]. 成都：四川民族出版社，1992.

[21] 于乃昌 . 珞巴族文学史 [M]. 拉萨：西藏人民出版社，2001.

[22] 赵胜启 . 古朴的珞乡 [M]. 昆明：云南大学出版社，2004.

[23] 《珞巴族简史》编写组 . 珞巴族简史 [M]. 拉萨：西藏人民出版社，1987.

[24] 《门巴族简史》编写组 . 门巴族简史 [M]. 拉萨：西藏人民出版社，1987.

[25] 西藏社会历史调查资料丛刊编辑组 . 珞巴族社会历史调查（一）[M]. 拉萨：西藏人民出版社，1987.

[26] 西藏社会历史调查资料丛刊编辑组 . 珞巴族社会历史调查（二）[M]. 拉萨：西藏人民出版社，1989.

[27] 西藏社会历史调查资料丛刊编辑组 . 门巴族社会历史调查（一）[M]. 拉萨：西藏人民出版社，1987.

[28] 西藏社会历史调查资料丛刊编辑组 . 门巴族社会历史调查（二）[M]. 拉萨：西藏人民出版社，1989.

[29] 赵胜启 . 灵异的墨脱 [M]. 昆明：云南大学出版社，2004.

[30] 杨辉麟 . 西藏东南角 [M]. 拉萨：西藏人民出版社，1993.

[31] 金辉 . 西藏墨脱的诱惑 [M]. 北京：东方出版社，1995.

[32] 张敏秋 . 中印关系研究：1947—2003[M]. 北京：北京大学出版社，2004.

[33] 江应梁 . 中国民族史（上）[M]. 北京：民族出版社，1990.

[34] 江应梁 . 中国民族史（中）[M]. 北京：民族出版社，1990.

[35] 江应梁 . 中国民族史（下）[M]. 北京：民族出版社，1990.

[36] 吕思勉 . 中国通史（双色典藏版）[M]. 武汉：武汉出版社，2011.

[37] 钱穆 . 国史大纲（上册）[M]. 北京：商务印书馆，1996.

[38] 钱穆 . 国史大纲（下册）[M]. 北京：商务印书馆，1996.

[39] 殷海光 . 中国文化展望 [M]. 北京：中华书局，2016.

[40] 陈胜前 . 人之追问 [M]. 北京：生活 • 读书 • 新知三联书店，2019.

[41] 卢石泉，周惠珍 . 投资项目评估 [M]. 大连：东北财经大学，1993.

[42] 弗雷德 •R. 戴维 . 战略管理 [M].8 版 . 李克宁，译 . 北京：经济科学出版社，2001.

[43] 吴志强，李德华 . 城市规划原理 [M].4 版 . 北京：中国建筑工业出版社，2010.

[44] 尼古拉斯 • 克里福德，吉尔 • 瓦伦丁，等 . 当代地理学方法 [M]. 张百平，孙然好，等，译 . 北京：商务印书馆，2012.

[45] 施展 . 枢纽：3000 年的中国 [M]. 桂林：广西师范大学出版社，2018.

[46] 吴功宜，吴英 . 物联网工程导论 [M]. 北京：机械工业出版社，2012.

[47] 鄢一龙，白钢，章永乐，等 . 大道之行：中国共产党与中国社会主义 [M]. 北京：中国人民大学出版社，2015.

[48] 董观志，梁增贤 . 旅游管理原理与方法 [M].2 版 . 北京：中国旅游出版社，2009.

[49] 董观志 . 景区运营管理 [M]. 武汉：华中科技大学出版社，2016.

[50] 董观志，肖凯提·吐尔地，等 . 疆山如画：乌鲁木齐市南山旅游产业基地总体规划 [M]. 北京：中国旅游出版社，2015.

[51] 董观志，傅轶 . 武隆大格局 [M]. 武汉：华中科技大学出版社，2015.

[52] 董观志，等 . 仙境沔城 [M]. 武汉：华中科技大学出版社，2019.

[53] 金振江，宗凯，严臻，等 . 智慧旅游 [M]. 北京：清华大学出版社，2012.

[54] 王兴斌 . 旅坛忧思录（上卷）[M]. 北京：旅游教育出版社，2013.

[55] 王兴斌 . 旅坛忧思录（下卷）[M]. 北京：旅游教育出版社，2013.

[56] 王兴斌 . 旅坛思辨录 [M]. 北京：旅游教育出版社，2021.

[57] 陈立明 . 门巴族珞巴族传统文化及其在新时期的变化 [J]. 西藏民族学院学报（哲学社会科学版），2011（5）.

[58] 梁建军 . 发展乡村旅游是“乡村振兴”的重要突破口 [EB/OL].（2017-11-02）.http://boyastrategy.com/research/2017/1107/398.html.

[59] 全国人大常委会 . 中华人民共和国乡村振兴促进法 [EB/OL].（2021-04-29）.http://www.npc.gov.cn/npc/c30834/202104/8777a961929c4757935ed2826ba967fd.shtml.

[60] 中共中央国务院 . 乡村振兴战略规划（2018—2022 年）[EB/OL].（2018-09-26）.http://politics.people.com.cn/n1/2018/0928/c1001-30315263.html.

[61] 文化和旅游部.关于促进乡村旅游可持续发展的指导意见[EB/OL].（2018-12-12）http://country.people.com.cn/n1/2018/1212/c419842-30461601.html.

[62] 广东省委省政府.广东省实施乡村振兴战略规划（2018—2022年）[EB/OL].（2019-07-12）http://drc.gd.gov.cn/attachment/0/371/ 371110/2575321.pdf.

资料附录

墨脱县人民政府办公室和墨脱喜路莲花旅游发展有限公司提供的文稿资料如下。

1.《西藏自治区旅游条例》，2016 年。

2.《雅鲁藏布大峡谷国家级自然保护区总体规划（2011—2020）》，2012 年。

3.《西藏自治区墨脱县森林资源规划设计调查报告》，2013 年。

4.《西藏自治区墨脱县林地保护利用规划（2010—2020）》，2012 年。

5.《墨脱县土地利用总体规划（2011—2020）》，2010 年。

6.《西藏自治区林芝地区墨脱县旅游发展总体规划（2009—2020）》，2009 年。

7.《墨脱旅游重要节点详细规划方案思路大纲》，2015 年。

8.《西藏自治区林芝市墨脱生态旅游区重要节点控制性规划暨修建性详细规划》，2016 年。

9.《墨脱县旅游景区开发基础设施建设项目设计方案》，2013 年。

10.《西藏墨脱定制旅游开发控制专项规划》，2013 年。

11.《西藏林芝市墨脱县旅游中长期发展规划（2016—2030 年）》，2016 年。

12.《墨脱旅行指南》，2018 年。

13.《墨脱旅游安全手册》，2018 年。

14.《林芝地区墨脱县旅游发展“十三五”规划》，2014 年。

15.《林芝市墨脱县旅游发展“十四五”规划》，2020 年。

16.《墨脱县城城市设计》，2015 年。

17.《西藏自治区林芝市墨脱县城总体规划（2014—2030）》，2017 年。

18.《墨脱县城控制性详细规划》，2016 年。

19.《52K 旅游服务中心修建性详细规划》，2011 年。

20.《80K 景区级旅游服务中心修建性详细规划（2011—2020）》，2011 年。

21.《西藏自治区墨脱县文化产业发展规划》，2018 年。

22. 相关文件和图片资料。

董观志教授的书目——推荐阅读

2000 年，旅游主题公园管理原理与实务，广东旅游出版社

2004 年，现代饭店经营管理，中山大学出版社

2005 年，旅游管理原理与方法，中国旅游出版社

2005 年，主题公园营销模式与技术，中国旅游出版社

2005 年，主题公园运营力管理："六员一体"解决方案，中国旅游出版社

2006 年，盈利与成长——迪斯尼的关键策略，清华大学出版社

2007 年，旅游学概论，东北财经大学出版社

2007 年，景区经营管理，中山大学出版社

2008 年，品牌优势 + 产业集群：华侨城的战略轨道，中山大学出版社

2008 年，旅游 + 地产：华侨城的商业模式，中山大学出版社

2008 年，现代景区经营管理，东北财经大学出版社

2008 年，旅游学基础教程，清华大学出版社

2008 年，中国的欢乐谷：构建主题公园的连锁品牌，中山大学出版社

2009 年，现代饭店经营管理（第二版），中山大学出版社

2009 年，旅游管理原理与方法（第二版），中国旅游出版社

2015 年，武隆大格局——中国旅游的领先之道，华中科技大学出版社

2015 年，疆山如画：乌鲁木齐市南山旅游产业基地总体规划，中国旅游出版社

2016 年，旅游规划与设计——主题公园，中国建筑工业出版社

2016 年，景区运营管理，华中科技大学出版社

2019 年，仙境沔城：田园古城的现代思想与全域规划，华中科技大学出版社

2020 年，旅游管理原理与方法，华中科技大学出版社

后　　记

西藏，一个神秘的名字，神秘得让人心驰神往。心驰于雪域高原的宁静和圣洁，神往于喜马拉雅山脉的雄伟和壮阔，心驰神往于雅鲁藏布江的奔腾和豪迈。

西藏，一个伟岸的地方，伟岸得让人心生敬畏。从地图上来看，西藏不仅是雄踞祖国西南边陲的第一个阶梯，还是地球表面上的最高点；从经典中读到西藏不仅有百科全书式的《甘珠尔》《丹珠尔》，还有探险千年隐秘的《西藏的文明》《藏地密码》；从诗歌中听到西藏不仅有“只为途中与你相见”的天地浪漫，还有《青藏高原》《神奇的天路》的山河壮美。

常言道“西藏除了缺氧，什么都不缺”，但是西藏恰恰有一个桃花盛开的地方，这里不仅是天然氧吧，还被称之为“雪域高原上的水墨江南”。它拥有一个美丽的名字——林芝。

林芝是由藏文“尼池”（Nying Khri）或“娘池”（Nyang Khri）音译而来，藏语的意思是“娘氏家庭的宝座或太阳的宝座”。西藏和平解放后，测绘队员根据当地的物产特点，把“尼池”写作“林芝”。如今，林芝市辖工布江达县、米林县、墨脱县、波密县、察隅县、朗县和巴宜区。

林芝市为什么会成为桃花盛开的“天然氧吧”和“水墨江南”？这要归功于区位、地势、气候、河流和植被等多种地理因素的自然造化。

林芝市位于北纬 26°52′—30°40′，东经 92°09′—98°47′ 之间，东西长 646.7 公里，南北宽 353.2 公里。东与西藏自治区昌都市和云南省迪庆藏族自治州毗邻，西与拉萨市和山南市交界，北与那曲市相连，南与印度、缅甸两国接壤，边境线长 1000 多公里，总面积 11.7 万平方公里。

林芝市平均海拔 3100 米左右，最低点位于雅鲁藏布江下游墨脱县巴昔卡，海拔约 155 米，是世界陆地垂直地貌落差最大的地带。喜马拉雅山脉和念青唐古拉山脉似两条巨龙由西向东地平行伸展，“南迦巴瓦”是“龙脊”上的白色雪峰，它海拔 7782 米，是喜马拉雅山脉南段的最高雪峰，与横断山脉对接，使这里形成了群山环绕的独特地形。

林芝市东南低处正好面向印度洋开了一个大缺口，顺江而上的印度洋暖流与北方寒流在念青唐古拉山脉东段一带会合驻留，形成了热带、亚热带、温带和寒带气候并存的多种气候带。两大洋的暖流常年鱼贯而入，形成了特殊的热带湿润和半湿润气候，年降雨量 650 毫米左右，年均温度 8.7℃，年均日照 2022.2 小时，无霜期 180 天。

雅鲁藏布江在西行之中切开喜马拉雅山脉，从南迦巴瓦峰和加拉白垒峰之间穿过，雅鲁藏布江这条世界上海拔最高的河流，在奔腾 1000 多公里后，从朗县进入林芝市境内，在米林县迎面遇上喜马拉雅山阻挡，被迫折流北上，绕经南迦巴瓦峰形成了奇特的马蹄形回转，在墨脱县境内向南奔流而下，经印度注入印度洋，形成了世界上最大的峡谷雅鲁藏布大峡谷。大峡谷的平均深度为 5000 米，最深处达到 6009 米，这段峡谷长度为 504.6 公里，最险峻处位于派镇大渡卡到墨脱县邦博，有 240 多公里，峡谷上部开阔，下部陡峭。江河流速高达每秒 16 米，流量达每秒 4425 立方米。帕隆藏布是雅鲁藏布江的重要支流，水系流量巨大，其流域拥有世界著名大峡谷——帕隆藏布大峡谷。雅鲁藏布江水能蕴藏量在 8200 万千瓦以上，其中可开发利用的水力资源达 3300 万千瓦。

林芝森林覆盖率 53.6%，是中国第三大林区，西藏 80% 的森林都集中在这里。林芝已发现和证实的植物资源就有 4000 多种，动物资源主要有虎、豹、熊、羚羊、獐、猴、鹿等野生动物。林芝可食用的菌类达 240 种，松茸年产 300 余吨。林芝盛产冬虫夏草、贝母、天麻、红景天、党参、三七、雪莲花、藏麻黄、灵芝、大黄等名贵药材。

林芝是一个以藏族为主体的多民族地区。除藏族外，还有门巴族、珞巴族、怒族、独龙族、傈僳族、纳西族、白族以及未确认民族成份的僜人。2020 年第七次人口普查数据为 23.8936 万人，人口密度为每平方公里 2.04 人。尼洋河边发现了一批新石器时代的人类遗骨和墓葬群，考古表明 4000—5000 年之前，林芝境内就已经有人类采用刀耕火种法，过着相对定居的生活。出土文物中的网坠、箭头说明古代的人们不仅在尼洋河与雅鲁藏布江边从事农业，同时也从事渔业。位于巴宜区门日区广久雍仲增村附近的工布第穆摩崖石刻，是林芝历史最早的文字记录，历经风雨 1200 多年，字迹依然清楚可见。

西藏江南，婀娜多姿；雪域高原，醉美林芝。素有“国家风景道”之称的 318 国道横贯林芝，正在修建之中的川藏高速公路和川藏铁路已经连通拉萨，林芝市中心城区直达境内各县的高速公路正在成为现实，林芝机场航班已经直航成都、重庆、西安、广州和深圳。人善聚功德，路通聚商业，景美聚游客，如今的林芝已经名满天下，游客纷至沓来。

2012 年 6 月 28 日，应广东省援藏工作队的邀请和广东省旅游局（现广东省文化和旅游厅）的派遣，我和中山大学管理学院的谢礼珊教授来到了林芝，7 月 1 日在林芝市政府讲授了一次发展旅游业的特殊党课。授课之后，时任林芝地区旅游局（现林芝市旅游发展局）的黄广智副局长陪同我们游览了太昭古城、秀巴千年古堡群、千年古桑树、巴松措、南伊沟、尼洋河、色季拉山口、鲁朗林海、雅鲁藏布江大拐弯等景区景点。一个星期的旅程，不仅让我大饱眼福，还让我醍醐灌顶。林芝不仅有苍莽群山，还有幽深峡谷；不仅有巍峨雪峰，还有连绵冰川；不仅有高原之魂的雅鲁藏布江，还有雪域之镜的巴松措；不仅有原始森林，还有世外桃源；不仅有千年古城，还有历史古堡；不仅有茶马古道，还有沧桑驿站；不仅有山水城镇，还有田园村寨；不仅有藏族的精彩文化，还有多民族的雄浑乐章。从此，我就领略到了不一样的西藏，山高水长的西藏，山清水秀的西藏，山重水复的西藏。原来，西藏还有林芝这样不是香格里拉远胜香格里拉的世外桃源。

2019年6月12日，因为工作需要，我陪同暨南大学宋献中校长一行再次来到了林芝，随后几天，参加了林芝市人民医院挂牌暨南大学附属林芝医院、暨南大学林芝临床医学、护理学高级研修班的开班仪式和暨南大学在林芝工作的毕业生和志愿者座谈会等活动。6月15日，应墨脱喜路莲花旅游发展有限公司之邀，我随同暨南大学深圳旅游学院执行院长李广明教授、李舟教授、黄俊武老师一起长途跋涉来到了位于喜马拉雅山脉南部的墨脱县。

由于地质条件和气候环境复杂独特，墨脱县从20世纪50年代开始选线修路，几起几落，始终是“全国唯一不通公路的县”的纪录保持者。2013年10月31日，从波密扎龙镇到墨脱县城的扎墨公路举行通车仪式，墨脱县才正式结束了“全国唯一不通公路的县”的历史，终于圆了世代墨脱人期盼“快捷平安地走出大山”的梦想。

我们是幸运的，从林芝八一镇出发，翻山越岭，行车10多个小时，在傍晚时分就赶到了墨脱县城。一路的蓝天、白云、雪山、冰川、林海、瀑布和激流，还有鸟语花香，美景应接不暇，惊喜层出不穷。盘山路高入云端，车行道紧贴着雅鲁藏布江，偶尔还遇到悬崖边的人家，我们一路拍照，一路感慨，一路畅想墨脱县乡村振兴的发展策略，人随车行，车随道走，道随山势起伏，场景不同，体验不同，我们的思维逻辑更加丰富多彩。随后几天，我们在温武队董事长和墨脱县政府领导的陪同下考察了墨脱镇、德兴乡、背崩乡、格当乡和达木珞巴民族乡，对墨脱县的生态环境、民族文化、村容镇貌和国民经济发展情况进行了多方面的实地调查和座谈交流，收集了墨脱县城乡规划、土地规划、旅游规划、自然保护区规划和国民经济发展规划等上位、前期和正在做的规划文件以及上级政府的部署安排，加深了对墨脱县的了解和认识，明确了墨脱县乡村振兴的发展态势和文化旅游的战略任务。在多方交流之后，确定了由暨南大学深圳旅游学院组成专家团队负责编制《墨脱县旅游业发展规划实施方案》。2019 年 8 月 1 日，黄俊武老师带领景观设计团队来到墨脱县，对重点旅游景区和旅游乡镇的特定区域进行了为期两周的现场勘测和研究讨论。

2019 年 11 月 18 日，我和朱明芳教授、孙成老师再次来到墨脱县，就前期工作成果与墨脱县政府及文旅局的领导们进行了沟通交流，对墨脱镇、德兴乡和背崩乡的旅游关键节点进行了踏勘考察，对墨脱县喜路莲花旅游发展有限公司的员工进行了辅导培训。

2021 年 3 月 28 日，应广东省援藏工作队的邀请，我随暨南大学原校长胡军教授、原副校长刘洁生教授、暨南大学深圳校区执行主任杜金珉教授、暨南大学研究生院郑文杰教授再次来到林芝市考察，专题调研了墨脱县生态保护、绿色经济、文化旅游和体育赛事等方面的推进策略和实施情况。

2021 年 4 月 1 日早晨，我在墨脱县城入住的格拉丹东酒店客房窗前眺望云蒸霞蔚之中的山岚，有感而发地写下了一首《寻找藏地密码》的小诗，以纪念多次到访西藏林芝和深入墨脱县的考察经历。

我是喜马拉雅山脉的攀登者，
密林中有我披荆斩棘的步履，
雪峰上有我摩顶临风的屹立，
冰川边有我筚路蓝缕的踪迹。

我是雅鲁藏布峡谷的穿越者，

绝壁中有我殚精竭虑的叹息，
险滩上有我蹒跚匍匐的惊悸，
激流边有我仰望苍穹的勇气。

我是圣地莲花秘境的探索者，
云雾中有我百思不解的好奇，
藤桥上有我摇头晃脑的问题，
村寨边有我豁然开朗的启迪。

写下这段文字之后，沿着盘山路穿越密林蜿蜒而上，我们来到了海拔3000多米的卓玛拉山，群山环抱，青翠欲滴，清香四溢，晨曦之中的仁钦崩寺更加巍峨庄重。沐浴着阳光，我心生感慨：心若有爱，山高路远都是天堂。墨脱是爱的方向，人生征途漫漫，只为途中与你相见；墨脱是爱的梦想，人生逆旅维艰，只为守候你的到来；墨脱是爱的见证，人生星辉斑斓，只为佑你喜乐平安。此情此景，让我想到了用“爱”来统领墨脱县旅游的整体形象。“爱不是相互凝望，而是一起凝望同一个方向：莲花圣地，秘境墨脱。每一位旅游者的心中都有一个梦：转山转水转墨脱，不负韶华不负卿”，墨脱县旅游的宣传用语就这样应运而生。

2020年8月28日至29日，中央第七次西藏工作座谈会在北京召开。习近平总书记强调，党中央历来高度重视西藏工作，改革开放以来先后召开六次西藏工作座谈会，每次都根据现实情况作出重大决策部署。党的十八大以来，西藏工作面临的形势和任务发生深刻变化，我们深化对西藏工作的规律性认识，总结党领导人民治藏稳藏兴藏的成功经验，形成了新时代党的治藏方略。做好西藏工作，必须坚持中国共产党领导、中国特色社会主义制度、民族区域自治制度，必须坚持治国必治边、治边先稳藏的战略思想，必须把维护祖国统一、加强民族团结作为西藏工作的着眼点和着力点，必须坚持依法治藏、富民兴藏、长期建藏、凝聚人心、夯实基础的重要原则，必须统筹国内国际两个大局，必须把改善民生、凝聚人心作为经济社会发展的出发点和落脚点，必须促进各民族交往交流交融，必须坚持我国宗教中国化方向、依法管理宗教事务，必须坚持生态保护第一，必须加强党的建设特别是政治建设。新时代党的治藏方略是做好西藏工作的根本，必须长期坚持、全面落实。

2021 年 10 月 9 日，我应邀再次来到墨脱县，与李继承县长进行了座谈。李继承县长用实际行动落实中央第七次西藏工作会议精神，乘势聚力，抓住派墨公路建成通车的机遇，用戍边精神塑造墨脱县的红色文化，用旅游产业打造墨脱县的绿色经济，切实抓好稳定、发展、生态、强边四件大事，努力走在边境县建设发展的前列，为不断开创新时代西藏长治久安和高质量发展新局面作出更大贡献。

2021 年 10 月 11 日，我应波密县政府的邀请，专程到访波密县，与杨力县长和有关职能部门领导进行了座谈。杨力县长特别讲到了波密县、墨脱县和察隅县的区域合作问题，要抓住川藏铁路和滇藏铁路的建设机遇，紧扣旅游者的流动性消费特征，唱好“双城记”和“三城记”，共谋、共建、共享“西藏旅游的黄金之门”。

每一次到访林芝，每一次翻越色季拉山和嘎隆拉山，每一次深入雅鲁藏布大峡谷，每一次走进喜马拉雅山脉南部，每一次考察墨脱县，都能领略到不一样的林芝，不一样的墨脱，不一样的喜马拉雅群峰，不一样的雅鲁藏布江，不一样的民族村寨，不一样的风光美景。林芝之美，在于令人陶醉其中的深邃神奇和雄浑壮美；墨脱之美，在于令人流连忘返的莲花秘境和史诗画卷。

经过多次实地考察和沟通交流，课题组分工合作完成了《墨脱县旅游业发展规划实施方案》以及重要节点的景观设计。

为了贯彻落实党中央对西藏工作的重大决策部署，执行夯实西藏自治区党委政府对林芝工作的全面统筹安排，加快推进墨脱县旅游业在乡村振兴中的战略支撑作用，我们将部分成果整理出来，由华中科技大学出版社付梓出版。

本书是集体智慧的结晶，暨南大学校长宋献中教授明确指示要按照智力援藏的要求高质量完成任务，暨南大学原校长胡军教授特别强调要在保护生态环境和民族文化的前提下创新发展绿色产业，暨南大学深圳校区执行主任杜金珉教授重点提出要乘势聚力充分发挥金融政策和现代技术的杠杆作用，暨南大学相关部门和深圳校区给予了课题组热情鼓励和鼎力支持，深圳市喜路旅游控股有限公司温武队董事长亲力亲为倾情投入，暨南大学深圳旅游学院执行院长李广明教授带队实地考察和主持统筹谋划，李舟教授、朱明芳教授、黄俊武老师、孙成老师和陈小茹、吕金徽等同学攻坚克难，深入雪峰峡谷，走村穿寨，考察踏勘，收集整理资料，撰写报告成果，为完成课题作出了建设性贡献。林芝市副市长丁勇辉，林芝市政协副主席旺东，林芝市文化广播电视局党组书记裴红梅和局长孟存军，墨脱县委书记魏长旗，墨脱县政府县长李继承，广东省政府副秘书长、广东省第九批援藏工作队队长、林芝市委副书记、常务副市长刘光明，广东省第九批援藏工作组纪检委常委刁锋林，广东省第九批援藏工作队墨脱县工作组组长、墨脱县委常务副书记叶敏坚，墨脱县委副书记、常务副县长张巍巍，墨脱县文旅局局长李振，墨脱县喜路莲花旅游发展有限公司陈少华和桑旦次仁，为课题组提供了卓有成效的技术支持和后勤保障。华中科技大学出版社旅游分社的李欢社长和编辑团队从选题策划到定稿出版，付出了辛勤的劳动。这是一个实践性的课题成果，在编撰过程中，我们引用了同行业线上线下的相关文献和墨脱县相关部门提供的大量资料和图片，由于是专题研究成果的再现，属于援藏性质的公益活动，就没有详细罗列参考文献，在此，我们对相关人士和有关机构深表谢意。由于主客观原因，这份成果肯定有不少疏忽和不足之处，敬请大家批评指正。

西藏醉美林芝，雪域秘境墨脱。

挥墨喜马拉雅，超脱雅鲁藏布。

墨脱是一个吉祥如意的地方，墨脱是人间净土的莲花秘境，我们衷心祝愿墨脱旅游业实现高质量的可持续发展，成为乡村振兴、长治久安的示范样本，为依法治藏、富民兴藏、长期建藏贡献一份力量。

董观志

2021 年 10 月 12 日，写于深圳华侨城

喜马拉雅山，雅鲁藏布江
墨脱在西藏，风景胜天堂